HISTOIRE

DES

GRANDS VOYAGES

ET DES

GRANDS VOYAGEURS

TOME I

COLLECTION HETZEL

HISTOIRE

DES

GRANDS VOYAGES

ET DES

GRANDS VOYAGEURS

PAR

JULES VERNE

LES PREMIERS EXPLORATEURS
PREMIÈRE PARTIE

Ouvrage honoré de souscriptions du *Ministère de l'Instruction publique*, adopté pour les Bibliothèques scolaires et populaires, et choisi par la *Ville de Paris* pour les distributions de prix.

NOUVELLE ÉDITION

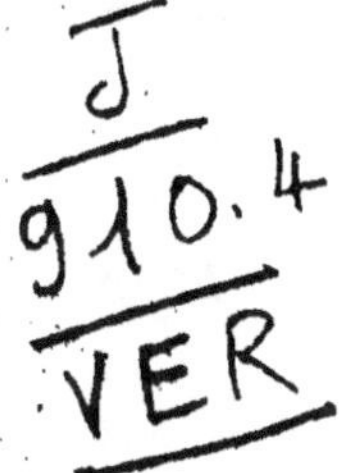

COLLECTION HETZEL

18, RUE JACOB, PARIS, VIe

Tous droits de traduction et de reproduction réservés.

NOMS DES PRINCIPAUX VOYAGEURS

DONT L'HISTOIRE ET LES VOYAGES SONT RACONTÉS

DANS CE VOLUME

——

HANNON. — HÉRODOTE. — PYTHÉAS. — NÉARQUE. — EUDOXUS. — CÉSAR. — STRABON. — PAUSANIAS. — FA-HIAN. — COSMAS INDICOPLEUSTES. — ARCULPHE. — WILLIBALD. — SOLEYMAN. — BENJAMIN DE TUDELE. — PLAN DE CARPIN. — RUBRUQUIS. — MARCO POLO. — IBN BATUTA. — JEAN DE BÉTHENCOURT. — CHRISTOPHE COLOMB. — COVILHAM ET PAÏVA. — VASCO DA GAMA. — ALVARÈS CABRAL. — JOAO DA NOVA. — DA CUNHA. — ALMEIDA. ALBUQUERQUE.

CHAPITRE PREMIER

VOYAGEURS CÉLÈBRES AVANT L'ÈRE CHRÉTIENNE

**Hannon (505). — Hérodote (484).
Pythéas (340)— Néarque (326). — Eudoxus (146).
César (100). — Strabon (50).**

Hannon le Carthaginois. - Les îles Fortunées, la Corne du Soir, la Corne du Midi, le golfe de Rio do Ouro. — Hérodote. — Il visite l'Égypte, la Lybie, l'Éthiopie, la Phénicie, l'Arabie, la Babylonie, la Perse, l'Inde, la Médie, la Colchide, la mer Caspienne, la Scythie, la Thrace et la Grèce. — Pythéas explore les rivages de l'Ibérie et de la Celtique, la Manche, l'île d'Albion, les Orcades, la terre de Thulé. — Néarque visite la côte asiatique depuis l'Indus jusqu'au golfe Persique. — Eudoxus reconnaît la côte occidentale de l'Afrique. — César conquiert la Gaule et la Grande-Bretagne. — Strabon parcourt l'Asie intérieure, l'Égypte, la Grèce et l'Italie.

Le premier voyageur que l'histoire nous présente, dans l'ordre chronologique, c'est Hannon, que le sénat de Carthage envoya coloniser quelques portions des côtes occidentales de l'Afrique. La relation de cette expédition fut écrite en langue punique, et traduite en grec ; elle est connue sous le nom de *Périple d'Hannon*. A quelle époque vivait cet explorateur ? Les historiens ne sont pas d'accord. Mais la version la plus probable assigne la date de 505, avant Jésus-Christ, à son exploration des côtes africaines.

Hannon quitta Carthage avec une flotte de soixante vaisseaux de cinquante rames chacun, portant trente mille personnes, avec les vivres nécessaires à un long voyage. Ces émigrants, — on peut leur donner ce nom, — étaient destinés à peupler les villes nouvelles que les Carthaginois voulaient créer sur les côtes occidentales de la Lybie, c'est-à-dire de l'Afrique.

La flotte dépassa heureusement les Colonnes d'Hercule, ces montagnes de Gibraltar et de Ceuta qui commandent le détroit, et elle s'aventura sur l'Atlantique en descendant vers le sud. Deux jours après avoir franchi le détroit, Hannon mouilla en vue des côtes et fonda la ville de Thymatérion. Puis, il reprit la mer, doubla le cap Soloïs, créa de nouveaux comptoirs et s'avança jusqu'à l'embouchure d'un grand fleuve africain, sur les rives duquel campait une tribu de bergers nomades. Après avoir conclu un traité d'alliance avec ces bergers, le navigateur carthaginois continua son exploration vers le sud. Il arriva ainsi près de l'île de Cerne, située au fond d'une baie, dont la circonférence mesurait cinq stades, soit neuf cent vingt-cinq mètres.

Suivant le journal d'Hannon, cette île serait placée, par rapport aux Colonnes d'Hercule, à une distance égale à celle qui sépare ces Colonnes de Carthage. Quelle est cette île? Sans doute un îlot appartenant au groupe des Fortunées.

La navigation fut reprise, et Hannon arriva à l'embouchure du fleuve Chrétès, qui formait une sorte de baie intérieure. Les Carthaginois remontèrent ce fleuve et furent accueillis à coups de pierres par les naturels de race nègre. Les crocodiles et les hippopotames étaient nombreux dans ces parages.

La flotte, après cette exploration, revint à Cerne, et, douze jours plus tard, elle arrivait en vue d'une région montagneuse, où abondaient les arbres odoriférants et les plantes balsamiques. Elle pénétra alors dans un vaste golfe terminé par une plaine. Cette région, calme pendant le jour, était éclairée pendant la nuit par des torrents de flammes, qui provenaient soit des feux allumés par les sauvages, soit de l'incinération fortuite des herbes sèches, après la saison des pluies.

Cinq jours plus tard, Hannon doublait le cap nommé la Corne du Soir. Là encore, suivant ses propres expressions, « il entendit le son des fifres, le bruit des cymbales, des tambourins, et les clameurs d'un peuple innombrable. » Les devins qui accompagnaient l'expédition carthaginoise conseillèrent de fuir cette terre effrayante. Ils furent obéis, et la flotte reprit sa course vers de plus basses latitudes.

Elle arriva à un cap qui formait un golfe nommé

Corne du Midi. D'après M. d'Avezac, ce golfe serait l'embouchure même du Rio do Ouro, qui se jette dans l'Atlantique, à peu près sur le Tropique du Cancer. Au fond de ce golfe se voyait une île habitée par un grand nombre de gorilles que les Carthaginois prirent pour des sauvages velus. Ils parvinrent à s'emparer de trois « femmes », qu'ils furent obligés de tuer, tant la rage de ces femelles de singes était indomptable.

Cette Corne du Midi est certainement la limite extrême atteinte par l'expédition punique. Quelques commentateurs veulent même qu'elle n'ait pas dépassé le **cap Bojador**, qui se développe à deux degrés au-dessus du Tropique, mais l'opinion contraire semble avoir prévalu. Arrivé à ce point, Hannon, qui commençait à se trouver à court de vivres, reprit la route au nord et rentra à Carthage, où il fit graver la relation de ce voyage dans le temple de Baal Moloch.

Après l'explorateur carthaginois, le plus illustre des voyageurs de l'antiquité pendant les temps historiques fut le neveu du poëte Panyasis, dont les poésies rivalisaient alors avec celles d'Homère et d'Hésiode, le savant Hérodote, surnommé le *père de l'histoire*. Pour notre compte, nous dégagerons le voyageur de l'historien, et nous le suivrons au milieu des contrées qu'il a parcourues.

Hérodote naquit à Halicarnasse, ville de l'Asie Mineure, l'an 484 avant Jésus-Christ. Sa famille était riche, et, par ses vastes relations commerciales, elle pouvait favoriser les instincts d'explorateur qui se révélaient en lui. A cette époque, les opinions étaient diversement partagées sur la forme de la terre. L'école pythagoricienne commençait à enseigner, cependant, qu'elle devait être ronde. Mais Hérodote ne prit aucune part à cette discussion qui passionnait les savants de l'époque, et, jeune encore, il s'éloigna de sa patrie, dans le but d'explorer avec le plus grand soin les contrées connues de son temps, et sur lesquelles il n'existait que des données incertaine.

Il quitta Halicarnasse, en 464, à l'âge de vingt ans. Suivant toute probabilité, il se dirigea d'abord vers l'Égypte, et visita Memphis, Héliopolis et Thèbes. Il fit dans ce voyage d'utiles remarques sur les débordements du Nil, et il rapporte les diverses opinions du temps touchant les sources de ce fleuve que les Egyptiens adoraient comme un Dieu. « Quand le Nil a débordé, dit-il, on n'aperçoit plus que les villes ; elles paraissent au-dessus de l'eau, et ressemblent à peu près aux îles de la mer Égée. » Il raconte les cérémonies religieuses des Égyptiens, leurs pieux sacrifices, leur empressement aux fêtes de la déesse Isis, principalement à Busiris, dont les ruines se voient encore près de Bousyr, leur vénération pour les animaux sauvages ou domestiques qu'ils considèrent comme sacrés, et auxquels ils rendent des honneurs funèbres. Il dépeint, en naturaliste fidèle, le crocodile du Nil, sa structure, ses mœurs, la manière dont on s'en empare, puis l'hippopotame, le tupinambis, le phénix, l'ibis, les serpents consacrés à Jupiter. Sur les coutumes égyptiennes, nul n'est plus précis.

Il note les habitudes domestiques, les jeux, les embaumements auxquels excellaient les chimistes du temps. Puis, il fait l'histoire du pays, depuis Ménès, son premier roi ; il décrit, sous Chéops, l'érection des pyramides et la manière dont elles furent construites, le labyrinthe bâti un peu au-dessus du lac Mœris, et dont les restes furent découverts en 1799, le lac Mœris dont il attribue le creusement à la main de l'homme, et les deux pyramides qui s'élevaient au-dessus de ses eaux ; il admire fort le temple de Minerve à Saïs, les temples de Vulcain et d'Isis, érigés à Memphis, et ce colosse monolithe que deux mille hommes, tous bateliers, mirent trois ans à amener d'Éléphantine à Saïs.

Après avoir scrupuleusement visité l'Égypte, Hérodote passa en Lybie, c'est-à-dire dans l'Afrique proprement dite ; mais, vraisemblablement, le jeune voyageur n'imaginait pas qu'elle s'étendît au delà du Tropique du Cancer, car il suppose que les Phéniciens ont pu contourner ce continent et revenir en Égypte par le détroit de Gibraltar. Hérodote fait alors le dénombrement des peuples de la Lybie, qui n'étaient que de simples tribus nomades habitant les côtes maritimes ; puis au-dessus, dans l'intérieur des terres infestées de bêtes féroces, il cite les Ammoniens, qui possédaient ce temple célèbre de Jupiter Ammon dont les ruines ont été découvertes dans le nord-est du désert de Lybie, à cinq cents kilomètres du Caire. Il donne aussi des détails précieux sur les mœurs des Lybiens ; il décrit leurs usages ; il parle des animaux qui courent le pays, ser-

pents de grosseur prodigieuse, lions, éléphants, ours,
aspics, ânes à cornes, — probablement des rhinocéros,
— singes cynocéphales, « animaux sans tête qui ont
des yeux sur la poitrine », renards, hyènes, porcs-épics,
béliers sauvages, panthères, etc. Puis il termine en reconnaissant que toute cette contrée n'est habitée que
par deux populations indigènes, les Lybiens et les
Éthiopiens.

Selon Hérodote, on trouve déjà les Éthiopiens au-
dessus d'Éléphantine. Le savant explorateur voyagea-
t-il réellement dans cette contrée? Les commentateurs
en doutent. Il est plus probable qu'il apprit des Égyptiens les détails qu'il donne sur Méroé, la capitale, sur
le culte rendu à Jupiter et à Bacchus, sur la longévité
des habitants. Mais ce qui n'est pas contestable, car il
le dit expressément, c'est qu'il fit voile vers Tyr, en
Phénicie. Là, il admira les deux magnifiques temples
d'Hercule. Puis, il visita Thasos, et profita des renseignements puisés sur les lieux mêmes pour faire l'historique très-abrégé de la Phénicie, de la Syrie et de la
Palestine.

De ces contrées, Hérodote redescend au sud vers
l'Arabie, dans ce pays qu'il nomme l'Éthiopie d'Asie,
c'est à-dire cette partie méridionale de l'Arabie qu'il
croit être le dernier pays habité. Il regarde les Arabes
comme le peuple le plus religieux observateur du serment; leurs seuls dieux sont Uranie et Bacchus; leur
contrée produit en abondance l'encens, la myrrhe, la
cannelle, le cinnamome, le lédanon, et le voyageur

donne d'intéressants détails sur la récolte de ces substances odoriférantes.

Nous retrouvons ensuite Hérodote dans ces contrées célèbres qu'il appelle indistinctement Assyrie ou Babylonie. Tout d'abord, il décrit minutieusement cette grande cité de Babylone que les rois du pays habitaient depuis la destruction de Ninive, et dont les ruines ne sont plus aujourd'hui que des monticules épars sur les deux rives de l'Euphrate, à soixante-dix-huit kilomètres sud sud-ouest de Bagdad. L'Euphrate, grand, profond et rapide, partageait alors la ville en deux quartiers. Dans l'un s'élevait le palais fortifié du roi; dans l'autre, le temple de Jupiter Bélus, qui fut peut-être construit sur l'emplacement même de la tour de Babel. Hérodote parle ensuite des deux reines Sémiramis et Nitocris, et il raconte tout ce que fit cette dernière pour assurer le bien-être et la sécurité de sa capitale. Il passe ensuite aux productions de la contrée, à la culture du froment, de l'orge, du millet, du sésame, de la vigne, du figuier, du palmier. Il décrit enfin l'habillement des Babyloniens, et termine en citant leurs coutumes, particulièrement celles concernant les mariages, qui se faisaient à la criée publique.

Après avoir exploré la Babylonie, Hérodote se rendit en Perse, et comme le but de son voyage était de recueillir sur les lieux mêmes les documents relatifs aux longues guerres de la Perse et de la Grèce, il tenait à visiter le théâtre de ces combats dont il voulait écrire l'histoire. Il débute par citer cet usage des Perses, qui, ne reconnaissant point aux dieux une forme humaine, ne leur élèvent ni temples, ni autels, et se contentent de les adorer sur le sommet des montagnes. Il note ensuite leurs coutumes domestiques, leur dédain pour la viande, leur goût pour les friandises, leur passion pour le vin, l'habitude qu'ils ont de traiter les affaires sérieuses quand ils ont bu avec excès, leur curiosité des usages étrangers, leur ardeur pour les plaisirs, leurs vertus guerrières, leur sévérité bien entendue pour l'éducation des enfants, leur respect pour la vie de l'homme et même de l'esclave, leur horreur du mensonge et des dettes, leur répugnance pour tout lépreux, dont la maladie prouve que « l'infortuné a péché contre le soleil. »

L'Inde d'Hérodote, suivant M. Vivien de Saint-Martin, ne comprend guère que la contrée arrosée par les cinq affluents du Pendjab actuel, en y adjoignant l'Afghanistan. C'est là que le jeune voyageur porta ses pas, quittant le royaume de Perse. Pour lui, les Indiens sont les plus nombreux des peuples connus. Les uns ont une demeure fixe, les autres sont nomades. Ceux de l'est, nommés Padéens, tuent les malades et les vieillards et ils les mangent. Ceux du nord, les plus braves et les plus industrieux, recueillent les sables aurifères. L'Inde, pour Hérodote, est la dernière contrée habitée à l'est, et il observe « que les extrémités de la terre ont eu en quelque sorte en partage ce qu'elle a eu deplus beau, comme la Grèce a la plus agréable température des saisons. »

Hérodote, infatigable, passe ensuite en Médie. Il fait

l'histoire de ces peuples qui les premiers secouèrent le joug des Assyriens. Ces Mèdes fondèrent l'immense ville d'Ecbatane, qui fut entourée de sept murailles concentriques, et ils furent réunis en un seul corps de population sous le règne de Dejocès. Après avoir traversé les montagnes qui séparent la Médie de la Colchide, le voyageur grec pénétra dans le pays illustré par les prouesses de Jason, et il en étudia, avec la précision qui lui était propre, les mœurs et les coutumes.

Hérodote paraît avoir parfaitement connu la disposition topographique de la mer Caspienne. Il dit qu'elle est « une mer par elle-même », et qu'elle n'a aucune communication avec l'autre. Cette Caspienne est, suivant lui, bornée à l'ouest par le Caucase, à l'est par une vaste plaine qu'habitent les Massagètes, qui pourraient bien être Scythes de nation, opinion admise par Arrien et Diodore de Sicile. Ces Massagètes n'adorent que le soleil, et ils immolent des chevaux en son honneur. Hérodote parle en cet endroit de deux grands fleuves, dont l'un, l'Araxes, serait le Volga, et dont l'autre, l'Ist, serait le Danube.

Le voyageur passe ensuite en Scythie. Pour lui, les Scythes sont ces tribus diverses qui habitent le pays spécialement compris entre le Danube et le Don, c'est-à-dire une portion considérable de la Russie d'Europe. Ces Scythes ont l'habitude de crever les yeux à leurs prisonniers. Ils ne sont point cultivateurs, mais nomades. Hérodote raconte les diverses fables qui obscurcissent l'origine de la nation scythique, et dans lesquelles Her-

cule joua un rôle considérable. Puis, il cite les divers
peuples ou tribus qui composent cette nation, mais il
ne paraît pas qu'il ait visité en personne les contrées
situées au nord du Pont-Euxin. Il entre alors dans une
description très-précise des coutumes de ces peuplades,
et se laisse aller à une sincère admiration pour le Pont-
Euxin, la mer inhospitalière. Les mesures qu'il donne
de cette mer Noire, du Bosphore, de la Propontide, du
Palus-Méotide, de la mer Égée, sont à peu près exactes.
Puis, il nomme les grands fleuves qui y versent leurs
eaux, l'Ister ou Danube, le Borysthène ou Dnieper, le
Tanaïs ou le Don, et il termine en racontant comment
se fit l'alliance et, par suite, l'union des Scythes et des
Amazones, ce qui explique pourquoi les jeunes filles du
pays ne peuvent se marier avant qu'elles n'aient tué un
ennemi.

Après un rapide séjour en Thrace, pendant lequel il
reconnut les Gètes comme étant les plus braves de cette
race, Hérodote arriva en Grèce, le but final de ses
voyages, le pays où il voulait recueillir les derniers documents nécessaires à son histoire. Il visita les lieux il-
lustrés par les principaux combats des Grecs contre les
Perses. Du passage des Thermopyles, il fait une description scrupuleuse; puis, il visita la plaine de Mara-
thon, le champ de bataille de Platée, et il revint en Asie
Mineure, dont il parcourut le littoral, sur lequel les
Grecs avaient fondé de nombreuses colonies.

En rentrant en Carie, à Halicarnasse, le célèbre voyageur n'avait pas vingts-huit ans, car c'est à cet âge seu-

lement, l'an de la première olympiade, ou 456 ans avant J.-C., qu'il lut son histoire aux Jeux Olympiques. Sa patrie était alors opprimée par Lygdamis, et il dut se retirer à Samos. Peu après, il parvint à renverser le tyran; mais l'ingratitude de ses concitoyens l'obligea de reprendre le chemin de l'exil. En 444, il assista aux fêtes des Panathénées, lut son ouvrage entièrement achevé, provoqua un enthousiasme universel, et, vers la fin de sa vie, il se retira en Italie, à Thurium, où il mourut, 406 ans avant l'ère chrétienne, laissant la réputation du plus grand voyageur et du plus célèbre historien de l'antiquité.

Après Hérodote, nous franchirons un siècle et demi, en citant le médecin Ctésias, contemporain de Xénophon, qui publia la relation d'un voyage dans l'Inde qu'il n'a vraisemblablement pas fait, et nous arriverons, chronologiquement, au Marseillais Pythéas, à la fois voyageur, géographe et astronome, l'une des illustrations de son époque. Ce fut vers l'an 340 que Pythéas s'aventura avec un seul vaisseau au delà des Colonnes d'Hercule; mais, au lieu de suivre au sud la côte africaine, ainsi que l'avaient fait les Carthaginois ses devanciers, il remonta au nord, en prolongeant les rivages de l'Ibérie et ceux de la Celtique jusqu'aux pointes avancées qui forment actuellement le Finistère; puis il embouqua la Manche et accosta l'Angleterre, cette île d'Albion dont il allait devenir le premier explorateur. En effet, il débarqua sur divers points de la côte, et il entra en relation avec ses habitants simples, honnêtes, sobres, dociles, industrieux, qui faisaient un grand commerce d'étain.

Le navigateur gaulois, s'aventurant plus au nord, dépassa les îles Orcades, situées à la pointe extrême de l'Écosse, et il s'éleva sous une latitude assez haute pour que, pendant la saison d'été, la durée de la nuit ne dépassât pas deux heures. Après six jours de navigation, il atteignit une terre nommée Thulé, probablement le Jutland ou la Norvége, qu'il ne put dépasser. « Au delà, dit-il, il n'y avait plus ni mer, ni terre, ni air. » Il revint donc sur ses pas, et, modifiant sa première direction, il arriva à l'embouchure du Rhin, où habitaient les Ostions, et plus loin les Germains. De ce point, il gagna les bouches du Tanaïs, que l'on suppose être l'Elbe ou l'Oder, et il revint à Marseille, un an après avoir quitté sa ville natale. Pythéas, en même temps qu'un hardi navigateur, était un savant remarquable ; il fut le premier à reconnaître l'influence de la lune sur les marées, et à observer que l'étoile polaire n'occupe pas exactement le point par lequel est supposé passer l'axe du globe.

Quelques années après Pythéas, vers 326 avant J.-C., un voyageur grec macédonien s'illustra dans la carrière des explorateurs. Ce fut Néarque, né en Crète, amiral d'Alexandre, qui eut pour mission de visiter toute la côte d'Asie, depuis l'embouchure de l'Indus jusqu'à l'Euphrate.

Le conquérant, quand il eut cette pensée d'opérer une reconnaissance qui devait assurer les communications de l'Inde avec l'Égypte, se trouvait avec son armée à huit cents milles dans les terres, sur le haut cours de l'Indus. Il donna à Néarque une flotte composée vraisemblablement de trente-trois galères, de navires à deux ponts, et d'un grand nombre de bâtiments de transport. Deux mille hommes montaient cette flotte, qui pouvait compter environ huit cents voiles. Néarque descendit l'Indus en quatre mois, escorté sur chaque rive par les armées d'Alexandre. Le conquérant, arriv aux bouches du grand fleuve, employa sept mois à en explorer le Delta; puis, Néarque mit à la voile, et il suivi la côte qui forme aujourd'hui la lisière du royaume du Béloutchistan.

Néarque avait pris la mer le 2 octobre, c'est-à-dire un mois trop tôt pour que la mousson d'hiver eût gardé une direction favorable à ses projets. Les débuts de son voyage furent donc contrariés, et, dans les quarante premiers jours, à peine fit-il quatre-vingts milles dans l'ouest. Ses premières relâches le conduisirent à Stura et à Coreestis, noms qui ne conviennent à aucun des villages actuels élevés sur la côte. Puis, il arriva à l'île de Crocala, qui forme la baie moderne de Ca: anthey. Battue par les vents, la flotte, après avoir doublé le cap. Monze, se réfugia dans un port naturel que l'amiral dut fortifier pour se défendre contre les attaques des barbares, les Sangariens actuels, qui forment encore une tribu de pirates.

Vingt-quatre jours après, le 3 novembre, Néarque remit à la voile. Des coups de vent obligèrent souvent le navigateur à relâcher sur divers points de la côte, et, dans ces circonstances, il dut toujours se garder contre les attaques de ces Arabites, ces féroces Beloutches modernes, que les historiens orientaux représentent « comme une nation barbare, portant les cheveux longs et sans ordre, laissant croître leur barbe et ressemblant à des faunes ou à des ours. » Jusqu'alors, cependant, aucun accident grave n'était survenu à la flotte macédonienne, quand, le 10 novembre, le vent du large souffla avec une telle violence, qu'il fit périr deux galères et un vaisseau. Néarque vint alors mouiller à Crocala, et fut ravitaillé par un convoi de blé que lui avait expédié Alexandre. Chaque vaisseau reçut pour dix jours de vivres.

Après divers incidents de navigation, après une courte lutte avec les barbares de la côte, Néarque arriva à l'extrémité du territoire des Orites, qui est marquée par le cap Moran de la géographie moderne. En cet endroit de son récit, Néarque prétend que le soleil, frappant verticalement les objets, lorsqu'il était au milieu de sa course, ne produisait plus aucune ombre. Mais il se trompe évidemment, car à cette époque l'astre du jour se trouvait dans l'hémisphère sud, sur le Tropique du Capricorne, et, d'ailleurs, les navires de Néarque furent toujours éloignés de quelques degrés du Tropique du Cancer. Donc, même en plein été, ce phénomène n'aurait pas pu se produire.

La navigation continua dans des conditions meilleures, lorsque la mousson de l'est se fut régularisée. Néarque prolongea la côte des Ichthyophages, des *mangeurs de poissons*, tribus misérables auxquelles les pâturages manquent totalement, et qui sont forcées de nourrir leurs brebis avec les produits de la mer. La flotte commença à être éprouvée de nouveau par le manque de vivres. Elle doubla le cap Posmi. Là, Néarque prit un pilote indigène, et les vaisseaux, favorisés par quelques brises de terre, purent s'avancer rapidement. La côte était moins aride. Quelques arbres l'ornaient çà et là. Néarque arriva à une petite ville des Ichthyophages qu'il ne nomme pas, et, manquant de vivres, il s'en empara par surprise, au détriment des habitants, qui durent céder à la force.

Les vaisseaux arrivèrent à Canasida, qui n'est autre que la ville de Churbar, dont on remarque encore les ruines dans la baie de ce nom. Mais déjà le blé faisait défaut. Néarque relâcha successivement à Canate, à Trois, à Dagasira, sans trouver à refaire des vivres chez ces populations misérables. Les navigateurs n'avaient plus ni viande, ni blé, et ils ne pouvaient se décider à manger des tortues, qui sont abondantes dans ces parages.

La flotte, arrivée presque à l'entrée du golfe Persique, se trouva en présence d'un troupeau de baleines. Les matelots effrayés voulaient prendre la fuite. Mais Néarque, les encourageant par ses paroles, les entraîna contre ces monstres peu redoutables, qu'il ne tarda pas à disperser.

Les vaisseaux, parvenus à la hauteur de la Carmanie, modifièrent un peu leur direction vers l'ouest, et se tinrent davantage entre l'occident et le nord. Les rivages étaient fertiles; partout des champs de blé et des pâturages, et toutes sortes d'arbres fruitiers, sauf des oliviers. Néarque relâcha à Badis, le Jask actuel, puis, après avoir doublé le promontoire de Maceta ou Mussendon, les navigateurs aperçurent l'entrée du golfe Persique, auquel Néarque, d'accord avec les géographes arabes, donne improprement le nom de mer Rouge.

Néarque pénétra dans le golfe, et, après une seule halte, il arriva au lieu nommé Harmozia, qui, plus tard, a donné son nom à la petite île d'Ormuz. Là, il apprit que l'armée d'Alexandre n'était pas à plus de cinq jours de marche. Il se hâta donc de débarquer, afin de rejoindre le conquérant. Celui-ci, sans nouvelle de sa flotte depuis vingt et une semaines, n'espérait plus la revoir. On conçoit sa joie quand l'amiral, alors maigri par les fatigues et méconnaissable, se présenta devant lui. Pour fêter son retour, Alexandre fit célébrer les jeux gymniques, et remercia les dieux par de grands sacrifices. Puis Néarque, voulant reprendre le commandement de sa flotte pour la conduire jusqu'à Suse, revint à Harmozia et remit à la voile après avoir invoqué Jupiter-Sauveur.

La flotte visita diverses îles, probablement les îles d'Arek et de Kismis; peu de temps après, les vaisseaux s'échouèrent, mais la marée montante les remit à flot, et, après avoir doublé le promontoire de Bestion, ils touchèrent à Keish, île consacrée à Mercure et à Vénus. C'était là la frontière extrême de la Carmanie. Au delà

I.

commençait la Perse. Les navires suivirent la côte persique, visitant divers points, Gillam, Indérabia, Shevou, Konkûn, Sita-Reghiau, où Néarque reçut un approvisionnement de blé envoyé par Alexandre.

Après plusieurs jours de navigation, la flotte arriva à l'embouchure du fleuve Endian, qui sépare la Perse de la Susiane. De là, elle atteignit l'embouchure d'un grand lac poissonneux, nommé Cataderbis, et qui est situé dans la contrée actuellement appelée Dorghestan. Enfin, elle mouilla devant le village babylonien de Dégéla, aux sources mêmes de l'Euphrate, après avoir reconnu toute cette côte comprise entre ce point et l'Indus. Néarque rejoignit une seconde fois Alexandre, qui le récompensa magnifiquement et le maintint dans le commandement de sa flotte. Alexandre voulait encore entreprendre la reconnaissance de toute la côte arabe jusqu'à la mer Rouge, mais la mort le frappa, et il ne fut pas donné suite à ses projets.

On croit que dans la suite Néarque devint gouverneur de Lycie et de Pamphilie. Pendant ses loisirs, il écrivit lui-même le récit de ses voyages, récit qui a péri, mais dont fort heureusement Arrien avait fait une analyse complète dans son *Historia Indica*. Il est probable que Néarque fut tué à la bataille d'Ipsus, laissant la réputation d'un habile navigateur, dont le voyage est un événementconsidérable dans l'histoire de la navigation

Nous devons citer maintenant une tentative audacieuse qui fut faite à cette époque par Eudoxus de Cyzique, géographe qui vivait l'an 146 avant J.-C. à la cour d'Évergète II. Après avoir visité l'Égypte et les rivages de l'Inde, ce hardi aventurier eut la pensée de faire le tour de l'Afrique, qui ne devait être réellement effectué que seize cents ans plus tard par Vasco da Gama. Eudoxus fréta un grand navire et deux barcasses, et il s'aventura sur les flots inconnus de l'Atlantique. Jusqu'où conduisit-il ces navires ? ce point est difficile à déterminer. Quoi qu'il en soit, après avoir pris langue avec des naturels qu'il considéra comme des Éthiopiens, il revint en Mauritanie. De là, il passa en Ibérie, et fit les préparatifs d'un nouveau voyage de circumnavigation autour de l'Afrique. Ce voyage fut-il effectué? on ne peut répondre, et il faut même ajouter que cet Eudoxus, en somme plus courageux que probe, a été tenu pour imposteur par un certain nombre de savants.

Deux noms nous restent à mentionner parmi les voyageurs qui s'illustrèrent avant l'ère chrétienne. Ces noms sont ceux de César et de Strabon. César, né cent ans avant J.-C., fut surtout un conquérant, dont le but n'était pas l'exploration de pays nouveaux. Rappelons seulement qu'en l'an 58 il entreprit la conquête de la Gaule, et que, pendant les dix ans que dura sa vaste entreprise, il entraîna ses légions victorieuses jusqu'aux rivages de la Grande-Bretagne, dont les provinces étaient habitées par des populations d'origine germanique.

Quant à Strabon, né en Cappadoce, 50 ans avant J.-C., il se distingua plutôt comme géographe que comme voyageur. Cependant, il parcourut l'Asie intérieure, l'Égypte, la Grèce, l'Italie, et il vécut longtemps à Rome, où il mourut dans les dernières années du règne de Tibère. Strabon a laissé une géographie divisée en dix-sept livres, qui nous est parvenue en grande partie. Cet ouvrage forme, avec celui de Ptolémée, le monument le plus important que l'antiquité ait légué aux géographes modernes.

CHAPITRE II

VOYAGEURS CÉLÈBRES DU PREMIER AU NEUVIÈME SIÈCLE

Pausanias (174). — Fa-Hian (399). — Cosmas Indicopleustes (5...). — Arculphe (700). — Willibald (725). — Soleyman (851).

Pline, Hippalus, Arrien et Ptolémée. — Pausanias visite l'Attique, la Corinthie, la Laconie, la Messénie, l'Élide, l'Achaïe, l'Arcadie, la Béotie et la Phocide.— Fa-Hian explore le Kan-tcheou, la Tartarie, l'Inde du nord, le Pendjâb, Ceylan et Java. — Cosmas Indicopleustes et la Topographie chrétienne de l'univers. — Arculphe décrit Jérusalem, la vallée de Josaphat, le mont des Oliviers, Bethléem, Jéricho, le Jourdain, le Liban, la mer Morte, Capharnaüm, Nazareth, le mont Thabor, Damas, Tyr, Alexandrie, Constantinople. — Willibald et les Lieux-Saints. — Soleyman parcourt la mer d'Oman, Ceylan, Sumatra, le golfe de Siam et la mer de Chine.

Pendant les deux premiers siècles de l'ère chrétienne, le mouvement géographique fut très-accentué sous le rapport purement scientifique, mais les voyageurs proprement dits, nous voulons dire les explorateurs, les découvreurs de pays nouveaux, furent certainement très-rares.

Pline, en l'an **23 de J.-C.**, consacrait les 3ᵉ, 4ᵉ, 5ᵉ et 6ᵉ livres de son *Histoire naturelle* à la géographie. En l'an 50, Hippalus, navigateur habile, trouvait la loi des moussons de l'océan Indien, et il enseignait aux navigateurs à s'écarter au large, pour effectuer, grâce à ces vents constants, leur voyage d'aller et retour aux Indes dans l'intervalle d'une seule année. Arrien, un historien grec, né en 105, composait son *Périple du Pont-Euxin*, et cherchait à fixer avec une grande précision les contrées découvertes dans les explorations précédentes. Enfin, l'Égyptien Claude Ptolémée, vers 175, coordonnant les travaux de ses devanciers, publiait une géographie célèbre, malgré ses erreurs graves, et dans laquelle la situation des villes, relevée en longitude et en latitude, reposait pour la première fois sur une base mathématique.

Le premier voyageur de l'ère chrétienne dont le nom ait survécu, c'est Pausanias, écrivain grec, qui habita Rome au deuxième siècle, et dont il nous reste une relation composée vers l'an 175. Ce Pausanias avait précédé notre contemporain Joanne dans la rédaction des *Guides du voyageur*. Il fit pour la Grèce antique ce que l'ingénieux et laborieux Français a fait pour les diverses contrées de l'Europe. Son récit est un manuel exact et sûr, écrit sobrement, précis dans ses détails, et avec lequel les touristes du deuxième siècle pouvaient parcourir fructueusement les diverses provinces de la Grèce.

Pausanias décrit minutieusement l'Attique et plus

spécialement Athènes et ses monuments, ses tombeaux,
ses arcs, ses temples, sa citadelle, son aréopage, son
académie, ses colonnes. De l'Attique, il passe dans la
Corinthie, et explore les îles d'Egine et d'Éaque. Après
la Corinthie, la Laconie et Sparte, l'île de Cythère, la
Messénie, l'Élide, l'Achaïe, l'Arcadie, la Béotie et la
Phocide sont étudiées avec soin; les routes des provinces, les rues des villes sont portées dans ce récit,
et l'aspect général des diverses contrées de la Grèce n'y
est point oublié. Mais, en somme, Pausanias n'ajouta
aucune découverte nouvelle à celles que ses prédéces
seurs avaient mentionnées. Ce fut un voyageur précis
qui borna son œuvre à l'exploration exacte de la Grèce,
et non un découvreur. Néanmoins, sa relation a été
mise à profit par tous les géographes et commentateurs
qui traitèrent de l'Hellas et du Péloponèse, et c'est avec
raison qu'un savant du seizième siècle a pu l'appeler
« un trésor de la plus ancienne et de la plus rare éru-
dition. »

Cent trente ans environ après l'historien grec, un
voyageur chinois, un moine, entreprenait, vers la fin
du quatrième siècle, une exploration des pays situés à
l'occident de la Chine. La relation de son voyage nous
a été conservée, et il faut s'associer aux sentiments de
M. Charton, qui regarde ce récit « comme un monument
d'autant plus précieux, qu'il nous transporte en dehors
de notre point de vue exclusif de la civilisation occidentale. »

Fa-Hian, accompagné de quelques moines, voulant

sortir de la Chine par le côté de l'occident, franchit plusieurs chaînes de montagnes, et arriva dans ce pays qui forme aujourd'hui le Kan-tcheou, situé non loin de la grande muraille. Là, des Samanéens se joignirent à lui. Ils traversèrent le fleuve Cha-ho et un désert que Marco-Polo devait explorer huit cents ans plus tard. Ils purent atteindre, après dix-sept jours de marche, le lac de Lobe, qui se trouve dans le Turkestan chinois actuel. Depuis ce point, tous les royaumes que ces religieux visitèrent se ressemblaient par les coutumes et les mœurs. La langue seule différait.

Peu satisfaits de l'accueil qu'ils reçurent dans la contrée des Ouigours, dont les habitants ne sont pas hospitaliers, ils s'aventurèrent vers le sud-est, en un pays désert, passant les rivières avec une peine extrême. Après trente-cinq jours de marche, la petite caravane arriva en Tartarie, dans le royaume de Khotan, qui comptait « plusieurs fois dix mille religieux ». Fa-Hian et ses compagnons furent reçus dans des monastères spéciaux, et, après une attente de trois mois, ils purent assister à la « procession des images, » grande fête commune aux bouddhistes et aux brahmanes, pendant laquelle on promène les images des dieux sur un char magnifiquement orné, par les rues jonchées de fleurs et au milieu des nuages de parfums.

Après la fête, les religieux quittèrent Khotan et se rendirent dans le royaume qui forme aujourd'hui le canton de Kouke-yar. Après un repos de quinze jours, on les retrouve plus au sud, dans un pays qui forme le

Balistan actuel, pays froid et montagneux où ne mûrit
pas d'autre grain que le blé. Là, les religieux se servirent de cylindres sur lesquels sont collées les prières,
et que le fidèle fait tourner avec une rapidité extrème.
De ce royaume, Fa-Hian passa dans la partie orientale
de l'Afghanistan, et il ne lui fallut pas moins d'un mois
pour traverser des montagnes, au milieu desquelles,
dans les neiges perpétuelles, il signale la présence de
dragons venimeux.

Au delà de cette chaîne, les voyageurs se trouvaient
dans l'Inde du nord, dans ce pays arrosé par les premiers
cours d'eau qui forment le Sind ou l'Indus. Puis, après
avoir traversé les royaumes de Ou-tchang, de Sû-ho-to
et de Kian-tho-wei, ils arrivèrent à Fo-lou-cha, qui doit
être la ville de Peichaver, placée entre Kaboul et l'Indus,
et, vingt-quatre lieues plus à l'ouest, à la ville de Hilo,
bâtie sur le bord d'un affluent de la rivière de Kaboul.
Dans toutes ces villes, Fa-Hian signale surtout les fêtes
et coutumes relatives au culte de Foe, qui n'est autre
que Bouddha.

Les religieux, en quittant Hilo, durent franchir les
monts Hindou-Kousch, qui s'élèvent entre le Tokhares-
tan et le Gandhara. Là, le froid fut tellement violent,
qu'un des compagnons de Fa-Hian tomba pour ne plus
se relever. Après mille fatigues, la caravane parvint à
gagner la ville de Banou, qui existe encore; puis, après
avoir passé de nouveau l'Indus dans la partie moyenne
de son cours, elle entra dans le Pendjab. De là, descendant vers le sud-est, avec l'intention de traverser la par-

tie septentrionale de la péninsule indienne, elle atteignit
Mathoura, une ville de la province actuelle d'Agra, et,
traversant le grand désert salé qui est à l'est de l'Indus,
elle parcourut un pays que Fa-Hian appelle « le royau-
me-central, dont les habitants, honnêtes et pieux, sans
magistrats, ni lois, ni supplices, sans demander leur
nourriture à aucun être vivant, sans boucheries et sans
marchands de vins, vivent heureux, dans l'abondance
et la joie, sous un climat où le froid et le chaud sont
tempérés l'un par l'autre. » Ce royaume, c'est l'Inde.

En descendant au sud-est, Fa-Hian visita le district
actuel de Feroukh-abâd, sur lequel, suivant la légende,
Bouddha mit le pied en redescendant du ciel par un
triple escalier à degrés précieux. Le religieux voyageur
s'étend longuement sur ces croyances du bouddhisme.
De ce point, il partit pour visiter la ville de Kanoudje,
située sur la rive droite du Gange, qu'il appelle le Heng.
C'est le pays de Bouddha par excellence. Partout où le
dieu s'est assis, ses fidèles ont élevé de hautes tours.
Les pieux pèlerins ne manquèrent pas de se rendre au
temple de Tchihouan, où Foe, pendant vingt-cinq années, s'était livré à des macérations volontaires, et con-
sidérant le lieu sacré, près de l'endroit où Foe avait
rendu la vue à cinq cents aveugles, « le cœur des religieux fut pénétré d'une vive douleur. »

Ils reprirent leur route, passèrent à Kapila, à Gorakh-
pour, sur la frontière du Népaul, à Kin-i-na-kie, endroits
célèbres par les miracles de Foe, et ils arrivèrent au
delta du Gange, à la célèbre ville de Palian-fou, dans

le royaume de Magadha. C'était un pays riche, habité par une population compatissante et juste, aimant les discussions philosophiques. Après avoir gravi le pic du Vautour, qui s'élève aux sources des rivières Dahder et Banourah, Fa-Hian descendit le Gange, visita le temple d'Issi-Pattene, que fréquentaient autrefois des mages « volants », atteignit Benarès, dans le « royaume resplendissant », et plus bas encore, la ville de To-mo-liiti, située à l'embouchure du fleuve, à quelque distance de l'emplacement qu'occupe actuellement Calcutta.

En ce temps, une caravane de marchands se préparait à prendre la mer dans l'intention de se rendre à l'île de Ceylan. Fa-Hian prit passage sur leur navire, et, après quatorze jours de traversée, il débarqua sur les rivages de l'ancienne Taprobane, sur laquelle le marchand grec Jamboulos avait donné, quelques siècles auparavant, des détails assez curieux. Le religieux chinois retrouva dans ce royaume toutes les traditions légendaires qui se rattachent au dieu Foe, et il y demeura deux ans à s'occuper de recherches bibliographiques. Il quitta Ceylan pour se rendre à Java, qu'il atteignit après une traversée très-mauvaise, pendant laquelle, lorsque le ciel était sombre, « on ne voyait que de grandes vagues qui s'entre-choquaient, des éclairs couleur de feu, des tortues, des crocodiles, des monstres marins et d'autres prodiges. »

Après cinq mois de séjour à Java, Fa-Hian s'embarqua pour Canton ; mais les vents le contrarièrent encore, et, après avoir subi mille fatigues, il débarqua dans le

Chan-toung actuel ; puis, ayant séjourné quelque temps à Nan-king, il rentra à Si'an-fou, sa ville natale, après dix-huit ans d'absence.

Telle est la relation de ce voyage, dont M. Abel de Rémusat a fait une traduction excellente, et qui donne des détails très-intéressants sur les coutumes des Tartares et des Indiens, particulièrement en ce qui touche leurs cérémonies religieuses.

Au moine chinois succède dans l'ordre chronologique, pendant le sixième siècle, un voyageur égyptien nommé Cosmas Indicopleustes, nom que M. Charton traduit ainsi : « Voyageur cosmographe dans l'Inde. » C'était un marchand d'Alexandrie qui, après avoir visité l'Éthiopie et une partie de l'Asie, se fit moine à son retour.

Son récit porte le titre de *Topographie chrétienne de l'univers*. Il ne donne aucun détail sur les voyages de son auteur. Des discussions cosmographiques pour prouver que la terre est carrée et renfermée avec les autres astres dans un grand coffre oblong, forment le début de l'ouvrage ; suivent des dissertations sur les fonctions des anges, et une description du costume des prêtres hébreux. Cosmas fait ensuite l'histoire naturelle des animaux de l'Inde et de Ceylan, et cite le rhinocéros, le taureau-cerf, qui peut se prêter aux usages domestiques, la girafe, le bœuf sauvage, le musc, que l'on chasse pour recueillir « son sang parfumé », la licorne, qu'il ne considère pas comme un animal chimérique, le sanglier, qu'il appelle pourceau-cerf, l'hippopotame, le phoque, le dauphin et la tortue. Après les animaux, Cosmas décrit le poivrier, arbrisseau frêle et délicat, comme les plus petits sarments de vigne, et le cocotier, dont les fruits ont une saveur douce comme celle des noix vertes.

Depuis les premiers temps de l'ère chrétienne, les fidèles s'empressaient à visiter les lieux saints, berceau de la religion nouvelle. Ces pèlerinages devinrent de plus en plus fréquents, et l'histoire a conservé le nom des principaux personnages qui se rendaient en Palestine pendant les premiers âges du christianisme.

Un de ces pèlerins, l'évêque français Arculphe, qui vivait vers la fin du septième siècle, a laissé le récit circonstancié de son voyage.

Il débute par donner la situation topographique de Jérusalem, et décrit la muraille qui entoure la ville sainte. Il visite ensuite l'église en forme de rotonde construite sur le Saint-Sépulcre, le tombeau de Jésus-Christ et la pierre qui le fermait, l'église de Sainte-Marie, l'église construite sur le Calvaire et la basilique de Constantin, élevée au lieu où fut trouvée la vraie croix. Ces différentes églises sont comprises dans un édifice unique, qui renferme aussi le tombeau du Christ et le Calvaire au sommet duquel le Sauveur fut crucifié.

Arculphe descend ensuite dans la vallée de Josaphat, située à l'est de la ville, où s'élève l'église qui recouvre le tombeau de la Vierge et le tombeau d'Absalon, qu'il appelle tour de Josaphat. Puis, il gravit le mont des Oliviers, qui fait face à la ville au delà de la vallée, et là il

prie dans la grotte où pria Jésus. Il se rend alors au
mont Sion, situé en dehors de la ville, à sa pointe sud;
il remarque en passant le figuier gigantesque auquel,
suivant la tradition, se pendit Judas Iscariote, et il visita
l'église du Cénacle, maintenant détruite.

En contournant la ville par la vallée de Siloë et en
remontant le torrent de Cédron, l'évêque revient au
mont des Oliviers, couvert de riches moissons de froment et d'orge, d'herbes et de fleurs, et il décrit, au
sommet de la montagne sainte, l'emplacement d'où le
Christ s'éleva au ciel. Là, les fidèles ont bâti une grande
église ronde, avec trois portiques cintrés, qui, sans toit
ni voûte, demeure ouverte sous le ciel nu. « On n'a pas
« voûté l'intérieur de l'église, dit la relation de l'évêque
« afin que de ce lieu où se posèrent pour la dernière
« fois les pieds divins, lorsque le Seigneur s'éleva au
« ciel sur une nuée, une voie toujours ouverte jusqu'au
« ciel y conduisît les prières des fidèles. Car, lorsqu'on
« construisit cette église dont nous parlons, on ne pût
« paver, comme le reste de l'édifice, l'endroit où s'étaient
« posés les pieds du Seigneur. A mesure que l'on ap-
« pliquait les marbres, la terre, impatiente de supporter
« quelque chose d'humain, les recrachait, si j'ose le dire,
« à la face des ouvriers. D'ailleurs, comme un ensei-
« gnement immortel, la poussière conserve encore l'em-
« preinte des pas divins, et bien que chaque jour la foi
« des visiteurs leur fasse enlever cette empreinte, elle
« reparaît sans cesse, et la terre la conserve toujours. »
Après avoir exploré le champ de Béthanie, au milieu

de la grande forêt des oliviers, où se voit le sépulcre de Lazare, et l'église située à droite sur l'emplacement même où le Christ avait l'habitude de s'entretenir avec ses disciples, Arculphe se rendit à Bethléem, qui est bâtie à deux heures de la ville sainte, au sud de la vallée de Zéphraïm. Il décrit le lieu de la naissance du Seigneur, une demi-grotte naturelle, creusée à l'extrémité de l'angle oriental de la ville, et au-dessus, l'église construite par sainte Hélène, puis les tombeaux des trois pasteurs qui, à la naissance du Seigneur, furent entourés d'une clarté céleste, le sépulcre de Rachel, les tombeaux des quatre patriarches, Abraham, Isaac, Jacob et Adam, le premier homme. Puis, il visite la montagne et le chêne de Mambré, sous l'ombrage duquel Abraham donna l'hospitalité aux anges.

De ce point, Arculphe se rend à Jéricho, ou plutôt à l'endroit qu'occupait cette ville dont les murailles s'écroulèrent au son des trompettes de Josué. Il explore le lieu où les fils d'Israël, après avoir passé le Jourdain, firent leur première station dans la terre de Chanaan. Il contemple dans l'église de Galgala les douze pierres que les Israélites, par ordre du Seigneur, tirèrent du torrent desséché. Il suit les rives du Jourdain et reconnaît sur sa rive droite, près d'un coude du fleuve, à une heure de marche de la mer Morte, au milieu d'un site pittoresque planté d'arbres magnifiques, le lieu où le Seigneur fut baptisé par Jean, à l'endroit même où l'on a planté une croix que les eaux blanchâtres, lorsqu'elles sont grossies, couvrent tout entière.

Après avoir parcouru les rivages de la mer Morte, dont il goûta le sel, après avoir recherché en Phénicie ce pied du Liban d'où s'échappent les sources du Jourdain, après avoir exploré la plus grande partie du lac de Tibériade, visité le puits de Samarie où le Christ fut rafraîchi par la Samaritaine, la fontaine du désert où s'abreuvait saint Jean-Baptiste, la vaste plaine de Gazan, « jamais labourée depuis, » dans laquelle Jésus bénit cinq pains et deux poissons, Arculphe descendit vers Capharnaüm, dont les restes n'existent même plus ; puis il se transporta à Nazareth, où se passa l'enfance du Christ, et il termina au mont Thabor, situé en Galilée, son voyage proprement dit aux lieux saints.

La relation de l'évêque contient ensuite des détails géographiques et historiques sur d'autres villes qu'il visita, la cité royale de Damas, que quatre grands fleuves parcourent « pour l'égayer », Tyr, métropole de la province de Phénicie, qui, jadis séparée du continent, y fut rattachée par les jetées de Nabuchodorossor, Alexandrie, autrefois la capitale de l'Égypte, que le voyageur atteignit quarante jours après avoir quitté Jaffa, et enfin Constantinople, dont il visita souvent la vaste église où l'on conserve « le bois sacré de la croix sur lequel le Sauveur mourut crucifié pour le salut du genre humain »

Enfin, la relation du voyage, qui fut écrite sous la dictée de l'évêque par l'abbé de Saint-Columban, s'achève en recommandant aux lecteurs d'implorer la clémence divine pour le saint prélat Arculphe, et de prier aussi pour l'écrivain, misérable pécheur, le Christ, juge de tous les siècles !

Quelques années après l'évêque français, un pèlerin anglais entreprenait le même voyage dans un but pieux, et il l'accomplissait à peu près dans les mêmes conditions.

Ce pèlerin se nommait Willibald ; il appartenait à une famille riche qui habitait vraisemblablement le comté de Southampton. A la suite d'une maladie de langueur, ses parents le consacrèrent à Dieu, et sa jeunesse se passa au milieu des exercices de piété dans le monastère de Waltheim. Arrivé au terme de l'adolescence, Willibald résolut d'aller prier à Rome dans l'église consacrée à l'apôtre Pierre, et ses vives instances déterminèrent son père Richard, son frère Wimebald et sa jeune sœur Walpurge à l'accompagner.

La pieuse famille s'embarqua à Hamble-Haven, au printemps de l'année 721, et, remontant la Seine, elle vint débarquer près de la ville de Rouen. Willibald donne peu de détails sur le voyage jusqu'à Rome. Après avoir traversé Cortone, ville de la Ligurie, Lucques en Toscane, où Richard succomba aux fatigues du voyage, le 7 février 722, après avoir franchi les Apennins pendant l'hiver, les deux frères et la sœur entrèrent à Rome, et ils y passèrent le reste de l'hiver, très-éprouvés les uns et les autres par de violentes fièvres.

Willibald, revenu à la santé, forma le projet de poursuivre son pèlerinage jusqu'aux lieux saints. Il renvoya son frère et sa sœur en Angleterre, et partit en compagnie de quelques religieux. Par Terracine et Gaëte, ils allèrent à Naples, firent voile pour Reggio en Calabre, pour Catane et Syracuse en Sicile ; puis, prenant définitivement la mer, après avoir touché à Cos et à Samos ils débarquèrent à Éphèse en Asie Mineure, où s'élevaient les tombeaux de saint Jean l'Évangéliste, de Marie-Madeleine et des Sept Dormants, qui sont sept chrétiens martyrisés sous le règne de l'empereur Dèce.

Après avoir séjourné quelque temps à Strobole, à Patara, et en dernier lieu à Mitylène, capitale de l'île de Lesbos, les pèlerins se transportèrent à Chypre, visitèrent également Paphos et Constance ; enfin, on les retrouve au nombre de sept dans la ville phénicienne d'Édissa, où se voit le tombeau de saint Thomas l'apôtre.

En cet endroit, Willibald et ses compagnons, pris pour des espions, furent emprisonnés par les Sarrasins ; mais le roi, à la recommandation d'un Espagnol, les fit mettre en liberté. Les pèlerins quittèrent la ville en toute hâte, et, à partir de ce moment, leur itinéraire est presque celui de l'évêque Arculphe. Ils visitent Damas en Syrie, Nazareth en Galilée, Cana, où l'on voit une des amphores miraculeuses, le mont Thabor, où s'accomplit le grand fait de la Transfiguration, Tibériade, située à l'endroit où le Seigneur et Pierre marchèrent sur les flots, Magdala, où demeuraient Lazare et ses sœurs, Capharnaüm, où Jésus ressuscita la fille du prince, Bethsaïde de Galilée, patrie de Pierre et d'André, Corozaïn, où le Seigneur guérit des possédés, Césarée où la clef du ciel fut donnée à saint Paul, l'endroit où le Christ fut baptisé, Galgala, Jéricho et Jérusalem.

La ville sainte, la vallée de Josaphat, le mont des Oliviers, Bethléem, Thema, où Hérode fit mettre à mort les petits enfants, la vallée de Laura, Gaza, reçurent la visite des pieux pèlerins. Dans cette ville, pendant qu'on célébrait l'office dans l'église Saint-Matthias, Willibald raconte qu'il perdit subitement la vue, et il ne la recouvra qu'à Jérusalem, deux mois après, en rentrant dans l'église de la Sainte-Croix. Il parcourut ensuite la vallée de Diospolis, à dix milles de Jérusalem, puis, au bord de la mer Syrienne, Tyr, Sidon et Tripoli de Syrie. De là, par le Liban, Damas et Césarée, Willibald gagna Émaüs, bourg de la Palestine où coule la fontaine à laquelle le Christ lava ses pieds, et enfin Jérusalem, où les voyageurs demeurèrent pendant toute la saison d'hiver.

Les infatigables pèlerins ne devaient pas borner là leur exploration. On les retrouve successivement à Ptolémaïs, Saint-Jean d'Acre actuellement, à Emessa, à Jérusalem, à Damas, à Samarie, où sont les tombeaux de saint Jean-Baptiste, d'Abdias et d'Élisée, à Tyr, où, il faut l'avouer, le pieux Willibald frauda la douane du temps en dissimulant une certaine quantité de baume de Palestine, très-renommé alors et qui était soumis aux droits. A Tyr, après un long séjour, il put s'embarquer pour Constantinople, que ses compagnons et lui habitèrent pendant deux ans, et enfin ils revinrent par la Sicile et la Calabre, Naples et Capoue. Le pèlerin anglais arriva au monastère du mont Cassin, ayant quitté son pays depuis dix ans. L'heure du repos, cependant, n'était pas encore venue pour lui. Il fut nommé par le pape Grégoire III à un évêché nouvellement créé en Franconie. Il avait quarante et un ans, quand il fut sacré évêque. Pendant quarante-cinq ans encore il occupa son siége épiscopal, et il mourut en l'an 745. En 938, Willibald fut canonisé par le pape Léon VII.

Nous terminerons la liste des voyageurs du premier au neuvième siècle, en citant un certain Soleyman, marchand de Bassorah, qui, parti du golfe Persique, atteignit les confins de l'Asie et débarqua sur les rivages chinois. Ce récit contient deux parties distinctes : l'une rédigée en 851 par Soleyman lui-même, qui fit réellement ce voyage ; l'autre écrite en 878 par un géographe, Abou-Zeyd-Hassan, dans le but de compléter la première. Suivant l'opinion de l'orientaliste Reinaud, ce récit « a jeté un jour tout nouveau sur les rapports commerciaux qui existèrent au neuvième siècle entre les côtes de l'Égypte, de l'Arabie et des pays riverains du golfe Persique, d'une part, et, de l'autre, les vastes provinces de l'Inde et de la Chine. »

Soleyman, sorti du golfe Persique, après s'être approvisionné d'eau douce à Mascate, visita d'abord la deuxième mer, c'est-à-dire la mer Larevy des Arabes, ou mer d'Oman de la géographie moderne. Il observa d'abord un poisson d'une masse énorme, — probablement un cachalot, — que les navigateurs prudents cherchent à effrayer en sonnant la cloche, puis un requin dans le ventre duquel on en trouva un plus petit,

qui en renfermait lui-même un plus petit encore, « tous
deux vivants, » dit le voyageur avec une exagération
manifeste ; enfin, après avoir décrit le remora, le dac-
tyloptère et le marsouin, il dit ce qu'est la mer de
Herkend, comprise entre les Maldives et les îles de la
Sonde, dans laquelle il compte au moins dix-neuf cents
îles, dont les rivages sont semés de gros morceaux
d'ambre gris. Parmi ces îles, gouvernées par une femme,
il nomme principalement de leur nom arabe Ceylan et
sa pêcherie de perles, Sumatra, riche en mines d'or,
habitée par des anthropophages, les Nicobar et les Andaman, dont les tribus sont encore aujourd'hui cannibales. « Cette mer de Herkend, dit-il, se soulève quelquefois en trombes furieuses qui fracassent les navires
et rejettent à la côte une immense quantité de poissons
morts, et même des blocs de pierre et des montagnes.
Quand les vagues de cette mer se soulèvent, l'eau présente l'apparence d'un feu qui brûle. » Soleyman la
croit fréquentée par une espèce de monstre qui dévore
les hommes, et dans lequel les commentateurs ont cru
reconnaître le squale pantouflier.

Arrivé aux Nicobar, Soleyman, après avoir échangé
avec les habitants du fer contre des cocos, des cannes à
sucre, des bananes et du vin de cocotier, traversa la mer
de Kalâh-Bar, qui baigne la côte de Malacca ; puis, après
dix journées de navigation, sur la mer de Schelaheth,
il se dirigea pour faire de l'eau vers un lieu qui pourrait être Sincapour ; enfin, il remonta au nord par la mer
de Kedrendj, qui doit être le golfe de Siam, de manière

à venir en vue de Poulo-Oby, situé dans le sud de la pointe de Cambodje.

Devant les navires du marchand de Bassorah s'ouvrait alors la mer de Senf, étendue d'eau comprise entre les Moluques et l'Indo-Chine. Soleyman alla se ravitailler à l'île Sander-Foulat, située vers le cap Varela, et, de là, il se lança sur la mer de Sandjy ou mer de Chine, et, un mois plus tard, il entrait à Khan-fou, le port chinois de la ville actuelle de Tche-kiang, où les bâtiments, à cette époque, avaient coutume d'aborder.

Le reste de la relation de Soleyman, complétée par Abou-Zeyd-Hassan, ne contient plus que des renseignements très-détaillés sur les mœurs des Indiens, des Chinois et des habitants du Zendj, contrée située sur la côte orientale de l'Afrique. Mais ce n'est plus le voyageur qui parle, et ces détails qu'il donne, nous les retrouverons, plus intéressants et plus précis, dans les relations de ses successeurs.

Ce qu'il faut dire, pour résumer les travaux des explorateurs qui parcoururent la terre, seize siècles avant l'ère chrétienne et neuf siècles après, c'est que depuis la Norvége jusqu'aux extrémités de l'empire chinois, en passant par l'Atlantique, la Méditerranée, la mer Rouge, l'océan Indien et la mer de la Chine, cette immense étendue de côtes était en grande partie déterminée et visitée. Des explorations avaient été hardiment tentées à l'intérieur des terres, en Égypte jusqu'à l'Éthiopie, en Asie Mineure jusqu'au Caucase, dans l'Inde et la Chine jusqu'à la Tartarie, et si la précision mathématique manquait encore aux divers points relevés par les voyageurs, du moins les usages, les mœurs des habitants, les productions des divers pays, les modes d'échange, les coutumes religieuses étaient suffisamment connus ; les navires, profitant des vents réguliers, pouvaient se hasarder avec plus de confiance sur les mers ; les caravanes savaient se diriger plus sûrement à l'intérieur du continent, et c'est grâce à cet ensemble de connaissances, répandues par les écrits des savants, que le commerce prit un essor considérable dans la dernière période du moyen âge.

CHAPITRE III

VOYAGEURS CÉLÈBRES DU DIXIÈME AU TREIZIÈME SIÈCLE

Benjamin de Tudele (1159-1173). — Plan de Carpin (1245 1247). Rubruquis (1253-1254).

Les Scandinaves dans le Nord, l'Islande et le Groënland. — Benjamin de Tudele visite Marseille, Rome, la Valachie, Constantinople, l'Archipel, la Palestine, Jérusalem, Bethléem, Damas, Balbek, Ninive, Bagdad, Babylone, Bassorah, Ispahan, Schiraz, Samarkand, le Thibet, le Malabar, Ceylan, la mer Rouge, l'Égypte, la Sicile, l'Italie, l'Allemagne et la France. — Plan de Carpin explore le pays du Coman et du Khangita, le Turkestan moderne. — Mœurs et coutumes des Tartares. — Rubruquis et la mer d'Azof, le Volga, le pays des Baskhirs, Caracorum, Astrakan, Derbend.

Pendant le dixième siècle et le commencement du onzième, un mouvement géographique assez considérable s'était produit dans le nord de l'Europe. Des Norvégiens et des Gallois audacieux s'étaient aventurés sur les mers septentrionales, et, si l'on en croit certains récits plus ou moins authentiques, ils avaient atteint la mer Blanche et visité les contrées possédées aujourd'hui par les Samoyèdes. Quelques documents prétendent même que le prince Madoc aurait exploré le continent américain.

On peut affirmer toutefois que l'Irlande fut découverte vers 861 par des aventuriers scandinaves et que les Normans ne tardèrent pas à la coloniser. Vers cette époque, un Norvégien s'était réfugié sur une terre nouvelle, située à l'extrême ouest de l'Europe, et, émerveillé par sa verdoyante apparence, il lui avait donné le nom de Terre Verte ou Groënland. Mais les communications avec cette portion du continent américain étaient difficiles, et, paraîtrait-il, un vaisseau, au dire du géographe Cooley, « employait cinq années pour aller de la Norvége au Groënland et revenir du Groënland en Norvége. » Quelquefois, cependant, dans des hivers rigoureux, l'Océan septentrional se gelait dans toute son étendue, et un certain Hollur-Geit, conduit par une chèvre, put aller à pied de la Norvége au Groënland. Mais n'oublions pas que nous sommes encore dans les temps légendaires, et que ces régions hyperboréennes sont riches de traditions merveilleuses.

Revenons aux faits réels, prouvés, incontestables, et racontons le voyage d'un juif espagnol, dont la véracité est affirmée par les plus savants commentateurs.

Ce juif était fils d'un rabbin de Tudele, ville du royaume de Navarre, et il se nommait Benjamin de Tudele. Il est probable que son but, en voyageant, fut de dénombrer ses coreligionnaires dispersés à la surface du globe. Mais, quel que soit son motif, pendant quatorze ans, de 1160 à 1173, il explora presque tout le monde connu, et sa relation forme un document détaillé, minutieux même, dont l'autorité fut grande jusqu'au seizième siècle.

Benjamin de Tudele quitta Barcelone, et par Tarragone, Girone, Narbonne, Béziers, Montpellier, Lunel, Pousquiers, Saint-Gilles et Arles, il arriva à Marseille. Après avoir visité les deux synagogues et les principaux juifs de cette ville, il s'embarqua pour Gênes, où son navire arriva quatre jours après. Les Génois étaient alors les maîtres de la mer et faisaient la guerre aux Pisans, gens vaillants, qui; de même que les Génois, dit le voyageur, n'ont ni rois ni princes, mais seulement des juges qu'ils établissent suivant leur bon plaisir.

Après avoir visité Lucques, Benjamin de Tudele, en six jours, arriva à Rome la grande. Alexandre III était pape alors, et, suivant la relation, il comptait des juifs parmi ses ministres. Parmi les monuments de la ville éternelle, Benjamin de Tudele cite plus spécialement Saint-Pierre et Saint-Jean de Latran ; mais ses descriptions sont singulièrement sèches. De Rome, par Capoue et Pouzzoles, alors à demi inondée, il se rendit à Naples, où il ne vit rien, si ce n'est les cinq cents juifs qui habitaient cette ville. Puis, traversant Salerne, Amalfi, Bénévent, Ascoli, Trani, Saint-Nicolas de Bari, Tarente et Brindes, il arriva à Otrante, sur le golfe de ce nom, ayant traversé l'Italie sans rien rapporter d'intéressant sur cette contrée si curieuse.

Quelque ingrate que soit la nomenclature des villes,

nous ne dirons pas visitées, mais citées par Benjamin
de Tudele, nous ne devons pas en omettre une seule,
car l'itinéraire du voyageur juif est précis, et il est utile
de le suivre sur la carte que Lelewel a spécialement
dressée pour lui. D'Otrante à Zéitün, en Valachie, ses
étapes sont Corfou, le golfe d'Arta, Achéloüs, ancienne
ville de l'Étolie, Anatolica en Grèce, sur le golfe de
Patras, Patras, Lépante, Crissa, bâtie au pied du Par-
nasse, Corinthe, Thèbes, dont les deux mille Juifs sont
les meilleurs ouvriers de la Grèce dans l'art de fabriquer
la soie et la pourpre, puis Négrepont et Zéitün.

Là commence la Valachie, suivant le voyageur espagnol. Les Valaques courent comme des chevreuils et
descendent des montagnes pour piller et voler dans
les terres des Grecs. De ce point, par Gardicki, petite
bourgade du golfe Volo, Armyros, port fréquenté par
les Vénitiens, les Génois et les Pisans, Bissina, ville
actuellement détruite, Salonicki, l'ancienne Thessalo-
nique, Dimitritzi, Darma, Christopoli, Abydos, Benjamin de Tudele arriva à Constantinople.

Le voyageur donne ici quelques détails sur cette
grande capitale de toute la terre des Grecs. L'empereur
Emmanuel Comnène régnait alors et habitait un palais
qu'il avait bâti sur le bord de la mer. Là s'élevaient des
colonnes d'or et d'argent pur, et « ce trône d'or et de
pierres précieuses au-dessus duquel est pendue une
couronne d'or par une chaîne d'or aussi, qui vient justement à la mesure du roi, quand il est assis. Il y a à
cette couronne des pierreries d'un si grand prix que

personne ne peut l'estimer, et la nuit, on n'y a pas
besoin de lumière, car chacun y voit assez à la faveur
de l'éclat que jettent ces pierres précieuses. » Le voyageur ajoute que la ville est fort peuplée, que les marchands y accourent de tous côtés, et que sous ce rapport
elle ne peut être comparée qu'à Bagdad. Ses habitants
sont habillés de vêtements de soie, couverts de broderies et agrémentés de franges d'or; à les voir ainsi,
montés sur leurs chevaux, on dirait que ce sont autant
d'enfants de rois; mais ils n'ont ni cœur ni courage pour
faire la guerre; et ils entretiennent des mercenaires
de toutes nations qui se battent pour eux. Un regret
de Benjamain de Tudele, c'est que les juifs manquent
à la ville et qu'on les a transportés au delà de la tour
de Galata, près de l'entrée du port. Là, on en compte
à peu près deux mille cinq cents de deux sectes, les
rabbinites et les caraïtes, et, parmi eux, beaucoup d'ouvriers en soie et de riches marchands, tous très-haïs des
Grecs qui les traitent durement. Seulement aucun de
ces juifs opulents n'a le droit de monter à cheval, sauf
un seul, l'Égyptien Salomon, qui est le médecin du roi.
Quant aux monuments de Constantinople, Benjamin cite
le temple de Sainte-Sophie, qui possède autant d'autels
qu'il y a de jours dans l'année, et des colonnes, des
chandeliers d'or et d'argent en si grand nombre qu'on ne
peut les compter; puis, l'hippodrome, devenu aujour-
d'hui le marché aux chevaux, dans lequel, pour le plaisir
du peuple, on fait battre ensemble « des lions, des ours,
des tigres, des oies sauvages, comme aussi des oiseaux. »

En quittant Constantinople, Benjamin de Tudele visita l'ancienne Bisanthe, Gallipoli et Kilia, port de la côte orientale ; puis, s'embarquant, il parcourut les îles de l'archipel, Mitylène, Chio, qui fait le commerce du suc de pistachier, Samos, Rhodes et Chypre. Faisant voile vers la terre d'Aram, il passa par Messis, par Antioche, dont il admira le service des eaux, et par Latachia, pour arriver à Tripoli, récemment éprouvée par un tremblement de terre qui s'était fait sentir dans tout le pays d'Israël. De Tripoli, on le voit toucher à Beyrouth, à Sidon, à Tyr, célèbre pour sa pourpre et sa fabrication du verre, à Acre, à Khaifa, près du mont Carmel, dans lequel est creusée la grotte d'Élie, à Capharnaüm, à Césarée, très-belle et bonne ville, à Kakon, à Samarie, bâtie au milieu d'une campagne entrecoupée de ruisseaux et riche en jardins, en vergers, en vignobles et en oliviers, à Naplouse, à Gabaon, et il arrive à Jérusalem.

Dans la cité sainte, le juif espagnol ne pouvait rien voir de ce qu'un chrétien y eût vu sans doute. Pour lui, Jérusalem est une petite ville défendue par trois murailles et fort peuplée de Jacobites, de Syriens, de Grecs, de Géorgiens et de Francs de toutes langue et nation. Elle possède deux hôpitaux, dont l'un est habité par quatre cents chevaliers toujours prêts pour la guerre, un grand temple qui est le tombeau de « cet homme », qualification donnée à Jésus-Christ par le Talmud, et une maison dans laquelle les juifs, moyennant une redevance, ont le privilége de faire de la teinture. D'ailleurs, les coreligionnaires de Benjamin de Tudele ne sont pas nombreux à Jérusalem, deux cents à peine, et ils demeurent sous la tour de David, dans un coin de la ville.

En dehors de Jérusalem, le voyageur cite le tombeau d'Absalon, le sépulcre d'Osias, la fontaine de Siloé, près du torrent de Cédron, la vallée de Josaphat, la montagne des Oliviers, du sommet de laquelle on aperçoit la mer de Sodome. A deux parasanges ou deux lieues, se dresse l'indestructible statue de la femme de Loth, et le voyageur affirme que, « quoique les troupeaux qui passent lèchent continuellement cette statue de sel, elle recroît néanmoins toujours et devient comme elle était auparavant. »

De Jérusalem, Benjamin de Tudele, après avoir écrit son nom sur le tombeau de Rachel, suivant la coutume des juifs qui passent en cet endroit, se rendit à Bethléem, où il compta douze teinturiers israélites, puis à Hébron, ville maintenant déserte et ruinée.

Après avoir visité, dans la plaine de Makhphéla, les tombeaux d'Abraham et de Sara, d'Isaac et de Rébecca, de Jacob et de Lia, passant par Beith-Jaberim, Scilo, le mont Morija, Beith-Nubi, Rama, Jaffa, Jabneh, Azotos, Ascalon, bâtie par Esdras le sacrificateur, Lud, Serain, Sufurieh, Tiberias, où l'on trouve des bains chauds « qui sortent du fond de la terre », par Gish, par Meirün, qui est encore un lieu de pèlerinage pour les juifs, par Alma, Kadis, Belinas, près de la caverne de laquelle s'échappe le Jourdain, le voyageur juif, quittant enfin la terre d'Israël, arrive à Damas.

Voici la description que Benjamin fait de cette ville où commence le pays de Noureddin, roi des Turcs :

« La ville est fort grande et fort belle, ceinte de murailles ; le terroir abonde en jardins et en vergers à quinze milles à la ronde ; on ne voit point dans toute la terre de pays si fertile que celui-ci. La ville est située au pied du mont Hermon, d'où sortent les deux rivières d'Amana et de Pharphar, dont la première passe par le milieu de la ville, et dont les eaux sont conduites par des aqueducs dans les maisons des grands, aussi bien que dans les places et dans les marchés. Ce pays commerce avec tout le reste du monde. Le Pharphar arrose de ses eaux les jardins et les vergers qui sont en dehors de la ville. Les Ismaélites ont à Damas une mosquée appelée Goman-Dammesec, c'est-à-dire synagogue de Damas. Il n'y a point de bâtiment semblable dans toute la terre. On dit que ç'a été autrefois un palais de Benhadad. On y voit une muraille de verre construite par art magique. Il y a dans cette muraille autant de trous qu'il y a de jours dans l'année solaire : le soleil descendant par douze degrés, selon le nombre des heures du jour, entre chaque jour dans l'un de ces trous, et, par là, chacun peut connaître à ces trous quelle heure il est. Au dedans du palais, il y a des maisons bâties d'or et d'argent, grandes comme une cuve, qui peuvent contenir trois personnes, si elles veulent s'y laver ou se baigner. »

Après Galad et Salkah, située à deux journées de Damas, Benjamin de Tudele arriva à Balbek, l'Héliopolis des Grecs et des Romains, bâtie par Salomon, dans la vallée du Liban, puis à Tadmor, qui est Palmyre, pareillement construite toute de grandes pierres. Puis, passant par Cariatin, il s'arrête à Hama, en partie détruite par ce tremblement de terre qui, en 1157, renversa en même temps un grand nombre de villes de la Syrie.

Suit, dans la relation, — une aride nomenclature de villes, dont il se borne tout au plus à donner les noms, Halab, Belès, Kalatdajbar, Racca, Harran, la ville principale des Sabéens, Nisibe, Djeziret, dont le nom turc est Kora, Mossoul, sur le Tigre, où commence la Perse, Ninive, point à partir duquel le voyageur retourne vers l'Euphrate, Rahaba, Karkésia, Juba, Abkéra, et enfin Bagdad, résidence du calife.

Bagdad plaît beaucoup au voyageur israélite. C'est une grande ville dont la circonférence est de trois milles, où s'élèvent des hôpitaux pour les malades ordinaires et pour les juifs. Savants, philosophes habiles en toutes sortes de sciences et mages experts en toutes sortes d'enchantements, y accourent de toutes parts. C'est la résidence et la capitale d'un calife, qui, suivant certains annotateurs, doit être Mostaidjed, qui régnait sur la Perse occidentale et sur les bords du Tigre. Ce calife possédait un vaste palais au milieu d'un parc, arrosé par un affluent du Tigre et peuplé de bêtes sauvages. Ce souverain, à certains égards, peut être proposé comme exemple à tous les potentats de la terre. C'est un homme de bien, amateur de la vérité, affable et civil envers tous ceux qu'il rencontre. Il ne vit que du travail de ses mains, et fabrique des couvertures marquées de son sceau, qu'il fait vendre au marché par les princes de sa cour, afin de subvenir aux frais de sa nourriture. Il ne sort qu'une fois l'an de son palais, à la fête du Ramadan, pour se rendre à la mosquée qui est à la porte de Bassorah, et, remplissant les fonctions d'iman, il explique la loi à son peuple. Puis, il rentre à son palais par un chemin différent, et la route qu'il a suivie est gardée toute l'année, afin qu'aucun passant ne profane la marque de ses pas. Tous les frères du calife habitent le même palais que lui ; chacun d'eux est traité avec beaucoup d'honneur, et ils possèdent sous leur commandement des villes et des bourgs dont les revenus leur permettent de passer une vie agréable. Seulement, comme ils se sont rebellés une fois contre leur souverain, ils sont tous enchaînés avec des chaînes de fer et ont des gardes devant leur maison.

Après avoir noté ces particularités, Benjamin de Tudele descendit cet angle de la Turquie d'Asie arrosé par le Tigre et l'Euphrate, passa par Gihiagin, Babylone, ville ruinée, dont les rues s'étendent à trente milles de circuit. Il vit, chemin faisant, la fournaise ardente où furent jetés Ananias, Misaël et Azarias, Hillah et la tour de Babel, qu'il décrit en ces termes : « Là est la tour qu'ont bâtie les dispersés Elle est faite de briques ; la largeur de ses fondements est d'environ deux milles ; sa largeur est de deux cent quarante coudées, et sa hauteur de cent cannes ; de dix en dix coudées, il y a des chemins qui mènent à des degrés faits en coquille de limaçon qui conduisent jusqu'en haut. De cette tour, on découvre l'espace de vingt milles, car le pays est large et uni ; mais le feu du ciel étant tombé sur la tour, l'a rasée et aplanie jusqu'au fond. »

De Babel, le voyageur se rendit à la synagogue d'Ézéchiel qui est sur l'Euphrate, véritable sanctuaire vers lequel affluent les croyants pour lire le grand livre écrit de la main du prophète. Puis, ne faisant que passer à Alkotzonath, à Ain-Japhata, à Lephras, à Kephar, à Kuffa, à Sura, jadis le siége d'une célèbre université juive, à Shafjathib, dont la synagogue est bâtie avec des pierres de Jérusalem, et traversant le désert de l'Yémen, il toucha à Théma, à Tilimas, à Chaibar, qui comptait cinquante mille israélites, à Waseth, et il entra enfin à Bassorah, qui est sur le Tigre, presque à l'extrémité du golfe Persique.

Sur cette ville importante et commerciale, le voyageur ne donne aucun détail ; mais, de là, il se rendit probablement à Karna, et visita le tombeau du prophète Esdras ; puis, il entra en Perse, et il séjourna à Chuzestan, grande ville ruinée en partie, que le Tigre divise en deux quartiers, l'un riche, l'autre pauvre, réunis par un pont sur lequel, par raison d'équité, est suspendu le cercueil de Daniel.

Benjamin de Tudele continua son voyage en Perse par Rudbar, Holwan, Mulehet, Amaria, où commence la Médie. En cet endroit, raconte-t-il, apparut cet imposteur David-El-Roï, faiseur de faux miracles, qui n'est autre que le Jésus des juifs. Puis, par Hamadan, où s'élèvent les tombeaux de Mardochée et d'Esther, et par Dabrestan, il arriva à Ispahan, capitale du royaume, qui mesure douze milles de circuit.

Ici, la relation du voyageur devient un peu obscure. En suivant ses notes, on le retrouve à Shiras, probablement dans le canton d'Hérat en Afghanistan, puis à Samarkand, puis enfin au pied du Thibet. De ce point extrême atteint par lui dans le nord-est, il serait revenu à Nisapour et à Chuzestan sur les bords du Tigre. De là, en deux journées de mer, il serait descendu à El-Cachif, ville d'Arabie, située sur le golfe Persique, où l'on exploite des pêcheries de perles Puis, en sept jours de navigation, après avoir traversé la mer d'Oman, il aurait gagné Choulan, aujourd'hui Quilon, sur la côte de Malabar.

Benjamin de Tudele était enfin aux Indes, dans le royaume de ceux qui adorent le soleil, ces enfants de Cush, contemplateurs des astres. C'est le pays qui produit le poivre, la cannelle et le gingembre. Vingt jours après avoir quitté Choulan, le juif voyageur arrivait aux îles Cinrag, c'est-à-dire à Ceylan, dont les habitants sont de fanatiques adorateurs du feu.

De Ceylan, Benjamin de Tudele est-il allé jusqu'à la Chine dont il parle? on ne saurait l'affirmer. Il regarde le trajet par mer comme fort dangereux. Grand nombre de vaisseaux périssent, et voici le moyen singulier que préconise notre voyageur pour se tirer du danger : « On prend avec soi, dit-il, plusieurs peaux de bœufs; si le vent vient à menacer le vaisseau, celui qui veut échapper se met dans une de ces peaux, coud cette peau en dedans de peur que l'eau n'y pénètre, ensuite se jette dans la mer; alors, quelqu'un de ces grands aigles appelés griffons, le voyant et croyant que c'est une bête, descend, le prend et l'emporte sur terre, sur quelque montagne ou vallée, pour dévorer sa proie; alors l'homme enfermé tue promptement l'aigle avec son couteau; ensuite, sortant de sa peau, il marche jusqu'à ce qu'il trouve quelque lieu habité. Plusieurs personnes ont été sauvées de cette manière. »

On retrouve de nouveau Benjamin de Tudele à Ceylan, puis probablement à l'île de Socotora, à l'entrée du golfe Persique, et ensuite à Sebid; traversant alors la mer Rouge, il arrive aux contrées de l'Abyssinie, qu'il appelle « l'Inde, qui est en terre ferme. » De là, redescendant le cours du Nil, à travers la contrée d'Assouan, il arrive au bourg d'Holvan, et, par le Sahara, où le vent engloutit les caravanes sous une couche de sable, il atteint Zavila, Kous, Faïoum et Misraïm, c'est-à-dire le Caire.

Misraïm, au dire du voyageur, est une grande ville ornée de places et de boutiques. Il n'y pleut jamais, mais le Nil, qui déborde tous les ans une fois, arrose le pays « dans une étendue de quinze jours de chemin, » et lui communique une extrême fertilité.

Benjamin de Tudele, en quittant Misraïm, passa à Gizeh, sans remarquer ses pyramides, à Aïn-Schams, à Boutig, à Zifita, à Damira, et il s'arrêta à Alexandrie, bâtie par Alexandre le Grand. La ville, dit-il, est très-commerçante, et on y vient de toutes les parties du monde. Ses places et ses rues sont très-fréquentées, et si longues qu'on n'en voit pas le bout. Une digue s'avance d'un mille en mer et supporte une haute tour, élevée par le conquérant, et au sommet de laquelle était disposé un miroir de verre « d'où l'on pouvait voir à cinquante journées d'éloignement tous les vaisseaux qui venaient de la Grèce ou de l'Occident pour faire la guerre ou pour nuire autrement à la ville. Cette tour de lumière, si l'on en croit le voyageur, sert encore jusqu'à présent de signal à tous ceux qui naviguent à Alexandrie, car on la découvre, à cent milles de là, jour et nuit, par le moyen d'un grand flambeau allumé, etc. » Que seraient nos phares, auprès de cette tour de lumière, eux qui ne portent pas à plus de trente milles, même quand l'électricité leur fournit la lumière?

Damiette, Sunbat, Ailah, Refidim, le bourg de Thor, au pied du Sinaï, furent visités par le voyageur juif. Revenu à Damiette, il prit la mer, et, vingt jours après, il débarqua à Messine. Voulant continuer encore le recensement de ses coreligionnaires, il remonta par Rome et Lucques à la Maurienne, au Saint-Bernard, et il cite un grand nombre de villes de l'Allemagne et de la France où les juifs se sont réfugiés; ce qui, d'après le relevé fait par Chateaubriand sur l'itinéraire de Benjamin de Tudele, porterait leur nombre à sept cent soixante-huit mille cent soixante-cinq.

Enfin, pour terminer, le voyageur parle de Paris, qu'il

a visité sans doute, cette grande ville qui appartient au roi Louis, et qui est située sur la rivière de la Seine. « Elle renferme, dit-il, des disciples des sages, qui n'ont pas leurs pareils aujourd'hui sur toute la terre : ils s'appliquent jour et nuit à l'étude de la loi ; ils sont fort hospitaliers envers tous les étrangers, et démontrent leur amitié et leur fraternité envers tous leurs frères juifs. »

Tel est ce voyage de Benjamin de Tudele. Il forme un monument important de la science géographique au milieu du XIIe siècle, et, par l'emploi du nom actuel de chaque ville citée dans la relation, nous l'avons rendu facile à suivre sur les cartes modernes.

Au nom de Benjamin de Tudele, l'ordre chronologique fait succéder celui de Jean du Plan de Carpin, que quelques auteurs appellent simplement Carpini. C'était un franciscain, qui naquit vers 1182 dans un bourg du district de Pérouse, en Italie. On sait les progrès que firent les hordes mongoles sous le commandement de l'ambitieux Gengis-Khan. En 1206, ce chef habile avait fait de Caracorum, ancienne ville turque, située dans la Tartarie, au nord de la Chine, la capitale de son empire. Sous son successeur Ogadaï, la domination mongole s'étendit jusque dans la Chine centrale, et ce souverain barbare, levant une armée de six cent mille hommes, envahit l'Europe. La Russie, la Géorgie, la Pologne, la Moravie, la Silésie, la Hongrie devinrent le théâtre de luttes sanglantes qui se dénouèrent au profit d'Ogadaï. On regardait ces Mongols comme des démons lâchés par quelque puissance infernale, et l'Occident se vit sérieusement menacé par leur invasion.

Le pape Innocent IV envoya vers le khan des Tartares une première ambassade qui n'obtint qu'une réponse arrogante et peu rassurante. En même temps, il dépêchait de nouveaux ambassadeurs vers les Tartares du nord-est afin d'arrêter l'irruption mongole, et il choisit pour chef de cette ambassade le franciscain Carpini, qui était considéré comme un diplomate intelligent et habile.

Carpini, accompagné d'Étienne de Bohême, se mit en route le 6 avril 1245. Il se rendit d'abord en Bohême. Le roi de ce pays lui donna des lettres de créance pour des parents qu'il avait en Pologne et dont l'influence devait faciliter aux ambassadeurs leur entrée en Russie. Carpini et son compagnon arrivèrent sans difficulté jusque dans les États du duc de Russie où, sur le conseil de ce duc, ils se procurèrent des fourrures de castor et d'autres animaux, afin d'en faire présent aux chefs tartares. Ainsi approvisionné, Carpini se dirigea vers le nord-est, et atteignit Kiew, alors capitale de la Russie et maintenant chef-lieu du gouvernement de ce nom, mais non sans avoir eu tout à craindre des Lithuaniens, ces ennemis de la croix, qui couraient alors la contrée.

Le gouverneur de Kiew engagea les envoyés du pape à changer leurs chevaux pour des chevaux tartares, habitués à découvrir l'herbe sous la neige, et, montés convenablement, les ambassadeurs atteignirent la ville de Danilon. Là, ils tombèrent dangereusement malades;

mais, à peine guéris, ils achetèrent un chariot, et, malgré le froid, ils reprirent leur route. Arrivés à Kaniew, sur le Dnieper, ils se trouvaient alors dans le premier village de l'empire mongol. De ce point, un chef assez brutal, qu'il fallut adoucir par des présents, les fit conduire au campement des Tartares.

Ces barbares, après les avoir mal reçus d'abord, les dirigèrent vers le duc Corrensa, qui commandait une armée d'avant-garde de soixante mille hommes. Ce général, devant lequel ils durent s'agenouiller, les renvoya sous la conduite de trois Tartares au prince Bathy, qui était le chef le plus puissant après l'empereur.

Des relais étaient préparés sur la route, Le voyage se fit à grandes journées, nuit et jour, et toujours au grand trot. Le franciscain traversa ainsi le pays des Comans, compris entre le Dnieper, le Tanaïs, le Volga et le Jaek, remontant souvent les rivières glacées, et il arriva enfin à la cour du prince Bathy, sur les frontières du pays des Comans.

« Comme on nous menait vers ce prince, dit Carpini, on nous avertit qu'il nous fallait passer entre deux feux, afin que, si, par hasard, nous avions quelque dessein mauvais contre leur maître et seigneur, ou si nous portions quelque venin, le feu pût emporter tout cela, ce que nous accordâmes pour ce sujet-là, et pour ôter tout soupçon de nous. »

Le prince trônait au milieu de sa cour et de ses officiers, dans une magnifique tente de fine toile de lin. Il avait la réputation d'un prince affable aux siens, mais fort cruel dans ses guerres. Carpini et Étienne se placèrent à sa gauche.

C'était le jour du vendredi-saint. Les lettres papales, traduites en langue esclavone, arabique et tartare, furent présentées au prince. Celui-ci les lut attentivement, et renvoya les envoyés du pape à leur tente, où on leur servit pour tout repas une petite écuelle de millet.

Le lendemain, Bathy fit appeler les deux ambassadeurs et leur ordonna de se rendre vers l'empereur. Ils partirent le jour de Pâques avec deux guides. Mais, à se nourrir seulement de millet, d'eau et de sel, les malheureux voyageurs n'étaient pas très-valides. Cependant on les forçait d'aller très-vite, et ils changeaient de chevaux cinq ou six fois par jour. Ce pays de Comanie, qu'ils traversaient, était presque désert, ses habitants ayant été pour la plupart exterminés par les Tartares. Les voyageurs entrèrent sur le pays des Kangites, à l'est de la Comanie, où l'eau manque en beaucoup d'endroits. Dans cette province, les rares tribus s'occupaient seulement d'élever des bestiaux, et subissaient la dure servitude des Mongols.

Il fallut à Carpini tout le temps compris entre l'octave de Pâques et l'Ascension pour franchir ce pays des Kangites, et il pénétra alors dans la contrée des Bisermins, c'est-à-dire des Musulmans, qui correspond au Turkestan moderne. De tous côtés ce n'étaient que villes, villages et châteaux en ruines. Après avoir cheminé à travers cette région montagneuse depuis l'Ascension jusqu'à l'octave de Saint-Jean, c'est-à-dire jusqu'au

1er juillet, les envoyés du pape entrèrent dans le Karâ-Kitây. Le gouverneur de cette province les reçut bien, et, pour leur faire honneur, il fit danser devant eux ses deux fils avec les principaux personnagesde sa cour.

En quittant le Karâ-Kitây, les voyageurs chevauchèrent pendant plusieurs jours le long d'un lac, situé au nord de la ville de Yéman, qui doit être, suivant M. de Rémusat, le lac Késil-Basch. Là habitait Ordu, le plus ancien capitaine des Tartares.

Carpini et Étienne se reposèrent un jour entier dans cet endroit, où on ne leur ménagea pas l'hospitalité. Puis, ils repartirent à travers le pays montagneux et froid des Naimans, peuples nomades qui vivaient sous la tente, et, après quelques jours de marche, ils franchirent le pays des Mongols, ce qui leur prit trois semaines, malgré la rapidité de leur marche. Enfin, le jour de la Madeleine, c'est-à-dire le 22 juillet, ils arrivaient au lieu où se trouvait l'empereur, ou plutôt celui que l'élection allait faire empereur, car il n'était pas encore élu.

Ce futur souverain se nommait Cuyné. Il fit défrayer généreusement les envoyés du pape, mais il ne put les recevoir, n'étant pas empereur et ne se mêlant aucunement d'affaires. Cependant, une lettre du prince Bathy lui avait fait connaître les raisons qui avaient déterminé le pape Innocent IV à lui envoyer des ambassadeurs.

Depuis la mort d'Ogadaï, la régence de l'empire mongol avait été confiée à l'impératrice sa veuve, mère du prince Cuyné. Ce fut cette princesse qui reçut le franciscain et son compagnon en audience solennelle, dans une tente de pourpre blanche, qui pouvait contenir deux mille personnes.

« Étant donc là, dit Carpini, nous vîmes une grande assemblée de ducs et princes, qui y étaient venus de tous côtés avec leurs gens, et chacun était à cheval aux environs, par les campagnes et les collines. Le premier jour, ils se vêtirent tous de pourpre blanche, au second de rouge, et ce fut alors que Cuyné vint en cette tente; le troisième jour, ils s'habillèrent de pourpre violette, et le quatrième de très-fin écarlate ou cramoisi. En cette palissade, proche de la tente, il y avait deux grandes portes, par l'une desquelles devait entrer l'empereur seulement; il n'y avait point de gardes, encore qu'elle demeurât tout ouverte, d'autant que personne, entrant ou sortant, n'osait passer par là, mais on entrait par l'autre, où il y avait des gardes portant épée, arc et flèches. De sorte que, si quelqu'un s'approchait de la tente au delà des bornes qui avaient été posées, si on le pouvait attrapper, il était battu, sinon on le tirait à coups de flèches. Il y avait là plusieurs seigneurs qui aux harnais de leurs chevaux portaient, à notre jugement, plus de vingt marcs d'argent. »

Cependant, un mois tout entier se passa avant que Cuyné fût proclamé empereur, et les envoyés du pape durent attendre son élection afin de pouvoir être reçus par lui. Carpini, mettant à profit ses loisirs, étudia les mœurs de ces hordes si curieuses. On trouve dans sa relation des détails intéressants à ce sujet.

Le pays lui parut généralement montagneux, mais presque partout sablonneux, avec un peu de terre grasse. Le bois manque presque absolument; aussi empereurs et princes ne se chauffent-ils qu'en brûlant de la fiente d'animaux. Quoique la contrée soit stérile, les troupeaux s'y élèvent aisément. Le climat est inégal. **En** été, les orages sont fréquents et la foudre fait de nombreuses victimes. Le vent est si violent qu'il renverse souvent les cavaliers. En hiver, pas de pluie, mais en été seulement, et encore à peine de quoi humecter la poussière. Les grêles sont terribles, et, pendant le séjour de Carpini, ce phénomène se produisit avec une telle intensité, que cent quarante personnes furent submergées, quand les grêlons se fondirent en eau. En somme, pays étendu, mais plus pauvre et plus misérable qu'on ne saurait dire.

Carpini fait aussi des Tartares un portrait très-exact, et qui dénote chez lui de remarquables qualités d'observateur. « Ils ont, dit-il, une grande largeur entre les yeux et les joues, et les joues s'élèvent fort en dehors; leur nez est plat et petit; leurs yeux sont aussi petits, et leurs paupières s'élèvent jusqu'à leurs sourcils; ils sont fort grêles et menus de ceinture, pour la plupart de stature médiocre, avec peu de barbe; quelques-uns, toutefois, ont quelques poils à la lèvre supérieure et au menton, qu'ils laissent croître sans jamais les couper. Au sommet de la tête, ils ont des couronnes comme nos prêtres, et depuis une oreille jusqu'à l'autre ils se rasent tous à la largeur de trois doigts; et pour les cheveux qui sont entre leur couronne et leur rasure, ils les laissent croître jusque sur les sourcils; et, de part et d'autre du front, ils ont leurs cheveux à demi coupés; et, du reste, ils les laissent croître aussi longs que les femmes, et de cela ils font deux cordons qu'ils lient et nouent au derrière de l'oreille. Ils ont les pieds assez petits. »

Les hommes et les femmes, très-difficiles à distinguer les uns des autres, car leur habillement ne diffère pas, sont vêtus de tuniques fourrées, fendues depuis le haut jusqu'en bas, et ils portent de longs bonnets de bougran ou de pourpre qui vont en s'élargissant par le haut. Ils habitent des maisons en forme de tentes, faites de verges et de bâtons, qui peuvent se démonter et être facilement chargées sur des bêtes de somme. D'autres, plus grandes, se transportent toutes construites sur des chariots, et suivent leur propriétaire à travers le pays.

Les Tartares croient à un Dieu créateur de toutes choses, tant visibles qu'invisibles, qui récompense ou punit suivant les mérites. Mais ils adorent aussi le soleil, la lune, le feu, la terre, l'eau, et se prosternent devant des idoles de feutre, faites à la ressemblance des hommes. Ils sont assez peu tolérants et ils ont martyrisé Michel de Turnigow et Féodor, que l'Église grecque a mis au rang des saints, et qui refusèrent au prince Bathy de se courber vers le midi, comme le font tous les Tartares. Ces peuplades sont superstitieuses; elles croient aux enchantements et aux sorcelleries; elles admettent que le feu purifie tout. Quand un de leurs seigneurs est mort, on l'enterre avec une table, un bassin plein de chair, une tasse de lait de jument, une jument et son poulain, un cheval sellé et bridé.

Les Tartares sont très-obéissants à leurs chefs; ils évitent le mensonge entre eux; ils fuient les discussions; les meurtres et voies de fait sont rares; peu de vols se commettent, et les objets précieux ne sont jamais renfermés. Ces gens-là supportent sans se plaindre le jeûne et la fatigue, le chaud et le froid, jouant, chantant et dansant à toute occasion; mais ils sont sujets à l'ivrognerie; leur principal défaut est d'être orgueilleux et méprisants avec les étrangers, et ils n'ont aucun respect pour la vie humaine.

Pour achever de les peindre, Carpini ajoute que ces barbares mangent toutes sortes de viandes, chiens, loups, renards, chevaux et même, à l'occasion, chair humaine. Leur boisson consiste en lait de jument, de brebis, de chèvre, de vache et de chameau. Ils ne connaissent ni le vin, ni la cervoise, ni l'hydromel, mais seulement des liqueurs enivrantes. D'ailleurs, ils sont très-sales, ne dédaignant ni les rats, ni les souris, ni la vermine, faute d'autre comestible; ne lavant jamais leurs écuelles, ou les lavant avec le potage même; ne nettoyant jamais leurs vêtements, ni ne permettant jamais qu'on le fasse, « surtout quand il tonne. » Les hommes ne s'astreignent à aucun travail; chasser, tirer de l'arc, veiller sur les troupeaux, monter à cheval, voilà toute leur occupation. Les filles et les femmes ne dédaignent pas ces exercices; elles sont très-adroites et très-audacieuses. En outre, elles fabriquent les fourrures et les habillements, conduisent les chariots et les chameaux, et suffisent d'autant mieux à ces divers travaux qu'elles sont nombreuses dans les familles, et que ces barbares polygames achètent, et très-cher, autant de femmes qu'ils en peuvent nourrir.

Tel est le résumé des observations faites par Carpini pendant le mois qu'il passa à Syra Orda, en attendant l'élection de l'empereur. Bientôt, certains symptômes marquèrent que cette élection était prochaine. En effet, on chantait devant Cuyné quand il sortait de sa tente, on lui faisait la révérence avec de belles baguettes ayant au bout une touffe de laine écarlate. A quatre lieues de Syra-Orda, dans une plaine, le long d'un ruisseau, on avait préparé une tente destinée au couronnement, toute tapissée d'écarlate au dedans et appuyée sur des colonnes incrustées de lames d'or. Enfin, à la Saint-Barthélemy, une grande assemblée se réunit, et chacun, priant incessamment, demeura la face tournée vers le midi, prosternation idolâtre à laquelle le franciscain et son compagnon refusèrent de se joindre. Puis, Cuyné fut placé sur le siége impérial, et les ducs et le peuple fléchirent le genou devant lui. Il était sacré.

Aussitôt Carpini et Étienne furent mandés devant le nouvel empereur. On les fouilla d'abord, puis ils entrèrent dans la tente impériale en même temps que d'autres ambassadeurs, porteurs de riches présents. Quant à eux, pauvres envoyés du pape, ils n'avaient plus rien à offrir. Leur réception s'en ressentit-elle ? nous ne savons, mais Carpini et Étienne furent longtemps avant de pouvoir entretenir Sa Majesté tartare des affaires qui les avaient amenés vers lui. Les jours s'écoulaient, les envoyés étaient fort maltraités, et ils mouraient littéralement de faim et de soif, quand, vers la Saint-Martin, l'intendant et les secrétaires de l'empereur les firent mander devant eux, et ils leur remirent pour le pape des lettres finissant par ces mots superbes, qui sont comme la formule finale des souverains asiatiques : « Nous adorons Dieu, et, avec son aide, nous détruirons la terre entière, depuis l'Orient jusqu'à l'Occident. »

Vers la Saint-Brice, les ambassadeurs partirent, et, pendant tout l'hiver, ils cheminèrent à travers les déserts glacés. A l'Ascension, ils arrivaient à la cour du prince Bathy, qui leur donna des passeports, et ils ne rentraient à Kiew que quinze jours avant la Saint-Jean de l'année 1247. Le 9 octobre, le pape nommait Carpini archevêque d'Antivari en Dalmatie, et ce voyageur célèbre mourut à Rome vers 1251.

La mission de Carpini ne produisit en somme aucun résultat, et les Tartares restèrent ce qu'ils étaient, des hordes féroces et sauvages. Cependant, six ans après le retour du franciscain, un autre moine mineur, nommé Guillaume de Rubruquis, Belge d'origine, fut envoyé vers ces barbares, qui habitaient le erriroire situé entre le Don et le Volga. Voici quel était l'objet de la mission.

A cette époque, saint Louis faisait la guerre aux Sarrasins de Syrie, et tandis qu'il harcelait les infidèles, un prince mongol, Erkaltay, les attaquait du côté de la Perse, faisant une utile diversion en faveur du roi de France. Le bruit courait que ce prince s'était converti au christianisme. Saint Louis, désirant s'assurer du fait, chargea le moine Rubruquis d'observer Erkaltay dans son pays même.

Au mois de juin 1253, Rubruquis et ses compagnons s'embarquèrent pour Constantinople, et de là ils atteignirent l'embouchure du Don, sur la mer d'Azof, où se trouvaient un grand nombre de Goths, descendant des tribus germaniques. Arrivés chez les Tartares, les envoyés du roi de France furent d'abord assez mal traités; mais, sur la présentation de leurs lettres, le gouverneur Zagathal, parent du khan, leur fournit des chariots, des chevaux et des bœufs pour leur voyage.

Ils partirent donc, et le lendemain ils rencontrèrent tout d'abord un village ambulant; c'étaient des chariots chargés de maisons appartenant au gouverneur. Pendant dix jours, les voyageurs demeurèrent dans cette tribu, qui ne se distingua pas par sa générosité, et, sans leurs provisions de biscuits, Rubruquis et ses compagnons fussent sans doute morts de faim. Parvenus à l'extrémité de la mer d'Azof, ils se dirigèrent vers l'est en longeant un désert aride, sans un arbre, sans une pierre. C'était le pays des Comans, déjà traversé plus au nord par Carpini. Rubruquis, laissant au sud les montagnes habitées par les peuplades circassiennes, arriva, après un fatigant voyage de deux mois, au camp du prince Sartach, établi sur les rives du Volga.

I.   5

Là était la cour du prince, fils de Baatu-Khan. Il avait six femmes; chacune d'elles possédait un palais, des maisons et deux cents chariots, dont quelques-uns, larges de vingt pieds, étaient traînés par un attelage de vingt-deux bœufs disposés sur deux rangs de onze chacun.

Sartach reçut les envoyés du roi de France avec beaucoup d'affabilité, et, les voyant pauvres, il leur fournit tout ce dont ils avaient besoin; mais Rubruquis et ses compagnons durent se présenter devant le prince revêtus de leurs habits sacerdotaux; puis, posant sur un coussin une magnifique Bible donnée par le roi de France, un psautier, présent de la reine, un missel, un crucifix et un encensoir, ils entrèrent chez le prince, en se gardant bien de toucher le seuil de la porte, ce qui eût été un acte inexcusable de profanation. Une fois en présence de Sartach, ces pieux ambassadeurs entonnèrent le *Salve Regina*. Le prince et une des princesses qui l'assistait dans cette cérémonie examinèrent attentivement les ornements des religieux et leur permirent de se retirer. Quant à la question de savoir si Sartach était chrétien, Rubruquis ne put la traiter.

Cependant, la mission des envoyés du roi saint Louis n'était pas terminée. Aussi le prince les engagea fort à se rendre à la cour de son père. Rubruquis obéit, et à travers les tribus mahométanes qui se partageaient la contrée entre le Don et le Volga, il arriva au camp du roi, situé sur le bord du fleuve.

Là, même cérémonie qu'à la cour du prince Sartach.

Les religieux durent revêtir leurs ornements d'église, et ils se présentèrent ainsi devant le khan, qui occupait un siége doré, large comme un lit. Mais Baatu ne crut pas devoir traiter lui-même avec les ambassadeurs du roi de France, et il les envoya à Caracorum, à la cour de Mangu-Khan.

Rubruquis franchit le pays des Baskhirs, visita Kenchat, Talach, passa l'Axiarte et atteignit Equius, ville dont les commentateurs n'ont pas su reconnaître la position; puis, par la terre d'Organum, où se voit le lac de Balkash, et par le territoire des Uigurs, il arriva à Caracorum, la capitale devant laquelle s'était arrêté Carpini sans y entrer.

Cette ville, suivant Rubruquis, était ceinte de murailles de terre percées de quatre portes. Deux mosquées et une église chrétienne en formaient les principaux monuments. Le moine recueillit dans cette cité quelques renseignements sur les peuplades environnantes, principalement sur les Tangurs, dont les bœufs, de race remarquable, ne sont autres que ces yacks renommés dans le Thibet, et il parle de ces Thibétains, dont la plus étrange coutume est de manger les cadavres de leurs père et mère, afin de leur procurer une sépulture honorable.

Cependant, le grand khan n'était pas alors dans sa capitale de Caracorum. Rubruquis et ses compagnons durent aller à sa résidence, située au delà des montagnes qui s'élèvent dans la partie septentrionale de la contrée. Le lendemain de leur arrivée, ils se rendirent à la cour, pieds nus, suivant la règle franciscaine, ce qui leur valut d'avoir les orteils gelés. Introduits devant Mangu-Khan, ils virent « un homme au nez camard et de taille moyenne, couché sur un lit de repos et vêtu d'une fourrure brillante, tachetée comme la peau d'un veau marin. » Ce roi était entouré de faucons et autres oiseaux. Plusieurs sortes de liqueurs, un punch d'arrack, du lait de jument fermenté, du ball, sorte d'hydromel, furent offertes aux envoyés du roi de France. Ceux-ci s'abstinrent d'en boire; mais le khan, moins sobre qu'eux, ne tarda pas à perdre la raison sous l'influence de ces boissons capiteuses, et l'audience dut être levée sans que la mission des ambassadeurs eût été remplie.

Rubruquis passa plusieurs jours à la cour de Mangu-Khan. Il y trouva un grand nombre de prisonniers allemands et français, principalement employés à la fabrication des armes et à l'exploitation des mines de Bocol. Ces prisonniers, bien traités par les Tartares, ne se plaignaient point de leur situation. Après plusieurs audiences que lui donna le grand khan, Rubruquis obtint la permission de partir, et il revint à Caracorum.

Près de cette ville s'élevait un magnifique palais appartenant au khan; il ressemblait à un vaste église avec nef et double bas-côté. C'est là que le souverain siége sur une estrade élevée, à l'extrémité septentrionale; les hommes s'assoient à sa droite et les femmes à sa gauche. C'est aussi dans ce palais que, deux fois l'an, on célèbre de splendides fêtes, quand tous les seigneurs du pays sont réunis autour de leur souverain.

Pendant qu'il séjournait à Caracorum, Rubruquis recueillit des documents intéressants sur les Chinois, leurs mœurs, leur écriture, etc. Puis, quittant la capitale des Mongols, il reprit le chemin qu'il avait déjà parcouru; mais, arrivé à Astrakan, à l'embouchure du grand fleuve, il descendit au sud, entra en Syrie, et, sous la garde d'une escorte de Tartares, nécessitée par la présence de tribus pillardes, il arriva à Derbend, aux Portes-de-Fer. De ce point, par Nakshivan, Erzeroum, Siwas, Césarée, Iconium, il atteignit le port de Curch, et s'y embarqua pour retourner dans sa patrie.

Son voyage, on le voit, se rapproche beaucoup de celui de Carpini, mais la relation en est moins intéressante, et le moine belge ne paraît pas avoir été doué de l'esprit d'observation qui caractérise le franciscain italien.

Avec Carpini et Rubruquis se termine la liste des explorateurs qui se rendirent célèbres dans le treizième siècle; mais leur renommée allait être dépassée, et de beaucoup, par celle du Vénitien Marco Polo, le plus illustre voyageur de toute cette époque.

CHAPITRE IV

Marco Polo (1253-1324).

I

Intérêt des marchands génois et vénitiens à provoquer des explorations dans le centre de l'Asie. — La famille Polo et sa situation à Venise. — Nicolo et Matteo Polo, les deux frères. — Ils vont de Constantinople à la cour de l'empereur de Chine. — Leur réception à la cour de Kublaï-Khan. — L'empereur les nomme ses ambassadeurs près du pape. — Leur retour à Venise. — Marco Polo. — Il part avec son père Nicolo et son oncle Matteo pour la résidence du roi tartare. — Le nouveau pape Grégoire X. — La relation de Marco Polo écrite en français sous sa dictée par Rusticien de Pise.

Les marchands génois et vénitiens ne pouvaient rester indifférents aux explorations que de hardis voyageurs tentaient dans l'Asie centrale, l'Inde et la Chine. Ils comprenaient que ces contrées allaient bientôt offrir de nouveaux débouchés à leurs produits, et que, d'un autre côté, les bénéfices seraient immenses à rapporter en Occident les marchandises de fabrique orientale. Les intérêts du commerce devaient donc lancer quelques nouveaux chercheurs dans la voie des découvertes. Telles furent les raisons qui décidèrent deux nobles Vénitiens à quitter leur patrie, à braver toutes les fatigues et tous les dangers de ces périlleux voyages dans le but d'étendre leurs relations commerciales.

Ces deux Vénitiens appartenaient à la famille Polo, originaire de la Dalmatie, que ses richesses, dues au négoce, avaient mise au rang des familles patriciennes de Venise. En 1260, les frères Nicolo et Matteo, qui se trouvaient depuis plusieurs années à Constantinople, où ils avaient établi une succursale, se rendirent avec une pacotille considérable de bijoux au comptoir de Crimée dirigé par leur frère aîné, Andrea Polo. De ce point, remontant vers le nord-est et traversant le pays de Comanie, ils atteignirent, sur le Volga, le camp de Barkaï-Khan. Ce prince mongol reçut fort bien les deux marchands de Venise, et leur acheta tous les bijoux qu'ils lui offraient au double de leur valeur.

Nicolo et Matteo restèrent un an dans le camp mongol; mais, vers cette époque, en 1262, une guerre éclata entre Barkaï et le prince Houlagou, le conquérant de la Perse Les deux frères, ne voulant pas s'aventurer au milieu de contrées battues par les Tartares, préférèrent se rendre à Boukharâ, qui formait la principale résidence de Barkaï, et ils y séjournèrent pendant trois ans. Mais, Barkaï vaincu et sa capitale prise, les partisans d'Houlagou engagèrent les deux Vénitiens à les suivre vers la résidence du grand khan de Tartarie, qui, d'ailleurs, ne pouvait manquer de leur faire un excellent accueil. Ce Kublaï-Khan, quatrième fils de Gengis-Khan, était empereur de la Chine, et il occupait alors sa résidence d'été en Mongolie, sur la frontière de l'empire chinois.

Les marchands vénitiens partirent et employèrent une année entière à traverser cette immense étendue de pays qui sépare Boukharâ des limites septentrionales de la Chine. Kublaï-Khan fut très-heureux de recevoir ces étrangers venus des pays occidentaux. Il leur fit grande fête, et les interrogea avec empressement sur les événements qui se passaient alors en Europe, demandant force détails sur les empereurs et les rois, sur leur administration, sur leurs méthodes de guerre; puis il les entretint longtemps du pape et des affaires de l'Église latine.

Matteo et Nicolo, qui parlaient couramment la langue tartare, répondirent franchement à toutes les questions de l'empereur. Celui-ci eut alors la pensée d'envoyer des messagers au pape, et il pria les deux frères d'être ses ambassadeurs auprès de Sa Sainteté. Les marchands acceptèrent avec reconnaissance, car, grâce à ce nouveau caractère, leur retour allait se faire dans des conditions avantageuses. L'empereur fit préparer des chartes en langue turque, demandant au pape de lui envoyer cent hommes sages pour convertir les idolâtres au chrisianisme; puis, il adjoignit aux deux Vénitiens un de ses barons nommé Cogatal, et il les chargea de lui rapporter de l'huile de la lampe sacrée qui brûle incessamment sur le tombeau du Christ à Jérusalem.

Les deux frères, munis de passeports qui mettaient à leur disposition hommes et chevaux dans toute l'étendue de l'empire, prirent congé du khan et se mirent en route en 1266. Mais bientôt le baron Cogatal tomba malade. Les Vénitiens, forcés de se séparer de lui, continuèrent leur chemin, et, malgré toute l'aide qu'ils reçurent, ils ne mirent pas moins de trois ans pour atteindre Laïas, port de l'Arménie, connu actuellement sous le nom d'Issus, et qui est situé au fond du golfe Issique. Quittant alors Laïas, ils se rendirent à Acre en 1269. Là, ils apprirent la mort du pape Clément IV, vers lequel ils étaient envoyés. Mais le légat Tebaldo résidait en cette ville. Il reçut les Vénitiens, et, apprenant quelle était la mission dont le grand khan les avait chargés, il les engagea à attendre l'élection du nouveau pape.

Matteo et Nicolo, absents de leur patrie depuis quinze ans, résolurent de retourner à Venise. Ils se rendirent à Négrepont, et s'embarquèrent sur un navire qui les conduisit directement à leur ville natale.

En débarquant, Nicolo Polo apprit et la mort de sa femme et la naissance d'un fils qui lui était né quelques mois après son départ, en 1254 Ce fils se nommait Marco Polo. Pendant deux ans, les deux frères, qui avaient à cœur de remplir leur mission, attendirent à Venise l'élection du nouveau pape. Cette élection ne se faisant pas, ils crurent qu'ils ne pouvaient différer davantage leur retour vers l'empereur mongol ; ils partirent donc pour Acre, emmenant cette fois le jeune

Marco, qui ne devait pas être âgé de plus de dix sept ans. A Acre, ils retrouvèrent le légat Tebaldo, qui les autorisa à aller chercher à Jérusalem l'huile de la lampe du saint sépulcre. Cette mission accomplie, les Vénitiens revinrent à Acre, et, en l'absence d'un pape, ils demandèrent au légat des lettres pour Kublaï-Khan, dans lesquelles devait être mentionnée la mort du pape Clément IV. Tebaldo leur donna ces lettres, et les deux frères retournèrent à Laïas. Là, à leur grande joie, ils apprirent que le légat Tebaldo venait d'être sacré pape sous le nom de Grégoire X, le 1er septembre 1271. Le nouvel élu les manda immédiatement, et le roi d'Arménie mit une galère à leur disposition pour les conduire plus rapidement à Acre. Le pape les reçut avec empressement, leur remit des lettres pour l'empereur de la Chine, leur adjoignit deux frères prêcheurs, Nicolas de Vicence et Guillaume de Tripoli, et leur donna sa bénédiction.

Les ambassadeurs prirent alors congé de Sa Sainteté et retournèrent à Laïas. Mais, à peine arrivés en cette ville, ils faillirent être faits prisonniers par les bandes du sultan mamelouk Bibars, qui ravageait alors l'Arménie. Les deux frères prêcheurs, peu satisfaits de ce début, renoncèrent à se rendre en Chine, et laissèrent aux deux Vénitiens et à Marco Polo le soin de remettre à l'empereur mongol les lettres du pape.

C'est ici que commence le voyage proprement dit de Marco Polo. A-t-il visité réellement tous les pays, toutes les villes qu'il décrit? Non, sans doute, et dans la narration écrite en français sous sa dictée par Rusticien de Pise, il est formellement dit que « Marco Polo, sage et noble citoyen de Venise, vit tout cela de ses propres yeux, et que ce qu'il ne vit pas il l'entendit de la bouche d'hommes croyables de vérité. » Mais ajoutons que la plupart des villes et royaumes cités par Marco Polo ont été réellement parcourus par lui. Nous suivrons donc l'itinéraire tel qu'il existe dans son récit, en indiquant seulement ce que le célèbre voyageur apprit par ouï-dire, durant les missions importantes dont le chargea l'empereur Kublaï-Khan. Pendant ce second voyage, les deux Vénitiens ne gardèrent pas exactement la même route qu'ils avaient prise lorsqu'ils se rendirent pour la première fois vers l'empereur de la Chine. Ils avaient passé par le nord des monts Célestes, qui sont les monts Thiân-chân-pe-lou, ce qui allongea leur chemin. Cette fois, ils tournèrent le sud des mêmes monts, et cependant, bien que cette route fût plus courte que l'autre, ils ne mirent pas moins de trois ans et demi à la parcourir, à cause des pluies et des débordements des grands fleuves. Cet itinéraire sera facile à suivre sur une carte de l'Asie, car aux vieux noms du récit de Marco Polo, nous avons partout substitué les noms exacts de la cartographie moderne.

II

En quittant la ville d'Issus, Marco Polo parle de la Petite-Arménie comme d'une terre très-insalubre, dont les habitants, autrefois vaillants, maintenant vils et chétifs, n'ont d'autre talent que de bien boire. Quant au port d'Issus, c'est l'entrepôt des précieuses marchandises de l'Asie et le rendez-vous des marchands de tout pays. De la Petite-Arménie, Marco Polo passe dans la Turcomanie, dont les tribus, simples et un peu sauvages, exploitent des pâturages excellents, et élèvent des chevaux et des mulets renommés ; quant aux ouvriers des villes, ils excellent dans la fabrication des tapis et des draps de soie. La Grande-Arménie, que Marco Polo visita ensuite, offre pendant l'été un campement favorable aux armées tartares. Là, le voyageur vit le mont Ararat, où s'arrêta l'arche de Noé après le déluge, et il signale sur les terres confinant à la mer

Caspienne d'abondantes sources de naphte, qui sont l'objet d'une exploitation importante.

Marco Polo, quittant alors la Grande-Arménie, se dirigea par le nord-est vers la Géorgie, royaume qui s'étend sur le revers méridional du Caucase, et dont les anciens rois avaient en naissant, dit la tradition, « un aigle dessiné sur l'épaule droite. » Les Géorgiens, suivant lui, sont bons archers et hommes de guerre. Les ouvriers du pays fabriquent d'admirables étoffes de soie et d'or. Là se voient ce célèbre défilé de quatre lieues de long, situé entre le pied du Caucase et de la mer Caspienne, que les Turcs appellent la Porte de Fer, et les Européens, le Pas de Derbent, et ce lac miraculeux dans lequel, dit-on, on ne trouve de poisson que pendant le carême.

De ce point, les voyageurs descendirent vers le royaume de Mossoul et gagnèrent la ville de ce nom située sur la rive droite du Tigre, puis Bagdad, où demeure le calife de tous les Sarrasins du monde. Marco Polo raconte ici la prise de Bagdad par les Tartares en 1255, et il cite une histoire merveilleuse à l'appui de cette maxime chrétienne de la foi qui soulève les montagnes ; puis il indique aux marchands la route qui va de cette ville au golfe Persique, et qui se fait en dix-huit jours par le fleuve en traversant Bassorah par le pays des dattes.

De ce point à Tauris, ville persane de la province d'Adzerbaïdjan, l'itinéraire de Marco Polo paraît rompu. Quoi qu'il en soit, on le retrouve à Tauris, grande et commerçante cité, bâtie au milieu de beaux jardins, et qui fait le trafic des pierres précieuses et autres marchandises de haut prix, mais dont les habitants sarrasins sont mauvais et déloyaux. Là, il établit la division géographique de la Perse en huit provinces. Les indigènes de la Perse, suivant lui, sont redoutables aux marchands, qui ne peuvent voyager sans être armés d'arcs et de flèches. Le principal commerce du pays est celui des chevaux et des ânes, que l'on envoie à Kis ou à Ormuz, et de là aux Indes. Quant aux productions de la terre, elles consistent en froment, en orge, en millet et en raisin, qui y viennent abondamment.

Marco Polo descendit au sud jusqu'à Yezd, la ville la plus orientale de la Perse proprement dite, bonne cité, noble et industrielle. En la quittant, les voyageurs durent chevaucher pendant sept jours à travers de magnifiques forêts giboyeuses pour arriver à la province de Kirman. Ici, les mineurs exploitent avec profit dans les montagnes des mines de turquoises, de fer et d'antimoine; les broderies à l'aiguille, la fabrication des harnais et des armes, l'élevage des faucons de chasse occupent un grand nombre d'habitants. En quittant la ville de Kirman, Marco Polo et ses deux compagnons mirent neuf jours à traverser un pays riche et populeux, et ils atteignirent la ville de Comadi, que l'on suppose être la moderne Memaun, qui à cette époque était déjà bien déchue. La campagne était superbe; de tous côtés, de beaux moutons, gros et gras, des bœufs blancs comme la neige, à cornes courtes et fortes, et par milliers des gelinotes et autre gibier; puis, des arbres

magnifiques, principalement des dattiers, des orangers
et des pistachiers.

Après cinq jours de voyage vers le midi, les trois
voyageurs entrèrent dans la belle plaine de Cormos,
dont le nom moderne est Ormuz ; de belles rivières
l'arrosent. Après deux autres jours de marche, Marco
Polo se trouva sur les bords du golfe Persique, et à la
cité d'Ormuz qui forme le port maritime du royaume de
Kirman. Ce pays lui parut très-chaud et très-malsain,
mais riche en dattiers et arbres à épices ; productions
du sol, pierres précieuses, étoffes de soie et d'or, dents
d'éléphant, vin de dattes et autres marchandises étaient
entreposés dans cette ville, et là venaient de nombreux
navires à un mât, cousus de fil d'écorce, chevillés et
non cloués, dont beaucoup périssaient en traversant la
mer de Indes.

D'Ormuz, Marco Polo, remontant vers le nord-est,
retourna à Kirman ; puis il s'aventura par des chemins
dangereux, à travers un aride désert, où l'on ne trouve
que de l'eau saumâtre, — désert que, 1500 ans auparavant, Alexandre franchit avec son armée en revenant
des bouches de l'Indus rejoindre l'amiral Néarque, —
et, sept jours après, il entra dans la ville de Khabis, sur
ja fraction du royaume de Kirman. En quittant cette ville,
il remonta en huit jours à travers de vastes solitudes
jusqu'à Tonocain, qui doit être la capitale actuelle de la
province de Kumis, soit Damaghan. Ici, Marco Polo
donne quelques détails sur le Vieux de la montagne, le
chef des Hashishins, secte mahométane qui se signal

par son fanatisme religieux et ses cruautés épouvantables. Il entra alors, après six journées de marche, dans
la ville corassane de Cheburgan, la cité par excellence,
où les melons sont plus doux que le miel, et dans la
noble cité de Balac, située vers les sources de l'Oxus.
Puis, à travers un pays où les lions ne sont pas rares, il
arriva à Taïkan, vaste marché au sel qui attire un grand
nombre de trafiquants, et à Scasem; c'est le Kashem
de Marsden, le Kishin ou Krisin de Hiouen Tsang, que
sir H. Rawlinson a identifié avec la colline de Kharesm
du Zend Avesta, que quelques commentateurs croient
être la moderne Coundouz. Dans cette contrée, on
rencontrait beaucoup de porcs-épics, et quand on les
chassait, dit Marco Polo, ces animaux, s'accolant tous
ensemble, lançaient contre les chiens les épines qu'ils .
ont sur le dos et sur les côtés. On sait maintenant ce
qu'il faut penser de cette prétendue faculté défensive
du porc-épic.

Les voyageurs entrèrent alors sur le territoire montagneux de Balacian, dont les rois se prétendent issus
d'Alexandre le Grand, contrée froide, qui produit de
bons chevaux, grands coureurs, des faucons bien volants
et toute espèce de gibier. Là existent des mines de
rubis-balais, que le roi exploite à son profit dans une
montagne appelée Sighinan, et sur laquelle personne
ne peut mettre le pied sous peine de mort. On récolte
aussi en d'autres lieux du minerai d'argent et beaucoup
de pierres avec lesquelles on fait « l'azur le plus fin du
monde », c'est-à-dire le lapis-lazuli. Marco Polo a dû

résider pendant longtemps dans cette région pour avoir une idée si précise des lieux. A dix journées de Balacian, se rencontre une province qui doit être la Paishore moderne, dont les habitants idolâtres ont le teint très-foncé, puis, à sept journées de marche vers le midi, le royaume de Cachemire, un pays tempéré, dont les cités et les villages sont nombreux, et que son sol, coupé de défilés très-forts, rend facile à défendre. Arrivé à ce point, si Marco Polo eût continué plus avant dans cette direction, il serait entré sur le territoire de l'Inde ; mais il remonta vers le nord, et, après douze jours, il se trouva sur le territoire de Vaccan, arrosé par le haut cours de l'Oxus, et au milieu des pâturages magnifiques où paissent ces immenses troupeaux de moutons sauvages que l'on appelle mouflons. De là, par les contrées du Pamer et du Belor, territoires montagneux jetés entre les systèmes orographiques de l'Altaï et de l'Himalaya, qui prirent aux voyageurs quarante jours d'une marche pénible, ils arrivèrent à la province de Kaschgar. C'est là que Marco Polo rejoignit l'itinéraire de Matteo et Nicolo Polo pendant leur premier voyage, lorsque de Boukhara ils furent entraînés vers la résidence du grand khan. De Kaschgar, Marco Polo fit une pointe dans l'ouest jusqu'à Samarkand, grande ville habitée par des chrétiens et des Sarrasins ; puis, repassant par Kaschgar, il se dirigea sur Yarkund, ville fréquentée par les caravanes qui font le commerce entre l'Inde et l'Asie septentrionale ; traversant alors Cotan, capitale de la province de ce nom, et Pein, ville fré-

1.

taine, située dans une contrée où l'on recueille abondamment le jaspe et la calcédoine, il atteignit un certain royaume de Ciarcian, peut-être Kharachar, qui devait s'étendre sur les frontières du désert de Gobi; enfin, après cinq journées à travers des plaines sablonneuses et privées d'eau potable, il vint se reposer pendant huit jours dans la cité de Lob, ville aujourd'hui détruite, dans laquelle il fit tous ses préparatifs pour traverser le désert qui s'étend dans l'est, « désert si long, dit-il, qu'il faudrait un an pour le traverser dans toute sa longueur, désert hanté par les esprits et au milieu duquel retentissent des tambours invisibles et autres instruments. »

Après un mois employé à franchir ce désert dans sa largeur, les trois voyageurs arrivèrent, dans la province de Tangut, à la ville de Cha-tcheou, bâtie sur la limite ouest de l'empire chinois. Cette province renferme peu de commerçants, mais un grand nombre d'agriculteurs qui vivent du profit de leur blé. Parmi les coutumes de Tangut qui paraissent avoir frappé le plus vivement Marco Polo, il faut citer cette coutume de ne brûler les morts qu'au jour fixé par les astrologues; « et tout le temps que le mort reste au logis, ses parents, qui demeurent dans la maison, lui font une place à table, et lui servent à manger et à boire comme s'il était vivant. »

Vers le nord-ouest, en sortant du désert, Marco Polo et ses compagnons firent une excursion vers la cité d'Amil et poussèrent jusqu'à Ginchintalas, ville sur la situation de laquelle les géographes ne sont pas d'accord, et qui est habitée par des idolâtres, des mahométans et des chrétiens nestoriens.

De Ginchintalas, Marco Polo revint à Cha-tcheou, et il reprit sa route vers l'est à travers le Tangut, par la ville de So-ceu, sur un territoire propice à la culture de la rhubarbe, et par Canpicion, le Kan-tcheou des Chinois, alors capitale de tout le Tangut. C'était une ville importante, peuplée de riches chefs idolâtres qui sont polygames, et épousent de préférence leurs cousines ou « la femme de leur père ». Les trois Vénitiens demeurèrent un an dans cette grande ville. Il est donc facile de comprendre, en les voyant faire de telles haltes et se détourner sans cesse de leur route, comment leur voyage à travers l'Asie centrale a pu durer plus de trois années.

En quittant Kan-tcheou, après avoir chevauché pendant douze jours, Marco Polo arriva sur la limite d'un désert de sable, à la cité d'Etzina. C'était encore un détour, puisqu'il remontait directement au nord ; mais le voyageur tenait à visiter la célèbre cité de Caracorum, cette capitale tartare que Rubruquis avait habitée en 1254.

Marco Polo avait certainement en lui les instincts d'un explorateur, et il ne regardait pas aux fatigues quand il s'agissait de compléter ses études géographiques. Dans cette circonstance, et pour atteindre la ville tartare, il dut marcher pendant quarante jours au milieu d'un désert sans habitations, sans herbages.

Il atteignit enfin Caracorum. C'était une ville qui mesurait trois milles de tour. Après avoir été longtemps la capitale de l'empire mongol, elle fut conquise par Gengis-Khan, l'aïeul de l'empereur actuel, et Marco Polo fait en cet endroit une digression historique, dans laquelle il raconte les guerres du héros tartare contre ce fameux prêtre Jean, ce souverain qui tenait tout le pays sous sa domination.

Marco Polo, revenu à Kan-tcheou, marcha cinq journées vers l'est, et arriva à la ville d'Erginul, probablement la ville de Liang-sheu. De là, il fit une petite pointe au sud pour visiter Si-gnan-fu à travers un territoire où paissaient des bœufs sauvages, grands comme des éléphants, et ce précieux chevrotain qui a reçu le nom de porte-musc. Remontés à Liang-sheu, les voyageurs, en huit jours, atteignirent vers l'est Cialis, où se fabriquent des camelots de poil de chameau les plus beaux du monde, puis, dans la province de Tenduc, la ville de ce nom, où régnait un descendant du prêtre Jean soumis au grand khan. C'était une cité industrielle et commerçante. De ce point, par un crochet vers le nord, les Vénitiens s'élevèrent par Sinda-cheu, au delà de la grande muraille de la Chine, jusqu'à Ciagannor, qui doit être Tsaan-Balgassa, jolie ville, où l'empereur réside volontiers quand il veut se livrer au plaisir de la chasse au gerfaut, car grues, cigognes, faisans et perdrix abondent sur ce territoire.

Enfin, Marco Polo, son père et son oncle, trois journées après avoir quitté Ciagannor, arrivèrent à la cité de Ciandu, le Chang-tou actuel, que la relation nomme ailleurs Clemen-fou. C'est là que les envoyés du pape furent reçus par Kublaï-Khan, qui habitait alors cette résidence d'été, située au delà de la grande muraille, au nord de Cambaluc, devenu maintenant Péking, et qui était la capitale de l'empire. Le voyageur parle peu de la réception qui lui fut faite, mais il décrit avec un soin tout particulier le palais du khan, grande construction de pierre et de marbre dont les chambres sont toutes dorées. Ce palais est bâti au milieu d'un parc entouré de murs, où se voient des ménageries et des fontaines, et même un bâtiment construit en roseaux si bien entrelacés qu'ils sont impénétrables à l'eau ; c'était une sorte de kiosque qui pouvait se démonter, et que le grand khan habitait pendant les mois de juin, de juillet et d'août, c'est-à-dire pendant la belle saison. Cette saison ne pouvait manquer d'être belle, en effet, car, au dire de Marco Polo, des astrologues, attachés à la personne du khan, étaient chargés de dissiper, par leurs sortiléges, toute pluie, tout brouillard ou mauvais temps. Le voyageur vénitien n'a pas l'air de mettre en doute le pouvoir de ces magiciens. « Ces sages hommes, dit-il, sont de deux races, tous idolâtres ; ils savent des arts diaboliques et des enchantements plus que tous les autres hommes ; et ce qu'ils font, ils le font par le secours du diable, mais ils font croire aux autres hommes qu'ils le font par sainteté et par l'œuvre de Dieu. Ces gens ont un usage que voici : lorsqu'un homme est condamné à mort et exécuté, ils le prennent, le font cuire et le mangent ; mais ils ne le mangeraient point s'il était mort de sa belle mort. Et sachez que ces gens dont je vous ai parlé, qui savent tant d'enchantements, font le prodige que je vais vous raconter. Quand le grand khan est assis dans sa principale salle, à sa table, qui a bien huit coudées, et que les coupes sont sur le pavé de la salle, loin de la table bien de dix pas, et toutes remplies de vin, de lait ou d'autres bons breuvages, ces sages enchanteurs font tant par leur art et leurs enchantements, que ces coupes pleines se lèvent d'elles-mêmes et viennent devant le grand khan sans que personne y touche ; et ils font cela devant dix mille personnes, et c'est bien l'exacte vérité sans mensonge ; et d'ailleurs les habiles en nécromancie vous diront que cela peut se faire. »

Puis, Marco Polo fait l'histoire de l'empereur Kublaï, qui est le plus puissant des hommes, et qui possède plus de terres et de trésors que personne n'en eut depuis Adam, notre premier père. Il raconte comment le grand khan, âgé alors de quatre-vingt-cinq ans, homme de moyenne taille, assez gras, mais bien taillé de tous ses membres, au visage blanc et vermeil, aux beaux yeux noirs, monta sur le trône en l'an 1256 de la naissance du Christ. C'était un bon capitaine à la guerre, et il le prouva bien quand son oncle Naïan, s'étant révolté contre lui, voulut lui disputer le pouvoir à la tête de quatre cent mille cavaliers. — Kublaï-Khan, réunissant « en secret » trois cent soixante mille hommes à cheval et cent mille à pied, marcha contre son oncle. La bataille fut terrible. « Il y mourut tant d'hommes de part et d'autre, que c'était une merveille. » Mais Kublaï-Khan fut vainqueur, et Naïan, en sa qualité de prince du sang royal, étroitement cousu vivant dans un tapis, mourut ainsi au milieu d'atroces souffrances.

Après sa victoire, l'empereur rentra triomphant dans sa capitale du Cathay, nommée Cambaluc, qui est devenue peu à peu la ville actuelle de Péking. Marco Polo, arrivé dans cette ville, dut y faire un assez long séjour, jusqu'au moment où il fut chargé de diverses missions dans l'intérieur de l'empire. C'est à Cambaluc que s'élevait le magnifique palais de l'empereur, dont le voyageur vénitien fait la description suivante, que nous empruntons au texte, rapporté par M. Charton, et qui donnera une idée exacte de l'opulence de ces souverains mongols.

« En avant du palais est un grand mur carré dont chaque côté a un mille, ce qui fait quatre milles de tour ; il est moult gros, haut bien de dix pas, tout blanc et crénelé. A chaque coin de ce mur est un palais moult beau et moult riche, dans lequel sont conservés les harnais du grand khan : ses arcs, ses carquois, ses selles, les freins de ses chevaux, ses cordes d'arc, et toutes choses dont on a besoin à la guerre ; au milieu de chaque carré est encore un palais semblable à ceux des coins, si bien qu'il y en a huit en tout, et ces huit sont remplis des harnais du grand sire, de sorte que, dans chacun d'eux, il y a une espèce différente : dans l'un les arcs, dans l'autre les selles, et ainsi de suite.

En ce mur, sur le côté du midi sont cinq portes. Celle du milieu est une grande porte qui ne s'ouvre que pour laisser entrer ou sortir le grand khan ; près de cette grande porte, de chaque côté en est une petite par où entrent les autres personnes ; puis encore deux autres par où l'on entre aussi. A l'intérieur de ce mur en est un autre plus long que large. Il a aussi huit palais disposés comme les autres, où l'on conserve de même les harnais du grand sire. »

Jusqu'ici, on le voit, tous ces palais constituent la sellerie et les salles d'armes de l'empereur. Mais on ne s'étonnera pas de compter un si grand nombre de harnais, quand on saura que le grand khan possédait une race de chevaux blancs comme la neige, et entre autres dix mille juments, dont le lait était exclusivement réservé aux princes du sang royal.

Marco Polo continue en ces termes : « Ce mur a aussi cinq portes du côté du midi, semblables à celles du mur de devant. En chacun des autres côtés, les deux murs n'ont qu'une porte. Au milieu de ces murs est le palais du grand sire, fait ainsi que je vais vous le dire. C'est le plus grand qu'on ait jamais vu. Il n'a pas de second étage, mais le rez-de-chaussée est plus élevé de dix paumes que le sol qui l'entoure. La couverture est moult haute ; les murs des salles et des chambres sont tout couverts d'or et d'argent, et on y a représenté des dragons, des bêtes, des oiseaux, des chevaux et divers autres animaux, tellement qu'on ne voit qu'or et peintures. La salle est si grande et si large, que plus de six mille hommes peuvent y manger. Il y a tant de chambres que c'est merveille à voir. Il est si grand et si bien fait qu'il n'y a nul homme au monde qui, quand bien même il en aurait la puissance, pût le mieux ordonner. En dessus le toit est tout vermeil, et vert, et bleu, et jaune, et de toutes couleurs, et il est si bien verni qu'il est resplendissant comme du cristal, et luit au loin alentour. Ce toit est d'ailleurs si fort et si solidement fait, qu'il durera nombre d'années. Entre les deux murs sont des prairies avec de beaux arbres où sont diverses espèces de bêtes. Ce sont des cerfs blancs, les bêtes qui donnent le musc, des chevreuils, des daims, des vairs et plusieurs sortes de belles bêtes, qui remplissent toutes les terres en dedans des murs, excepté les chemins ménagés pour les hommes. D'un côté, vers le nord-ouest, est un lac moult grand dans lequel sont divers poissons, car le grand sire en a fait mettre de plusieurs espèces, et chaque fois qu'il en désire, il en a à sa voonté. Un grand fleuve y naît et sort du palais, mais on a fait en sorte que nul poisson ne pût s'en échapper, et cela au moyen de filets de fer et d'airain. Vers le nord, à une portée d'arc du palais, le grand khan a fait faire un tertre. C'est un mont qui est bien haut de cent pas et qui a plus d'un millé de tour. Il est couvert d'arbres qui jamais ne perdent leurs feuilles, mais qui sont toujours verts. Or, sachez que le grand sire, du moment qu'on lui citait quelque bel arbre, le faisait prendre avec toutes ses racines et la terre qui l'entourait, et le faisait apporter à cette montagne par ses éléphants, et peu lui importait que l'arbre fût grand. Ainsi il avait les plus beaux arbres du monde. Le grand sire a fait couvrir toute cette montagne de rouille d'azur, qui est moult verte, de sorte que les arbres sont tout verts, et le mont tout vert, et on ne voit que du vert, si bien que le mont est appelé mont Vert. Sur la montagne, au milieu du sommet, est un palais beau et grand et tout vert. Cette montagne, les arbres et le palais sont si beaux à regarder que tous ceux qui les voient en sont réjouis; et le grand sire a fait ce tertre pour jouir de cette belle vue et goûter ce plaisir. »

Après le palais du khan, Marco Polo cite celui de son fils et héritier; puis, il décrit la ville de Cambaluc, ville ancienne, séparée de la ville moderne de Taidu par un canal qui divise la moderne Péking en ville chinoise et en ville tartare. Le voyageur, observateur minutieux, nous apprend alors les faits et gestes de l'empereur. Suivant sa relation, Kublaï-Khan a une garde d'honneur de deux mille cavaliers, mais « ce n'est pas par peur qu'il l'entretient. » Ses repas sont de véritables cérémonies, soumis à une étiquette sévère. A sa table, qui est plus haute que les autres, il s'assoit au nord, ayant à sa gauche sa première femme, à droite et plus bas ses fils, ses neveux, ses parents; il est servi par de hauts barons qui ont soin de se fermer la bouche et le nez avec de belles toiles de drap d'or, « afin que leur haleine et leur odeur n'atteignent point les mets et les breuvages du grand sire. » Quand l'empereur va boire, un concert d'instruments se fait entendre, et quand il tient sa coupe à la main, tous les barons et les spectateurs s'agenouillent humblement.

Les principales fêtes du grand khan sont données par lui, l'une au jour anniversaire de sa naissance, l'autre à chaque commencement de l'année. A la première, douze mille barons, auxquels l'empereur offre annuellement cent cinquante mille vêtements de drap de soie d'or ornés de perles, figurent autour du trône, tandis que les sujets, idolâtres ou chrétiens, font des prières publiques. A la seconde fête, au début de la nouvelle année, le peuple entier, hommes et femmes, se vêt de robes blanches, parce que, suivant la tradition, le blanc porte bonheur, et chacun apporte au souverain des présents de la plus grande valeur. Cent mille chevaux richement caparaçonnés, cinq mille éléphants couverts de beaux draps et portant la vaisselle impériale, et un nombre considérable de chameaux défilent devant l'empereur.

Pendant ces trois mois, décembre, janvier et février, que le grand khan demeure en sa cité d'hiver, tous les seigneurs, dans un rayon de soixante journées de marche, sont tenus de l'approvisionner de sangliers, cerfs, daims, chevreuils et ours. D'ailleurs Kublaï est lui-même un grand chasseur, et sa vénerie est superbement montée et entretenue. Il a des léopards, des loups-cerviers et de grands lions dressés à prendre le gibier sauvage, des aigles assez forts pour chasser loups, renards, daims, chevreuils, et « qui en prennent assez souvent, » enfin des chiens qui se comptent par milliers.

C'est vers le mois de mars que l'empereur commence ses grandes chasses en se dirigeant vers la mer, et il n'est pas accompagné de moins de dix mille fauconniers, de cinq cents gerfauts et d'une innombrable quantité d'autours, de faucons-pèlerins et de faucons sacrés. Pendant cette excursion, un palais portatif, dressé sur quatre éléphants accouplés et revêtu au dehors de peaux de lions et au dedans de drap d'or, suit ce roi tartare qui se complaît à toute cette pompe orientale. Il s'avance ainsi jusqu'au camp de Chachiri-Mondou, établi sur un cours d'eau, tributaire de l'Amour, et il dresse sa tente, qui est assez vaste pour contenir dix mille chevaliers ou barons. C'est là son salon de réception ; c'est là qu'il donne ses audiences. Quand il veut se retirer ou se livrer au sommeil, il trouve dans une autre tente une merveilleuse salle tapissée de fourrures d'hermine et de zibeline, dont chaque peau vaut deux mille besants d'or, soit environ vingt mille francs de notre monnaie. L'empereur demeure ainsi jusqu'à Pâques, chassant grues, cygnes, lièvres, daims, chevreuils, et il revient alors vers sa capitale de Cambaluc.

Marco Polo complète en cet endroit la description de cette ville magnifique. Il énumère les douze bourgs qui la composent, dans lesquels les riches marchands ont fait élever des palais magnifiques, car cette ville est extrèmement commerçante. Il y vient plus de précieuses marchandises qu'en aucun lieu du monde. Mille charrettes chargées de soie y entrent chaque jour. C'est l'entrepôt et le marché des plus riches productions de l'Inde,

telles que perles et pierres précieuses, et l'on y vient
acheter de plus de deux cents lieues à la ronde. Aussi,
pour les besoins de ce commerce, le grand khan a-t-il
fait établir un hôtel de la monnaie, qui est pour lui une
source intarissable de richesses. Il est vrai de dire que
cette monnaie, véritable billet de banque scellé du sceau
du souverain, est faite d'une sorte de carton fabriqué
avec l'écorce du mûrier. Le carton, ainsi préparé, est
coupé de diverses manières suivant la valeur fiduciaire
que le souverain lui impose. Naturellement, le cours de
cette monnaie est forcé. L'empereur s'en sert pour tous
ses payements, il la fait répandre dans tous les pays
soumis à sa domination, « et nul ne peut la refuser sous
peine de perdre la vie. » D'ailleurs, plusieurs fois par
année, les possesseurs de pierres précieuses, de perles,
d'or ou d'argent, sont tenus d'apporter leurs trésors à
l'hôtel de la monnaie, et ils reçoivent en échange ces
pièces de carton, de telle sorte que l'empereur possède
ainsi toutes les richesses de son empire.

Suivant Marco Polo, le système du gouvernement impérial repose sur une centralisation excessive. Le
royaume, divisé en trente-quatre provinces, est administré par douze grandissimes barons qui habitent la
ville même de Cambaluc ; là aussi, dans le palais de ces
barons, demeurent les intendants et écrivains qui font
les affaires de chaque province. Autour de la ville
rayonnent un grand nombre de routes bien entretenues
qui aboutissent aux divers points du royaume ; sur ces
routes sont disposés des relais de poste, luxueusement

montés, de vingt-deux en vingt-deux milles, et dans lesquels deux cent mille chevaux sont toujours prêts à transporter les messagers de l'empereur. De plus, entre les relais, tous les trois milles, il existe un hameau composé d'une quarantaine de maisons où demeurent les courriers qui portent à pied les messages du grand khan ; ces hommes, sanglés du ventre, la tête comprimée sous une bandelette, ont une ceinture garnie de sonnettes qui se font entendre au loin ; ils partent au galop, enlèvent rapidement leurs trois milles, remettent le message au courrier qui les attend, et, de cette manière, l'empereur a des nouvelles de lieux situés à dix journées de distance en un jour et une nuit. D'ailleurs, ce mode de communication coûte peu à Kublaï-Khan, car il se contente, pour toute rétribution, d'exempter d'impôt ses courriers, et, quant aux chevaux des relais, ils sont fournis gratuitement par les habitants des provinces.

Mais si le roi tartare use ainsi de sa toute-puissance, s'il fait peser d'aussi lourdes charges sur ses sujets, il s'inquiète activement de leurs besoins et il leur vient souvent en aide. Ainsi, quand la grêle a perdu leurs récoltes, non-seulement il n'exige pas d'eux le tribut accoutumé, mais il leur expédie du blé de sa propre réserve. De même, si une mortalité accidentelle a frappé les bestiaux d'une province, il les remplace à ses propres frais. Il a soin, dans les bonnes années, d'engranger une quantité considérable de froment, d'orge, de mil, de riz et autres productions, de manière à main-

tenir les grains à un cours moyen dans tout son empire.
De plus, il a pour les pauvres de sa bonne cité de Cambaluc une affection toute particulière. « Il fait faire un
recensement de tous les ménages de la ville qui sont
pauvres et qui n'ont de quoi manger; tel est de six
personnes, tel de huit, tel de dix, plus ou moins. Il leur
fait donner du froment et d'autres blés, tant comme ils
en ont besoin, en grande quantité; et tous ceux qui
veulent aller demander du pain du seigneur à la cour,
on ne leur en refuse jamais. Or, chaque jour, il va plus
de trente mille personnes en chercher, et cette distri-
bution a lieu toute l'année, ce qui est une grande bonté
du seigneur d'avoir ainsi pitié de ses sujets pauvres.
Aussi l'adorent-ils comme un Dieu. » En outre, l'empire
tout entier est administré avec soin; ses routes sont
bien entretenues et plantées d'arbres magnifiques qui
servent surtout à les faire reconnaître dans les contrées
désertes. De la sorte, sans parler des forêts, le bois ne
manque pas aux habitants du royaume, et d'ailleurs,
dans le Cathay principalement, on exploite de nombreuses houillères, qui fournissent du charbon en abondance.

Marco Polo résida pendant un temps assez long dans
la ville de Cambaluc. Il est certain que, par sa vive intelligence, son esprit, sa facilité à s'assimiler les divers
idiomes de l'empire, il plut particulièrement à l'empereur. Chargé de diverses missions, non-seulement en
Chine, mais aussi dans les mers de l'Inde, à Ceylan,
aux côtes du Coromandel et du Malabar et dans la partie

de la Cochinchine voisine du Cambodje, il fut nommé, probablement de 1277 à 1280, gouverneur de la ville de Yâng-tcheou et des vingt-sept autres villes comprises sous sa juridiction. Grâce à ces missions, il parcourut une grande étendue de pays et en rapporta d'utiles documents, tant géographiques qu'ethnologiques. Nous allons le suivre aisément, la carte à la main, dans ces voyages dont la science devait retirer un si grand profit.

III

Tso-cheu. — Tai-yen-fou. — Pin-yang-fou. — Le fleuve Jaune. — Signan-fou. — Le Szu-tchouan. — Ching-tu-fou. — Le Thibet. — Li-kiang-fou. — Le Carajan. — Yung-chang. — Mien. — Le Bengale. — L'Annam. — Le Taï-ping. — Cintingui. — Sindi-fu. — Té-cheu. — Tsi-nan-fou. — Lin-tsin-cheu. — Lin-cing. — Le Mangi. — Yang-cheu-fou. — Villes du littoral. — Quin-say ou Hang-tcheou-fou. — Le Fo-kien.

Marco Polo, après avoir séjourné à Cambaluc, fut chargé d'une mission qui le tint éloigné de la capitale pendant quatre mois. A dix milles au delà de Cambaluc, en descendant vers le sud, il traversa le magnifique fleuve du Pe-ho-nor, qu'il appelle Pulisanghi, sur un beau pont de marbre de vingt-quatre arches et de trois cents pas de longueur, qui n'a pas son pareil dans le monde entier. A trente milles plus bas, il rencontra la ville de Tso-cheu, cité industrielle où l'on travaillait particulièrement le bois de sandal. A dix journées de

UN PONT DE MARBRE DE VINGT-QUATRE ARCHES... (PAGE 16.)

Tso-cheu, il arriva dans la ville moderne de Tai-yen-fou,
capitale du Shan-si, qui fut autrefois le siége d'un gouvernement indépendant. Toute cette province lui parut
riche en vignes et en mûriers ; la principale industrie de
la ville était alors la fabrication des harnais pour le
compte de l'empereur. A sept journées au delà se trouvait la belle cité de Pianfu, aujourd'hui Pin-yang-fou,
très-adonnée au commerce et au travail de la soie.
Marco Polo, après avoir visité cette ville, arriva sur les
rives du célèbre fleuve Jaune, qu'il appelle Caramoran
ou fleuve Noir, probablement à cause de la couleur de
ses eaux assombries par les plantes aquatiques ; puis,
à deux journées de là, il rencontra la ville de Cacianfu,
dont la position moderne n'a pu être rigoureusement
déterminée par les commentateurs.

Marco Polo, en quittant cette ville, où il ne vit rien
qui fût digne d'être remarqué, chevaucha à travers une
belle contrée, couverte de châteaux, de villes, de jardins,
et très-giboyeuse. Après huit jours de marche, il arriva
à la noble cité de Quengianfu, l'ancienne capitale de la
dynastie des Thang, la moderne ville de Si-gnan-fou,
actuellement capitale du Shen-si. Là régnait le fils de
l'empereur, Mangalai, prince juste et aimé de son peuple,
qui occupait, en dehors de la ville, un magnifique palais,
bâti au milieu d'un parc dont le mur crénelé ne mesurait pas moins de cinq milles de circonférence.

De Si-gnan-fou, le voyageur se dirigea vers le Thibet,
à travers la province moderne de Szu-tchouan, contrée
montagneuse, coupée de grandes vallées, où pullulent

lions, ours, loups-cerviers, daims, chevreuils et cerfs, et, après vingt-trois jours de marche, il se trouva sur les limites de la grande plaine d'Acmelec-Mangi. Ce pays est fertile ; il donne abondamment toutes sortes de productions, et particulièrement le gingembre, dont il approvisionne toute la province du Cathay. Et telle est la fertilité du sol, que, suivant un voyageur français, M. E. Simon, l'hectare s'y vend actuellement 30,000 francs, soit trois francs le mètre. Au treizième siècle, cette plaine était couverte de villes et de châteaux, et les habitants y vivaient des fruits de la terre, du produit des bestiaux et du gibier, qui fournissait aux chasseurs une proie abondante et facile.

Marco Polo atteignit alors la capitale de la province de Szu-tchouan, Sindafu, la moderne Ching-tu-fou, dont la population dépasse actuellement quinze cent mille habitants. Sindafu, mesurant alors vingt milles de tour, était divisée en trois parties, entourées d'un mur particulier, et dont chacune avait un roi avant que Kublaï-Khan s'en fût emparé. Cette ville était traversée par le grand fleuve poissonneux du Kiang, large comme une mer, dont les eaux étaient sillonnées par une incroyable quantité de navires. Ce fut après avoir quitté cette cité commerçante et industrieuse que Marco Polo, après cinq journées de marche à travers de vastes forêts, arriva à cette province de Thibet, qu'il dit « être moult désolée, car elle fut détruite par la guerre. »

Ce Thibet est peuplé de lions, d'ours et d'animaux féroces, dont les voyageurs se défendraient difficilement, s'il n'y poussait une quantité considérable de ces cannes merveilleusement grosses et grandes, qui ne sont autres que des bambous. En effet, « les marchands et les voyageurs qui parcourent ces contrées la nuit prennent de ces cannes et en font un grand feu, parce que, quand elles brûlent, elles font un tel bruit et de tels craquements, que les lions, les ours et les autres bêtes fauves, épouvantés, se sauvent au loin, et ne s'approcheraient du feu pour rien au monde ; les voyageurs font donc ce feu pour préserver leurs animaux des bêtes fauves, qui sont très-communes dans ce pays. Or, voici comment se produit ce grand bruit : on prend de ces cannes toutes vertes, et on en met plusieurs dans un feu de bois ; au bout d'un certain temps qu'elles sont dans le feu, elles se tortillent et se fendent par la moitié, avec un tel bruit que, la nuit, on l'entend bien à dix milles de loin. Et quand on n'est pas accoutumé à ce bruit, on en demeure tout ébahi, tant c'est horrible à entendre : les chevaux qui ne l'ont jamais entendu en sont tellement effrayés qu'ils rompent cordes et licols et prennent la fuite, ce qui arrive souvent ; mais, quand on sait qu'ils ne sont pas aguerris à ce bruit, on leur bande les yeux et on leur lie les quatre pieds, de sorte que, lorsqu'ils entendent ce grand bruit, ils ne peuvent s'enfuir. C'est de cette manière que les hommes échappent, eux et leurs bêtes, aux lions, ours et autres mauvaises bêtes, qui sont très-nombreuses en ce pays. » Le procédé relaté par Marco Polo est encore employé dans les contrées qui produisent le bambou, et, véritablement, le crépitement de ces cannes dévorées par les flammes peut se comparer aux plus violentes pétarades d'un feu d'artifice.

Suivant la relation du voyageur vénitien, le Thibet est une très-grande province, qui a son langage particulier, et dont les habitants idolâtres forment une race de redoutables voleurs. Elle est traversée par un fleuve important, le Khin-cha-kiang, aux sables aurifères. On y recueille en grande quantité du corail, dont les idoles et les femmes du pays font une notable consommation. Le Thibet était alors sous la domination du grand khan.

Marco Polo, en quittant Sindafu, avait pris direction vers l'ouest. Il traversa ainsi le royaume de Gaindu et il arriva probablement à Li-kiang-fou, capitale de cette contrée qui forme aujourd'hui le pays de Si-mong. Dans cette province, il visita un beau lac qui produisait des huîtres perlières, dont la pêche était réservée à l'empereur. C'est un pays où le girofle, le gingembre, la cannelle et autres épices donnent d'abondantes récoltes.

En quittant le royaume de Gaindu, et après avoir traversé un grand fleuve, peut-être l'Irraouady, Marco Polo, revenant franchement au sud-est, pénétra dans la province de Carajan, région que forme probablement la partie nord-ouest de l'Yun-nan. Suivant lui, les habitants de cette province, presque tous cavaliers, vivraient de la chair crue des poules, des moutons, des buffles et des bœufs, ce mode d'alimentation serait général, et les riches assaisonneraient seulement la chair crue d'une sauce à l'ail et de bonnes épices. Ce royaume était aussi fréquenté par de grandes couleuvres et de grands serpents hideux à voir. Ces reptiles, — vraisemblablement des alligators, — étaient longs de dix pas ; ils avaient deux jambes, armées d'un ongle, placées en avant près de leur tête, qui était démesurément grande, et dont la gueule pouvait engloutir un homme d'un seul coup.

A cinq journées à l'ouest de Carajan, Marco Polo, faisant de nouveau route vers le sud, entra dans la province de Zardandan, dont la capitale, Nocian, forme la ville moderne de Yung-chang. Tous les habitants de cette cité avaient des dents d'or, c'est-à-dire que la mode était alors de recouvrir leurs dents de petites lames d'or, qu'ils enlevaient lorsqu'ils voulaient manger. Les hommes de cette province, tous chevaliers, ne font que « oiseler, chasser et aller en guerre ; » les ouvrages pénibles sont dévolus soit aux femmes, soit aux esclaves. Ces Zardandaniens n'ont ni idoles ni églises, mais ils adorent le plus âgé de la famille, c'est-à-dire l'ancêtre, le patriarche. Le règlement de leurs fournisseurs se fait au moyen de coches semblables à celles dont se servent les boulangers de France. Ils n'ont point de médecins, mais seulement des enchanteurs qui sautent, dansent et jouent des instruments auprès du malade jusqu'à ce qu'il meure ou qu'il guérisse.

En quittant la province des hommes aux dents d'or, Marco Polo, suivant pendant deux jours cette grande route qui sert au trafic entre l'Inde et l'Indo-Chine, passa par Bamo, où se tenait, trois fois la semaine, un grand marché qui attire les marchands des pays les plus éloignés. Après avoir chevauché pendant quinze jours au milieu de forêts remplies d'éléphants, de licornes et autres animaux sauvages, il atteignit la grande cité de Mien, c'est-à-dire cette partie du haut Birman dont la capitale actuelle, de construction récente, est nommée Amrapoura. Cette cite de Mien, qui fut peut-être l'ancienne villa d'Ava, maintenant ruinée, ou la vieille Paghan, située sur l'Irraouady, possédait une véritable merveille architecturale ; c'étaient deux tours, l'une construite en belles pierres et recouverte en entier d'une lame d'or de l'épaisseur d'un doigt, et l'autre revêtue d'une lame d'argent, toutes deux destinées à servir de tombeau au roi de Mien, avant que son royaume ne fût tombé au pouvoir du khan.

Après avoir visité cette province, Marco Polo descendit jusqu'au Bangala, le Bengale actuel, qui à cette époque, en 1290, n'appartenait pas encore à Kublaï-Khan. Les armées de l'empereur s'occupaient alors de conquérir ce pays fertile, riche en coton, en gingembre, en cannes à sucre, et dont les magnifiques bœufs égalaient des éléphants par leur taille. Puis, de là, le voyageur s'aventura jusqu'à la cité de Cancigu, dans la province de ce nom, probablement la ville actuelle de Kassay. Les habitants de ce royaume se tatouaient le corps, et, au moyen d'aiguilles, ils dessinaient sur leur visage, leur cou, leur ventre, leurs mains, leurs jambes, des images de lions, de dragons et d'oiseaux, regardant comme le plus beau des êtres humains celui qui portait ainsi le plus grand nombre de ces peintures.

Cancigu est le point extrême atteint dans le sud par Marco Polo pendant ce voyage. A partir de cette cité, il remonta vers le nord-est, et par le pays d'Amu, l'Annâm et le Ton-kin actuel, qu'il atteignit après quinze journées de marche, il arriva dans la province de Toloman, aujourd'hui le département de Taï-ping. Là, il trouva ces beaux hommes, bruns de peau, ces vaillants guerriers qui ont couronné leurs montagnes de châteaux forts, et dont la nourriture habituelle est la chair des animaux, le lait, le riz et les épices.

En quittant Toloman, Marco Polo suivit pendant douze jours un fleuve bordé de nombreuses villes. Ici, M. Charton fait justement observer que le voyageur s'éloigne du pays connu sous le nom de l'Inde au delà du Gange, et qu'il retourne vers la Chine. En effet, après avoir laissé Toloman, Marco Polo visita la province de Guigui ou Chintingui, et sa capitale qui porte le même nom. Ce qui le frappa le plus dans cette contrée, — et on est fondé à croire que le hardi explorateur était aussi un chasseur déterminé, — ce fut le grand nombre de lions qui parcouraient les plaines et les montagnes. Seulement, les commentateurs sont d'accord sur ce point que les lions de Marco Polo devaient être des tigres, car il n'y a pas de lions en Chine. Voici, pourtant, ce qu'en dit la relation : « Il y a tant de lions en ce pays. qu'on ne peut dormir hors de sa maison sans danger d'être dévoré. Et même quand on va sur le fleuve, et que la nuit on s'arrête quelque part, il faut avoir soin de dormir loin de la terre, car sans cela les lions viennent jusqu'à la barque, se saisissent d'un homme et le dévorent. Et les habitants, qui savent cela, ont bien soin de s'en garder. Ces lions sont très-grands et très-dangereux ; mais ce qui est merveilleux, c'est qu'en cette contrée il y a des chiens qui ont la hardiesse d'assaillir des lions, mais il faut qu'ils soient deux, car un homme et deux chiens viennent à bout d'un grand lion. »

De cette province, Marco Polo remonta directement à Sindiu, la capitale de la province de Szu-tchouan, d'où il s'était élancé pour accomplir son excursion dans la Thibet, et, reprenant la route déjà parcourue, il revint près de Kublaï-Khan, après avoir heureusement terminé sa mission dans l'Indo-Chine. Il est vraisemblable qu'alors Marco Polo fut chargé par l'empereur d'une autre mission dans la partie sud-est de la Chine, « la partie la plus riche et la plus commerçante de ce vaste empire, dit M. Pauthier dans son bel ouvrage sur le voyageur vénitien, et celle aussi sur laquelle, depuis le seizième siècle, on a obtenu en Europe le plus de renseignements. »

A s'en rapporter à l'itinéraire tracé sur la carte de M. Pauthier, Marco Polo, en quittant Cambaluc, se dirigea au midi vers l'industrieuse cité de Ciangli, probablement la ville de Té-cheu, et, à six journées de là, vers Condinfu, la cité actuelle de Tsi-nan-fou, capitale de la province de Chan-toung, où naquit Confucius.

C'était alors une grande ville, la plus noble de toutes ces contrées, très-visitée par les marchands de soie, et dont les merveilleux jardins produisaient une grande quantité de fruits excellents. A trois journées de marche de Condinfu, Marco Polo trouva la ville de Lin-tsin-cheu, située au commencement du grand canal de Yun-no, et lieu de rendez-vous des innombrables bâtiments qui portent tant de marchandises dans les provinces du Mangi et du Cathay. Huit jours après, il traversait Ligui, qui paraît correspondre à la ville actuelle de Ling-cing, la ville de Pi-ceu, cité commerçante de la province de Tchiangsu, puis la ville de Cingui, et il arrivait à ce Caramoran, ce fleuve Jaune qu'il avait déjà traversé dans son cours supérieur quand il se dirigeait vers l'Indo-Chine. En cet endroit, Marco Polo n'était pas à plus d'une lieue de l'embouchure de cette grande artère chinoise. Après l'avoir franchie, le voyageur se trouva dans la province de Mangi, territoire désigné sous le nom d'empire des Song.

Ce royaume de Mangi, avant d'appartenir à Kublaï-Khan, était gouverné par un roi pacifique, qui n'aimait pas les cruels hasards de la guerre, et qui se montrait compatissant pour les malheureux. Voici en quels termes Marco Polo en parle, et il le fait de si bonne façon que nous voulons donner le texte même de son récit. « Ce dernier empereur de la dynastie des Song pouvait tellement dépenser, que c'était prodigieux ; et je vous raconterai de lui deux traits bien nobles. Chaque année, il faisait nourrir bien vingt mille petits enfants; car c'est la coutume, en ces provinces, que les pauvres femmes jettent leurs enfants dès qu'ils sont nés, quand elles ne peuvent les nourrir. Le roi les faisait tous prendre, puis faisait inscrire sous quel signe et sous quelle planète ils étaient nés, puis les donnait à nourrir en divers lieux, car il y a des nourrices en quantité. Quand un riche homme n'avait pas de fils, il venait au roi et s'en faisait donner tant qu'il voulait, et ceux qu'il aimait le mieux. Puis le roi, quand les garçons et les filles étaient en âge d'être mariés, les mariait ensemble et leur donnait de quoi vivre; et de cette manière, chaque année il en élevait bien vingt mille, tant mâles que femelles. Quand il allait par quelque chemin et qu'il voyait une petite maison au milieu de deux grandes, il demandait pourquoi cette petite maison n'était pas aussi grande que les autres, et si on lui disait que c'était parce qu'elle était à un pauvre homme qui ne pouvait la faire bâtir, il la faisait aussitôt faire aussi belle et aussi haute que les autres. Ce roi se faisait toujours servir par mille damoiseaux et mille damoiselles. Il maintenait une justice si sévère en son royaume, que jamais il ne s'y commettait aucun crime; la nuit, les maisons des marchands restaient ouvertes, et nul n'y prenait rien; l'on pouvait aussi bien voyager de nuit que de jour. »

A l'entrée de la province du Mangi, Marco Polo rencontra la ville de Coigangui, actuellement Hoaï-gnan-fou, qui est située sur les bords du fleuve Jaune, et dont la principale industrie est la fabrication du sel qu'elle tire de ses marais salants. A une journée de cette ville, en suivant une chaussée construite en belles pierres, le voyageur atteignit la cité de Pau-in-chen, renommée pour ses draps d'or, la ville de Caiu, actuellement Kao-yu, dont les habitants sont habiles pêcheurs et chasseurs, puis la cité de Tai-cheu, où viennent des navires en grand nombre, et il arriva enfin dans la cité de Yangui.

Cette cité de Yangui, c'est la moderne Yang-che-fou, dont Marco Polo fut gouverneur pendant trois ans. C'est une ville très-populeuse et très-commerçante, qui ne mesure pas moins de deux lieues de tour. Ce fut de Yangui que Marco Polo partit pour diverses explorations qui lui permirent d'étudier si minutieusement les villes du littoral et de l'intérieur.

Tout d'abord, le voyageur se dirigea vers l'ouest et atteignit la ville de Nanghin, qu'il ne faut pas confondre avec le Nan-king actuel. Son nom moderne est Ngan-khing; elle est située dans une province extrêmement fertile. Marco Polo, s'enfonçant plus avant dans la même direction, arriva à Saianfu, la ville moderne de Siang-yang, bâtie dans la partie septentrionale de la province de Hu-kuang. Ce fut la dernière ville du Mangi qui résista à la domination de Kublaï-Khan. L'empereur en fit le siége pendant trois ans, et il ne s'empara de cette ville si bien défendue que grâce au concours des trois Polo, qui construisirent des balistes puissantes et écrasèrent les assiégés sous une grêle de pierres, dont quelques-unes pesaient jusqu'à trois cents livres.

De Saianfu, Marco Polo revint sur ses pas, afin d'eplorer les villes du littoral. Il rentra sans doute à Yang-tcheou. Il visita Singui (Kiu-kiang), située sur le Kiang, large d'une lieue en cet endroit, et qui reçoit jusqu'à cinq mille navires à la fois, Kain-gui, qui approvisionne de blé la plus grande partie de la cour de l'empereur, Cinghianfu (Chingiam), où se voyaient deux églises de chrétiens nestoriens, Cinguigui, maintenant Tchang-tcheou-fou, cité commerçante et industrielle, et Singui, actuellement Sou-tcheou ou Su-cheu, grande ville dont la circonférence est de six lieues, et qui, suivant la relation très-exagérée du voyageur vénitien, ne possédait pas alors moins de six mille ponts.

Après avoir séjourné quelque temps à Vugui, proba-blement Hou-tcheou-fou, et à Ciangan, aujourd'hui Kia-hing, Marco Polo, après trois journées de marche, entra dans la noble cité de Quinsay. Ce nom signifie la « Cité du ciel, » et cette importante capitale s'appelle mainte-nant Hang-tcheou-fou. Elle a six lieues de tour; elle est traversée par le fleuve Tsien-tang-kiang, qui, en se ra-mifiant à l'infini, fait de Quinsay une autre Venise. Cette ancienne capitale des Song est presque aussi peuplée que Pé-king; ses rues sont pavées en pierres et en bri-ques; on y compte, suivant Marco Polo, « six cent mille maisons, quatre mille établissements de bains et douze mille ponts en pierre. » Dans cette cité vivent les plus riches marchands du monde avec leurs femmes, qui sont « de belles et angéliques créatures. » C'est la rési-dence d'un vice-roi, qui gouverne pour le compte de l'empereur plus de cent quarante cités. On y voyait encore le palais souverain du Mangi, entouré de beaux jardins, de lacs, de fontaines, et qui renferme plus de mille chambres. Le grand khan tire de cette ville et de la province des revenus immenses, et c'est par millions de francs qu'il faut chiffrer le rendement du sel, du sucre, des épices et de la soie, qui forment les principales productions du pays.

A une journée au sud de Quinsay, après avoir parcouru un pays charmant, Marco Polo visita Tanpigui (Chao-hing-fou), Vugui (Hou-tcheou), Ghengui (Kui-tcheou), Cianscian (Yen-tcheou-fou suivant M. Charton, Souï-tchang-fou suivant M. Pauthier), et Cugui (Kiou-tcheou), la dernière ville du royaume de Quinsay, puis il entra dans le royaume de Fugui, dont la ville principale, du même nom, est aujourd'hui Fou-cheu-fou, la capitale de la province de Fo-kien. Suivant lui, les habitants de ce royaume seraient des hommes d'armes cruels, qui n'épargnent jamais leurs ennemis et qui boivent leur sang et mangent leur chair. Après avoir traversé Quenlifu (Kien-ning-fou) et Un-guen, Marco Polo fit son entrée dans la capitale Fugui, vraisemblablement là ville moderne de Kuangcheou, notre Canton, qui fait un très-grand commerce de perles et de pierres précieuses, et, après cinq journées de marche, il atteignit le port de Zaitem, très-probablement la ville chinoise de Tsuen-tcheou, point extrême visité par lui dans cette exploration de la Chine sud-orientale.

IV

Le Japon. — Départ des trois Polo avec la fille de l'empereur et les ambassadeurs persans. — Saïgon. — Java. — Condor. — Bintang. — Sumatra. — Les Nicobar. — Ceylan. — La côte de Coromandel. — La côte de Malabar. — La mer d'Oman. — L'île de Socotora. — Madagascar. — Zanzibar et la côte africaine. — L'Abyssinie. — L'Yémen, l'Hadramaut et l'Oman. — Ormuz. — Retour à Venise. — Une fête dans la maison des Polo. — Marco Polo prisonnier des Génois. — Mort de Marco Polo, vers 1323.

Marco Polo, après avoir heureusement terminé cette exploration, revint sans doute à la cour de Kublaï-Khan. Il fut encore chargé de missions diverses, que rendait faciles sa connaissance des langues mongole, turque, mantchoue et chinoise. Il fit probablement partie d'une expédition entreprise dans les îles de l'Inde, et remit à son retour un rapport détaillé sur la navigation de ces mers encore peu connues. Les divers incidents de sa vie ne sont pas nettement déterminés à partir de cette époque. Sa relation donne des détails circonstanciés sur l'île de Cipangu, nom appliqué au groupe d'îles qui composent le Japon ; mais il ne paraît pas qu'il soit allé dans ce royaume. Le Japon était alors un pays renommé pour ses richesses, et vers 1264, quelques années avant l'arrivée de Marco Polo à la cour tartare Kublaï-Khan avait tenté de le conquérir. Sa flotte arriva heureusement à Cipangu, s'empara d'une citadelle, dont les défenseurs furent passés au fil de l'épée ; mais une tempête dispersa les vaisseaux tartares, et l'expédition ne produisit aucun résultat. Marco Polo raconte cette tentative avec détails, et il cite différentes particularités relatives aux mœurs des Japonais.

Cependant, depuis dix-sept ans, sans compter les années employées au voyage de l'Europe à la Chine, Marco Polo, son oncle Matteo et son père Nicolo étaient au service de l'empereur. Ils avaient un vif désir de revoir leur patrie ; mais Kublaï-Khan, très-attaché à eux et très-appréciateur de leurs mérites, ne pouvait se décider à les laisser partir. Il fit tout pour vaincre leur résolution, et il leur offrit d'immenses richesses s'ils consentaient à ne jamais le quitter. Les trois Vénitiens persistèrent dans leur dessein de retourner en Europe, mais l'empereur refusa absolument d'autoriser leur départ. Marco Polo ne savait comment tromper la surveillance dont il était l'objet, quand un incident fit revenir Kublaï-Khan sur sa détermination.

Un prince mongol, Arghun, qui régnait en Perse, avait envoyé une ambassade à l'empereur pour lui demander en mariage une princesse du sang royal. Kublaï-Khan accorda au prince Arghun la main de sa fille Cogatra, et il la fit partir avec une suite nombreuse. Mais les contrées que l'escorte essaya de traverser pour se rendre en Perse n'étaient pas sûres ; des troubles, des rébellions arrêtèrent bientôt la caravane, qui dut revenir, après quelques mois, à la résidence de Kublaï-Kan. C'est alors que les ambassadeurs persans entendirent parler de Marco Polo comme d'un navigateur instruit qui avait quelque habitude de l'océan Indien, et ils supplièrent l'empereur de lui confier la princesse Cogatra, afin qu'il la conduisît à son fiancé en traversant ces mers moins périlleuses que le continent.

Kublaï-Khan accéda enfin à cette demande, non sans difficultés. Il fit équiper une flotte de quatorze vaisseaux à quatre mâts, et il l'approvisionna pour un voyage de deux années. Quelques-uns de ces bâtiments comptaient deux cent cinquante hommes d'équipage. C'était, on le voit, une importante expédition, digne de l'opulent souverain de l'empire chinois.

Matteo, Nicolo, Marco Polo partirent avec la princesse Cogatra et les ambassadeurs persans. Fut-ce pendant cette traversée, qui ne dura pas moins de dix-huit mois, que Marco Polo visita les îles de la Sonde et de l'Inde, dont il fait une description complète? on peut l'admettre dans une certaine mesure, surtout en ce qui concerne Ceylan et le littoral de la péninsule indienne. Nous allons donc le suivre pendant tout le cours de sa navigation et relater les descriptions qu'il donne de ces pays, imparfaitement connus jusqu'alors.

Ce fut vers 1291 ou 1292 que la flotte, commandée par Marco Polo, quitta le port de Zaitem, que le voyageur avait atteint pendant son voyage à travers les provinces méridionales de la Chine. De ce point, il se dirigea directement sur la vaste contrée de Cianba, située au sud de la Cochinchine, qui comprend la province actuelle de Saïgon appartenant à la France. Le voyageur vénitien avait déjà visité cette province, probablement vers l'an 1280, en remplissant une mission dont l'empereur l'avait chargé. A cette époque, Cianba était tributaire du grand khan, et lui payait un tribut annuel consistant en un certain nombre d'éléphants. Lorsque Marco Polo parcourut ce pays avant la conquête, le roi qui le gouvernait n'avait pas moins de trois cent vingt-six enfants, dont cent cinquante étaient en état de porter les armes.

En quittant la péninsule cambodjienne, la flotte se dirigea vers la petite île de Java, dont Kublaï-Khan n'avait jamais pu s'emparer, île qui possède de grandes richesses, et qui produit en abondance le poivre, la muscade, le cubèbe, le girofle et autres précieuses épices. Après avoir relâché à Condor et à Sandur, à l'extrémité de la péninsule cochinchinoise, Marco Polo atteignit l'île de Pentam (Bintang), située près de l'entrée orientale du détroit de Malacca, et l'île de Sumatra, qu'il nomme Java-la-Petite. « Cette île est tellement au midi, dit-il, que jamais on n'y voit l'étoile polaire », — ce qui est vrai pour les habitants de sa partie méridionale. C'est une fertile contrée, où le bois d'aloès pousse merveilleusement ; on y rencontre des éléphants sauvages, des rhinocéros, que Marco Polo appelle des licornes, et des singes qui vont par troupes nombreuses. La flotte fut retenue pendant cinq mois sur ces rivages par suite du mauvais temps, et le voyageur mit ce temps à profit pour visiter les principales provinces de l'île, telles que Samara, Dagraian, Labrin, qui compte un grand nombre d'hommes à queue, — évidemment des singes, — et Fandur, c'est-à-dire l'île Panchor, où pousse le sagoutier, duquel on tire une farine qui sert à fabriquer un pain excellent.

Enfin, les vents permirent aux vaisseaux de quitter Java-la-Petite. Après avoir touché à l'île Necaran, qui doit être l'une des Nicobar, et au groupe des Andaman, dont les naturels sont encore anthropophages comme au temps de Marco Polo, la flotte, prenant la direction du sud-ouest, vint attérir sur les côtes de Ceylan. « Cette île, dit la relation, était bien plus grande autrefois, car elle avait trois mille six cents milles, d'après ce que l'on voit dans la mappemonde des pilotes de cette mer; mais le vent du nord souffle si fort en ces parages qu'il a fait enfoncer une partie de l'île sous l'eau », tradition que l'on retrouve encore parmi les habitants de Ceylan. C'est là que se recueillent en abondance les « nobles et bons » rubis, les saphirs, les topazes, les améthystes et autres pierres précieuses, telles que grenats, opales, agates et sardoines. Le roi du pays possédait à cette époque un rubis long d'une paume, gros comme le bras d'un homme, vermeil comme du feu, et que le grand khan voulut vainement acheter à ce souverain au prix d'une cité.

A soixante milles à l'ouest de Ceylan, les navigateurs rencontrèrent la grande province de Maabar, qu'il ne faut pas confondre avec le Malabar, situé sur la côte occidentale de la péninsule indienne. Ce Maabar forme le sud de la côte de Coromandel, très-estimée pour ses pêcheries de perles. Là fonctionnent des enchanteurs qui rendent les monstres marins inoffensifs aux pêcheurs, sortes d'astrologues dont la race s'est perpétuée jusqu'aux temps modernes. Marco Polo donne ici d'intéressants détails sur les mœurs des indigènes, sur la mort des rois du pays, en l'honneur desquels les seigneurs se jettent dans le feu, sur les suicides religieux, qui sont fréquents, sur le sacrifice des veuves, que le bûcher attend à la mort de leurs maris, sur les ablutions bi-quotidiennes dont la religion fait un devoir, sur l'aptitude de ces indigènes à devenir bons physionomistes, sur leur confiance aux pratiques des astrologues et des devins.

Après avoir séjourné sur la côte de Coromandel, Marco Polo s'éleva au nord jusqu'au royaume de Muftili, dont la capitale est actuellement la ville de Masulipatam, principale cité du royaume de Golconde. Ce royaume était sagement gouverné par une reine, veuve depuis quarante ans, qui voulut rester fidèle à la mémoire de son époux. En ce pays, on exploitait de riches mines de diamants, qui sont situées dans des montagnes, malheureusement infestées par un grand nombre de serpents. Mais les mineurs, pour récolter ces pierres précieuses, sans avoir rien à craindre des reptiles, ont imaginé un singulier moyen, dont on peut à bon droit contester l'excellence. « Ils prennent plusieursa morceux de viande, dit le voyageur, et ils les lancent dans ces précipices escarpés où nul ne peut aller. Cette chair tombe sur les diamants, qui s'y attachent. Or, dans les montagnes vivent des aigles blancs qui font la chasse aux serpents ; quand ces aigles aperçoivent la viande au fond des précipices, ils fondent dessus et l'emportent ; mais les hommes, qui ont suivi les mouvements de l'aigle, dès qu'ils le voient posé et occupé à manger la viande, se mettent à pousser de grands cris ; l'aigle épouvanté s'envole sans emporter sa proie, de peur d'être surpris par les hommes ; alors ceux-ci arrivent, prennent la viande et ramassent les diamants qui y sont attachés. Souvent aussi, quand l'aigle a mangé les morceaux de viande, il rejette les diamants avec ses ordures, de sorte qu'on en retrouve dans leur fiente. »

Après avoir visité la petite ville de San-Thomé, située à quelques milles au sud de Madras, dans laquelle repose le corps de messire saint Thomas l'apôtre, Marco Polo explora le royaume de Maabar, et plus particulièrement la province de Lar, d'où sont originaires tous les « abraiaments » du monde, probablement les Brahmanes. Ces hommes, suivant la relation, vivent très-vieux, grâce à leur sobriété et à leur abstinence ; quelques-uns de leurs moines atteignent cent cinquante ou deux cents ans, ne mangeant que du riz et du lait, et buvant un mélange de soufre et de vif-argent. Ces abraiaments sont des marchands habiles, superstitieux cependant, mais d'une remarquable franchise ; ils n'enlèvent rien à personne, ils ne tuent aucun être vivant, quel qu'il soit, et ils adorent le bœuf, qui est pour eux un animal sacré.

De ce point de la côte, la flotte revint à Ceylan, où,

en 1284, Kublaï-Khan avait envoyé une ambassade qui lui rapporta de prétendues reliques d'Adam, et entre autres ses deux dents mâchelières ; car, à en croire les traditions des Sarrasins, le tombeau de notre premier père aurait été situé au sommet de la montagne escarpée qui forme le principal relief de l'île. Après avoir perdu de vue Ceylan, Marco Polo se rendit à Cail, port qui paraît avoir disparu des cartes modernes, et auquel abordaient alors tous les navires qui venaient d'Ormuz, de Kis, d'Aden et des côtes de l'Arabie. De là, doublant le cap Comorin, pointe de la péninsule, les navigateurs arrivèrent en vue de Coilum, la Coulam actuelle, qui était, au treizième siècle, une ville très-commerçante. C'est là qu'on recueille particulièrement le bois de sandal, l'indigo, et les marchands du Levant et du Couchant y viennent trafiquer en grand nombre. Le pays du Malabar est très-fertile en riz ; les animaux sauvages n'y manquent pas, tels que les léopards, que Marco Polo appelle « des lions noirs, » puis des perroquets de différentes espèces, et des paons qui sont incomparablement plus beaux que leurs congénères d'Europe.

La flotte, abandonnant Coilum et prolongeant vers le nord la côte du Malabar, arriva sur les rivages du royaume d'Éli, qui tire son nom d'une montagne située sur la limite du Kanara et du Malabar ; là se récoltent le poivre, le gingembre, le safran et autres épices. Au nord de ce royaume s'étendait cette contrée que le voyageur vénitien appelle Melibar, et qui est située au nord du Malabar proprement dit. Les vaisseaux des marchands du Mangi venaient fréquemment trafiquer avec les indigènes de cette partie de l'Inde, qui leur fournissaient des cargaisons d'épices excellentes, des bougrans] précieux et autres marchandises de prix ; mais leurs vaisseaux étaient trop souvent pillés par les pirates de la côte, qui passaient justement pour des gens de mer très-redoutables. Ces pirates habitaient plus particulièrement la presqu'île de Gohurat, aujourd'hui Goudjarate, vers laquelle la flottille se dirigea après avoir eu connaissance deTanat, contrée où l'on recueille l'encens brun, et de Canbaot, maintenant Kambayet, ville qui fait un important trafic de cuirs. Après avoir visité Sumenat, cité de la presqu'île, dont les habitants sont idolâtres, cruels et féroces, puis Kesmacoran, pro_bablement la cité actuelle de Kedge, capitale de cette contrée du Makran située à l'est de l'Indus, près de la mer, et la dernière ville de l'Inde entre l'occident et le nord, Marco Polo, au lieu de remonter vers la Perse, où l'attendait le fiancé de la princesse tartare, s'élança vers l'ouest à travers la vaste mer d'Oman.

Son insatiable passion d'explorateur l'entraîna ainsi pendant cinq cents milles jusqu'aux rivages de l'Arabie, où il relâcha aux îles Mâle et Femelle, ainsi nommées parce que l'une est uniquement habitée par les hommes et l'autre par leurs femmes, qu'ils ne visitent que pendant les mois de mars, d'avril et de mai. En quittant ces îlots, la flotte fit voile au sud vers l'île de Socotora, située à l'entrée du golfe d'Aden, et dont Marco Polo reconnut diverses parties. Il parle des habitants de So-

cotora comme d'enchanteurs habiles, qui par leurs charmes obtiennent tout ce qu'ils veulent et commandent
aux ouragans et aux tempêtes. Puis, descendant encore
de mille milles vers le sud, il poussa sa flotte jusqu'au
rivage de Madagascar.

Aux yeux du voyageur, Madagascar est l'une des plus
grandes et plus nobles iles qui soient au monde. Ses habitants sont très-adonnés au commerce, et particulièrement au trafic des dents d'éléphant. Ils se nourrissent
principalement de chair de chameau, qui est une chair
meilleure et plus saine qu'aucune autre. Les marchands
qui viennent des côtes de l'Inde n'emploient que vingt
jours à traverser la mer d'Oman; mais, quand ils retournent, il ne leur faut pas moins de trois mois, à cause des
courants contraires qui tendent incessamment à les
rejeter dans le sud. Néanmoins, ils fréquentent cette
île, car elle leur fournit le bois de sandal, dont il existe
des forêts entières, et l'ambre, qu'ils échangent contre
des draps d'or et de soie avec grand profit. Les animaux
sauvages et le gibier ne manquent point à ce royaume,
suivant Marco Polo; léopards, ours, lions, cerfs, sangliers, girafes, ânes sauvages, chevreuils, daims, bestiaux, s'y rencontrent par troupes nombreuses; mais ce
qui lui parut merveilleux, ce fut ce prétendu griffon, ce
« roc » dont ils est tant question dans les *Mille et une
Nuits*, qui, dit-il, n'est pas, comme on le croit généralement, un animal moitié lion et moitié oiseau,
capable d'enlever un éléphant dans ses serres. Cet
oiseau si merveilleux était probablement l'*épyornis*

maximus, dont on trouve encore des œufs à Madagascar.

De cette île, Marco Polo, remontant vers le nord-ouest, vint prendre connaissance de Zanzibar et de la côte africaine. Les habitants lui parurent démesurément gros, mais forts et capables de porter la charge de quatre hommes, « ce qui n'est pas étonnant, car ils mangent bien comme cinq. » Ces indigènes étaient noirs et marchaient tout nus; ils avaient la bouche grande, le nez retroussé, les lèvres et les yeux gros, description exacte qui s'applique encore aux naturels de cette portion de l'Afrique. Ces Africains vivent de riz, de viande, de lait, de dattes, et fabriquent leur vin avec le riz, le sucre et les épices. Ce sont de vaillants guerriers qui ne craignent point la mort; ils combattent sur des chameaux et des éléphants, armés d'un écu de cuir, d'une épée et d'une lance, et ils excitent leurs montures en les enivrant d'un breuvage capiteux.

Au temps de Marco Polo, suivant l'observation de M. Charton, les pays compris sous la dénomination de l'Inde se divisaient en trois parts : l'Inde majeure, c'est-à-dire l'Hindoustan et tout le pays situé entre le Gange et l'Indus; l'Inde mineure, c'est-à-dire cette contrée située au delà du Gange, et comprise depuis la côte ouest de la péninsule jusqu'à la côte de la Cochinchine; enfin l'Inde moyenne, c'est-à-dire l'Abyssinie et les rivages arabiques jusqu'au golfe Persique.

En quittant Zanzibar, ce fut donc cette Inde moyenne dont Marco Polo, remontant vers le nord, explora le littoral, et d'abord l'Abasie ou Abyssinie, où l'on fabrique

de beaux draps de coton et de bougran, et qui est un
pays très-riche. Puis, la flotte alla jusqu'au port de
Zeila, presque à l'entrée du détroit de Bab-el-Mandeb,
et enfin, suivant les rivages de l'Yémen et de l'Hadramaut, elle reconnut Aden, le port fréquenté de tous les
navires qui commercent avec l'Inde et la Chine, Escier,
grande cité, qui exporte une quantité considérable de
chevaux excellents, Dafàr, qui produit un encens de première qualité, Calatu, maintenant Kalâjàte, située sur la
côte d'Oman, et enfin Cormos, c'est-à-dire Ormuz, que
Marco Polo avait déjà visitée, lorsqu'il se rendit de
Venise à la cour du roi tartare.

C'est à ce port du golfe Persique que se termina la
traversée de la flotte équipée par les soins de l'empereur
mongol. La princesse était enfin arrivée sur les limites
de la Perse, après une navigation qui n'avait pas duré
moins de dix-huit mois. Mais, à ce moment, son fiancé,
le prince Arghun, était mort, et le royaume était ensan-
glanté par la guerre civile. La princesse fut donc remise
entre les mains du fils d'Arghun, le prince Ghazan, qui
ne monta sur le trône qu'en 1295, lorsque l'usurpateur,
frère d'Arghun, eut été étranglé. Ce que devint la princesse, on l'ignore ; mais, avant de se séparer de Marco,
de Nicolo et de Matteo Polo, elle leur laissa des marques
de sa haute faveur.

Ce fut probablement pendant qu'il était en Perse que
Marco Polo recueillit des documents curieux sur 'a
grande Turquie ; ce sont des fragments sans suite qu'il
donne à la fin de sa relation, véritable histoire des

khans mongols de la Perse. Mais ses voyages d'exploration étaient terminés. Après avoir pris congé de la princesse tartare, les trois Vénitiens, bien escortés et défrayés de toute dépense, prirent la voie de terre pour regagner leur patrie. Ils se rendirent à Trébizonde, de Trébizonde à Constantinople, de Constantinople à Négrepont, et ils s'embarquèrent pour Venise.

Ce fut en 1295, vingt-quatre ans après l'avoir quittée, que Marco Polo rentra dans sa ville natale. Les trois voyageurs, hâlés par les ardeurs du soleil, grossièrement vêtus d'étoffes tartares, ayant conservé dans leurs manières et leurs usages les modes mongoles, et déshabitués de parler la langue vénitienne, ne furent pas reconnus, même de leurs plus proches parents. D'ailleurs, depuis longtemps le bruit de leur mort s'était répandu, et on croyait ne jamais les revoir. Ils se rendirent à leur maison, dans le quartier Saint-Jean-Chrysostome, et ils la trouvèrent occupée par différents membres de la famille Polo. Ceux-ci accueillirent les trois voyageurs avec une extrême défiance, que méritait certainement leur apparence piteuse, et ils n'ajoutèrent aucune foi aux récits un peu extraordinaires que leur fit Marco Polo. Cependant, sur leur insistance, ils les admirent dans cette maison dont ils étaient les légitimes possesseurs. Quelques jours après, Nicolo, Matteo et Marco, voulant détruire jusqu'aux moindres soupçons qui planaient sur leur identité, donnèrent un magnifique repas suivi d'une fête splendide. Ils y convièrent les divers membres de leur famille et les plus grands seigneurs de Venise. Lorsque tous ces invités furent réunis dans la salle de réception, les trois Polo parurent vêtus de robes de satin cramoisi. Les convives passèrent dans la salle du repas, et le festin commença. Après le premier service, Marco Polo, son père et son oncle se retirèrent un instant et revinrent splendidement drapés dans de somptueuses étoffes de Damas qu'ils déchirèrent et distribuèrent par morceaux à leurs invités. Après le second service, ils se vêtirent de robes encore plus riches, faites en velours cramoisi, qu'ils gardèrent jusqu'à la fin de la fête. Ils reparurent alors simplement vêtus à la mode vénitienne.

Les convives, surpris, émerveillés par ce luxe de vêtements, ne savaient où leurs amphitryons voulaient en venir, quand ceux-ci firent apporter les habits grossiers qui leur avaient servi pendant le voyage ; puis, défaisant les coutures, arrachant les doublures, ils en firent ruisseler rubis, saphirs, escarboucles, émeraudes, diamants, toutes pierres précieuses du plus haut prix. Ces haillons cachaient d'immenses richesses. Ce spectacle inattendu dissipa tous les doutes ; les trois voyageurs furent immédiatement reconnus pour ce qu'ils étaient réellement, Marco, Nicolo, Matteo Polo, et les plus sincères compliments leur furent prodigués de toutes parts.

Un homme aussi célèbre que Marco Polo ne pouvait échapper aux honneurs civiques. Il fut appelé à la première magistrature de Venise, et comme il parlait sans cesse des « millions » du grand khan, qui commandait à des « millions » de sujets, on le nomma lui-même *Messire Million.*

Ce fut vers cette époque, en 1296, qu'une guerre éclata entre Venise et Gênes. Une flotte génoise, commandée par Lamba Doria, courait les flots de l'Adriatique et menaçait le littoral. L'amiral vénitien, Andrea Dandolo, arma aussitôt une flotte supérieure en nombre à la flotte génoise, et confia le commandement d'une galère à Marco Polo, qui passait justement pour un navigateur renommé. Cependant, à cette bataille navale du 8 septembre 1296, les Vénitiens furent vaincus, et Marco Polo, grièvement blessé, tomba au pouvoir des Génois. Les vainqueurs, connaissant et appréciant la valeur de leur prisonnier, le traitèrent avec beaucoup d'égards. Il fut conduit à Gênes, où les plus grandes familles, avides d'entendre ses récits, lui firent le plus gracieux accueil. Mais, si on ne se lassait pas de l'entendre, Marco Polo se lassa enfin de raconter, et, ayant fait en 1298, pendant sa captivité, la connaissance du Pisan Rusticien, il lui dicta le récit de ses voyages.

Vers 1299, Marco Polo fut rendu à la liberté. Il revint à Venise, où il se maria. Depuis cette époque, l'histoire est muette sur les divers incidents de sa vie. On sait seulement par son testament, daté du 9 janvier 1323, qu'il laissa trois filles, et l'on croit qu'il mourut vers cette époque, à l'âge de soixante-dix ans.

Telle fut l'existence de ce célèbre voyageur, dont les récits eurent une influence considérable sur le progrès des sciences géographiques. Il possédait à un degré éminent le génie de l'observation. Il savait voir comme il savait dire, et les explorations postérieures n'ont fait que confirmer la véracité de sa relation. Jusqu'au milieu du xviiie siècle, les documents tirés du récit de Marco Polo servirent de base aux études géographiques comme aux expéditions commerciales faites dans la Chine, l'Inde et le centre de l'Asie. Aussi la postérité ne peut-elle qu'approuver ce titre que les premiers copistes avaient donné à l'ouvrage de Marco Polo : « *Le Livre des merveilles du monde.* »

CHAPITRE V

Ibn Batuta (1328 - 1353).

Ibn Batuta. — Le Nil. — Gaza, Tyr, Tibcrias, le Liban, Balbek. Damas, Meshed, Bassorah, Bagdad, Tébriz, Médine, la Mecque. — L'Yemen. — L'Abyssinie. — Le pays des Berbères. — Le Zanguebar. — Ormuz. — La Syrie. — L'Anatolie. — L'Asie Mineure. — Astrakan. — Constantinople. — Le Turkestan. — Hérat. — L'Indus. — Delhi. — Le Malabar. — Les Maldives. — Ceylan. — Le Coromandel. — Le Bengale. — Les Nicobar. — Sumatra. — La Chine. — L'Afrique. — Le Niger. — Tombouctou.

Marco Polo avait revu sa patrie depuis vingt-cinq ans environ, lorsqu'un frère mineur de l'ordre de Saint-François traversa toute l'Asie, de 1313 à 1330, depuis la mer Noire jusqu'aux extrêmes limites de la Chine, en passant par Trébizonde, le mont Ararat, Babel et l'île de Java. Mais sa relation est si confuse et sa crédulité si évidente, qu'on ne peut attacher aucune importance à ses récits. Il en est de même des voyages fabuleux de Jean de Mandeville, dont Cooley dit qu'il publia « un ouvrage tellement rempli de mensonges, qu'il n'en existe peut-

être pas un semblable dans aucune des langues connues. »

Pour trouver au voyageur vénitien un successeur
digne de lui, il faut citer un voyageur arabe qui fit pour
l'Égypte, l'Arabie, l'Anatolie, la Tartarie, l'Inde, la
Chine, le Bengale et le Soudan, ce que Marco Polo
avait fait pour une portion relativement considérable de
l'Asie centrale. Cet homme, ingénieux et audacieux à
la fois, doit être mis au rang des plus hardis explorateurs.

C'était un théologien. Il se nommait Abd Allah El
Lawati, mais il se rendit célèbre sous le surnom de Ibn
Batuta. En l'an 1324, dans la 725e année de l'Hégire, il
résolut de faire le pèlerinage de la Mecque, et, quittant
Tanger, sa ville natale, il se rendit à Alexandrie, puis
au Caire. Pendant son séjour en Égypte, il étudia particulièrement le Nil, surtout à son embouchure ; puis il
essaya d'en remonter le cours ; mais, arrêté par des
troubles sur les frontières de la Nubie, il dut redes-
cendre le grand fleuve et fit voile pour l'Asie Mineure.

Après avoir visité Gaza, les tombeaux d'Abraham,
d'Isaac et de Jacob, Tyr, alors très-fortifiée et inatta-
quable sur trois côtés, Tiberias, qui n'était qu'une ruine
et dont les bains célèbres étaient entièrement détruits,
Ibn Batuta fut attiré par les merveilles du mont Liban,
rendez-vous de tous les ermites de l'époque, qui avaient
judicieusement choisi l'une des plus belles contrées de
la terre pour y finir leurs jours. Alors, traversant Balbek
et touchant à Damas, en l'an 1345, il trouva cette ville

décimée par la peste. L'horrible fléau dévorait jusqu'à
« vingt-quatre mille » personnes par jour, s'il faut en
croire le voyageur, et sans doute Damas eût été promptement dépeuplée sans l'intervention du ciel, qui, suivant
lui, céda aux prières du peuple réuni dans cette mosquée
vénérée, où se voit cette précieuse pierre qui conserve
l'empreinte du pied de Moïse.

Le théologien arabe, en quittant Damas, se rendit à
la ville de Meshed, où il visita le tombeau d'Ali. Ce
tombeau attire un grand nombre de pèlerins paralyti-
ques auxquels il suffit de passer une nuit en prières
pour se guérir de leurs infirmités. Batuta ne paraît pas
mettre en doute l'authenticité de ce miracle, qui est
connu dans tout l'Orient sous la dénomination de
« nuit du rétablissement. »

Après Meshed, Ibn Batuta, toujours infatigable et
entraîné par son impérieux désir de voir, se rendit à
Bassorah et s'enfonça dans le royaume d'Ispahan, puis
dans la province de Shiraz, où il voulait s'entretenir
avec le célèbre faiseur de miracles, Magd Oddin. De
Shiraz il passa à Bagdad, à Tébriz, puis à Médine, où il
pria sur le tombeau du prophète, et enfin à la Mecque,
où il se reposa pendant trois ans.

On sait que de cette ville sainte partent incessamment
des caravanes qui sillonnent tout le pays environnant.
Ce fut en compagnie de quelques-uns de ces audacieux
marchands que Ibn Batuta put visiter toutes les villes
de l'Yémen. Il poussa sa reconnaissance jusqu'à Aden,
à l'extrémité de la mer Rouge, et s'embarqua pour Zeïla,

l'un des ports de l'Abyssinie. Il remettait donc le pied
sur la terre africaine. S'avançant dans le pays des Berbères, il étudia les mœurs, les habitudes de ces tribus
sales et repoussantes, qui ne vivent que de poissons et
de chair de chameau. Ibn. Batuta, cependant, trouva
dans la ville de Makdasbu un certain luxe, nous dirions
presque un confort, dont il conserva un bon souvenir.
Les habitants de cette ville étaient très-gras; chacun
d'eux « mangeait autant qu'un couvent tout entier » et
appréciait fort de délicates friandises, telles que plantain
bouilli dans le lait, citrons confits, cosses de poivre frais
et gingembre vert.

Après avoir pris une certaine connaissance de ce pays
des Berbères, principalement sur le littoral, Ibn Batuta
résolut de gagner le Zanguebar, et, traversant la mer
Rouge, il se rendit, en suivant la côte arabique, à Zafar,
ville située sur la mer des Indes. La végétation de cette
contrée était magnifique ; le bétel, le cocotier, l'arbre à
encens y formaient des forêts magnifiques ; mais, toujours poussé par son esprit aventureux, le voyageur arabe
alla plus avant et arriva à Ormuz, sur le golfe Persique.
Il parcourut quelques provinces persanes. Nous le retrouvons une seconde fois à la Mecque en l'année 1332. Il rentrait donc à la ville sainte trois ans après l'avoir quittée.

Mais ce n'était qu'une halte dans l'existence voya-
geuse d'Ibn Batuta, un instant de repos, car, abandonnant l'Asie pour l'Afrique, cet intrépide savant se hasarda
de nouveau au milieu des régions peu connues de la
haute Égypte et redescendit jusqu'au Caire. De ce point,

il s'élance en Syrie, court à Jérusalem, à Tripoli, et pénètre jusque chez ces Turcomans de l'Anatolie, où la « confrérie des jeunes gens » lui fit l'accueil le plus hospitalier.

Après l'Anatolie, c'est l'Asie Mineure dont parle la relation arabe. Ibn Batuta s'avança jusqu'à Erzeroum, où on lui montra un aérolithe pesant six cent vingt livres. Puis, traversant la mer Noire, il visita Crim et Kafa, Bulgar, ville déjà assez élevée en latitude pour que l'inégalité des jours et des nuits y fût très-marquée, et enfin il arriva à Astrakan, à l'embouchure du Volga, où résidait le khan tartare pendant la saison d'hiver.

La princesse Bailun, femme de ce chef et fille de l'empereur de Constantinople, se disposait à visiter son père. C'était une occasion toute naturelle pour Ibn Batuta d'explorer la Turquie d'Europe. Il obtint la permission d'accompagner la princesse, qui partit, accompagnée de cinq mille hommes et suivie d'une mosquée portative que l'on dressait à chaque station. La réception de la princesse à Constantinople fut magnifique, et les cloches furent sonnées avec un entrain tel « que l'horizon même était ébranlé par le bruit. »

L'accueil fait au théologien par les princes du pays fut digne de sa renommée. Il put visiter la ville en détail, et il y resta pendant trente-six jours.

On le voit, à une époque où les communications étaient difficiles et dangereuses entre les divers pays, Ibn Batuta s'était posé en explorateur audacieux. L'Égypte, l'Arabie, la Turquie d'Asie, les provinces du

Caucase avaient été parcourues par lui. Après tant de fatigues, il avait droit au repos. Sa renommée était grande et eût satisfait un esprit moins ambitieux. Il était, sans conteste, le plus célèbre voyageur du quatorzième siècle ; mais son insatiable passion l'entraîna encore, et le cercle de ses explorations devait s'agrandir considérablement.

En quittant Constantinople, Ibn Batuta se rendit de nouveau à Astrakan. De là, traversant les arides déserts du Turkestan actuel, il gagna la ville de Chorasm, qui lui parut grande et populeuse, puis Boukharah, à demi détruite encore par les armées de Gengis-Khan. Quelque temps après, nous le retrouvons à Samarkand, ville religieuse qui plut beaucoup au savant voyageur, puis à Balk, qu'il ne put atteindre qu'après avoir franchi le désert de Khoraçan. Cette ville n'était que ruine et désolation. Les armées barbares avaient passé là. Ibn Batuta ne put y séjourner. Il voulut revenir dans l'ouest, sur la frontière de l'Afghanistan. Le pays montagneux du Kusistan se présentait à lui. Il n'hésita pas à s'y engager, et, après de grandes fatigues surmontées avec autant de bonheur que de patience, il atteignit l'importante ville d'Hérat.

Ce fut le point extrême auquel Ibn Batuta s'arrêta dans l'ouest. Il résolut alors de reprendre sa route vers l'Orient, et de toucher les extrêmes limites de l'Asie jusqu'aux rivages de l'océan Pacifique. S'il réussissait, il dépasserait ainsi le cercle des explorations de l'illustre Marco Polo.

Il se mit donc en route en suivant le Caboul et la

frontière de l'Afghanistan, et il parvint jusqu'aux rivages de Sindhi, l'Indus moderne, qu'il descendit jusqu'à son embouchure. De la ville de Lahari, il se dirigea vers Delhi, la grande et belle cité que ses habitants avaient alors désertée, pour échapper aux fureurs de l'empereur Mohammed.

Ce tyran, généreux et magnifique à ses heures, accueillit très-favorablement le voyageur arabe. Il ne lui épargna pas ses faveurs, et le nomma juge à Delhi avec concession de terres et avantages pécuniaires attachés à cette charge. Ces honneurs ne devaient pas durer longtemps. Ibn Batuta, compromis dans une prétendue conspiration, crut devoir abandonner sa place, et il se fit faquir pour échapper à la colère de l'empereur. Mais Mohammed eut le bon goût de lui pardonner et de le nommer son ambassadeur en Chine.

La fortune souriait donc encore au courageux théologien; il allait pouvoir gagner ces pays lointains dans des conditions exceptionnelles de bien-être et de sécurité. Il était chargé de présents pour l'empereur de la Chine, et deux mille cavaliers devaient l'accompagner.

Mais Ibn Batuta comptait sans les insurgés qui occupaient les contrées environnantes. Un combat eut lieu entre les gens de son escorte et les Hindous. Ibn Batuta, séparé de ses compagnons, fut pris, dépouillé, garrotté et entraîné. Où? il ne le savait. Cependant, ne perdant ni espoir ni courage, il parvint à s'échapper des mains de ces pillards. Il erra pendant sept jours, fut recueilli par un nègre, et enfin ramené à Delhi, au palais de l'empereur.

Mohammed fit aussitôt les frais d'une nouvelle expédition et confirma le voyageur arabe dans sa position d'ambassadeur. Cette fois, l'escorte traversa sans encombre le pays insurgé, et par Kanoge, Merwa, Gwalior et Barun, elle arriva au Malabar. Quelque temps après, Ibn Batuta entrait à Calicut, qui devint plus tard le chef-lieu de la province de Malabar, port important dans lequel il attendit pendant trois mois des vents favorables pour prendre la mer. Il profita de cette halte involontaire pour étudier la marine marchande des Chinois qui fréquentaient cette ville. Il parle avec admiration de ces jonques, véritables jardins flottants, sur lesquels on cultivait le gingembre et les herbes potagères, sortes de villages indépendants dont quelques riches particuliers possédaient un grand nombre.

La saison favorable arriva. Ibn Batuta choisit, pour le transporter, une petite jonque commodément aménagée, sur laquelle il fit mettre ses richesses et ses bagages. Treize autres jonques devaient recevoir les présents envoyés par le souverain de Delhi à l'empereur de la Chine. Mais, pendant la nuit, une violente tempête fit périr tous les bâtiments. Fort heureusement, Ibn Batuta était resté à terre pour assister aux prières de la mosquée. Sa piété le sauva. Mais il avait tout perdu; il ne lui restait que « le tapis sur lequel il faisait ses dévotions, » et, après cette seconde catastrophe, il n'osa plus se représenter devant le souverain de Delhi. Il y avait de quoi indisposer un empereur moins impatient.

Ibn Batuta prit son parti; il abandonna le service de

l'empereur et les avantages attachés à sa qualité d'ambassadeur ; puis, il s'embarqua pour les îles Maldives, alors gouvernées par une femme, et qui faisaient un grand commerce de fils de coco. Là encore le théologien arabe fut investi de la dignité de juge ; il épousa trois femmes, encourut la colère du vizir, jaloux de sa réputation, et dut bientôt s'enfuir. Son espoir était de gagner la côte de Coromandel ; mais les vents poussèrent son navire vers l'île de Ceylan. Ibn Batuta fut reçu avec de grands égards, et il obtint du roi la permission de gravir la montagne sacrée de Serendid ou pic d'Adam. Son but était de voir l'empreinte miraculeuse située au sommet du mont, que les Hindous nomment « Pied de Bouddha, » et les Mahométans « Pied d'Adam. » Il prétend, dans sa relation, que cette empreinte mesure onze palmes en longueur, estimation très-inférieure à celle d'un historien du neuvième siècle, qui ne lui donne pas moins de soixante-dix-neuf coudées. Cet historien ajoute même que pendant que l'un des pieds de notre premier père reposait sur la montagne, l'autre trempait dans l'océan Indien. Ibn Batuta parle aussi de grands singes barbus, formant une partie importante de la population de l'île, qui serait soumise à un gouvernement monarchique, représenté par un roi cynocéphale, couronné de feuilles d'arbres. On sait ce qu'il faut penser de toutes ces fables propagées par la crédulité des Hindous.

De Ceylan, le voyageur passa sur la côte de Coromandel, non sans avoir éprouvé de violentes tempêtes. De cette côte, il atteignit le rivage opposé, en traversant l'extrémité inférieure de la péninsule indienne, où il s'embarqua de nouveau. Mais son navire fut pris par des pirates, et dépouillé, presque nu, exténué de fatigues, Ibn Batuta arriva à Calicut. Cependant, aucun malheur ne pouvait le rebuter. Il était de cette forte race des grands voyageurs qui se retrempent dans l'infortune. Dès que l'hospitalité généreuse de quelques marchands de Delhi lui eut permis de reprendre son bâton de voyageur, il s'embarqua de nouveau pour les Maldives, courut au Bengale, dont il admira les richesses naturelles, fit voile pour Sumatra, relâcha, après cinquante jours d'une détestable traversée, sur une des îles Nicobar, situées dans le golfe du Bengale, et, quinze jours après, il atteignit enfin Sumatra, dont le roi l'accueillit avec grande faveur, comme il faisait, d'ailleurs, pour tous les Mahométans. Mais Ibn Batuta n'était pas un homme ordinaire ; il plut au souverain de l'île, qui lui fournit généreusement les moyens de se rendre en Chine.

Une jonque transporta le voyageur arabe sur la « mer tranquille », et, soixante et onze jours après avoir quitté Sumatra, il atteignit le port de Kaïluka, capitale d'un pays assez problématique, dont les habitants, beaux et courageux, excellaient dans le métier des armes. De Kaïluka, Ibn Batuta passa dans les provinces chinoises, et visita d'abord la magnifique ville de Zaïtem, probablement le Tsuen-tchcou des Chinois, qui est situé un peu au nord de Nan-king. Il parcourut ainsi diverses cités de ce grand empire, étudiant les coutumes de ces peuples, dont il admira partout les richesses, l'industrie et la civilisation, mais il ne s'avança pas jusqu'à la grande muraille, qu'il appelle « l'obstacle de Gog et de Magog. » C'est en explorant ainsi ces pays immenses, qu'il séjourna dans la grande cité de Chensi, qui comprenait six villes fortifiées. Les hasards de ses pérégrinations lui permirent d'assister aux funérailles d'un khan qui fut enterré en compagnie de quatre esclaves, de six favoris et de quatre chevaux.

Sur ces entrefaites, des troubles éclatèrent à Zaïtem, et obligèrent Ibn Batuta à quitter cette ville. Le voyageur arabe s'embarqua pour Sumatra, et de là, touchant à Calicut et à Ormuz, il rentra à la Mecque en l'an 1348, après avoir fait le tour de la Perse et de la Syrie.

L'heure du repos n'avait pas encore sonné pour cet infatigable explorateur. L'année suivante, il revoyait Tanger, sa ville natale : puis, après avoir visité les contrées méridionales de l'Espagne, il revenait au Maroc, s'enfonçait dans le Soudan, parcourait les pays arrosés par le Niger, traversait le grand désert, entrait à Tembouctou, faisant ainsi un trajet qui eût suffi à illustrer un voyageur moins ambitieux.

Ce devait être sa dernière expédition. En 1353, vingt-neuf ans après avoir quitté Tanger pour la première fois, il rentrait au Maroc et se fixait à Fez. Ibn Batuta mérite la réputation du plus intrépide explorateur du quatorzième siècle, et la postérité n'est que juste en inscrivant immédiatement son nom après celui de Marco Polo, l'illustre Vénitien.

CHAPITRE VI

Jean de Béthencourt (1339-1425).

I

Le chevalier normand. — Ses idées de conquête. — Ce que l'on savait des Canaries. — Cadix. — L'archipel des Canaries. — La Gracieuse. — Lancerote. — Fortaventure. — Lobos. — Jean de Béthencourt retourne en Espagne. — Révolte de Berneval. — Entrevue de Jean de Béthencourt et du roi Henri III. — Gadifer visite l'archipel Canarien. — La Grande-Canarie. — L'île de Fer. — L'île de Palme.

Ce fut vers l'an 1339 que naquit dans le comté d'Eu, en Normandie, Jean de Béthencourt, baron de Saint-Martin-le-Gaillard. Ce Jean de Béthencourt était de bonne maison, et, s'étant distingué dans la guerre et la navigation, il devint chambellan de Charles VI. Mais il avait le goût des découvertes, et, fatigué du service de la cour pendant la démence du roi, peu heureux d'ailleurs dans son ménage, il résolut de quitter son pays et de s'illustrer par quelque aventureuse conquête. L'occasion s'offrit à lui, et voici à quel propos.

Il existe sur la côte africaine un groupe d'îles nommées îles Canaries, qui portèrent autrefois le nom d'îles Fortunées. Juba, fils d'un roi de Numidie, les aurait explorées, dit-on, vers 776 de Rome. Au moyen âge, suivant certaines relations des Arabes, des Génois, des Portugais, des Espagnols, des Biscaïens, visitèrent en partie ce groupe intéressant. Enfin, en 1393, un seigneur espagnol, Almonaster, commandant une expédition, opéra un débarquement à Lancerote, l'une des Canaries, et rapporta, avec un certain nombre de prisonniers, des productions qui attestaient la grande fertilité de cet archipel.

Ce fait donna l'éveil au chevalier normand. La conquête des Canaries l'allécha, et, en homme pieux, il résolut de convertir les Canariens à la foi catholique. C'était un seigneur valeureux, intelligent, adroit, riche en ressources. Il quitta son hôtel de Grainville-la-Teinturière, en Caux, et se rendit à La Rochelle. Là, il fit la rencontre du bon chevalier Gadifer de la Salle, qui s'en allait à l'aventure. Jean de Béthencourt raconta ses projets d'expédition à Gadifer. Gadifer lui demanda de tenter la fortune en sa compagnie. Il y eut entre eux « moult de belles paroles », trop longues à raconter, et l'affaire fut conclue.

Cependant, Jean de Béthencourt avait réuni son armée. Il possédait de bons navires suffisamment garnis de gens et de victuailles. Gadifer et lui mirent à la voile, et, après avoir été contrariés par les vents au passage de l'île de Ré, et plus encore par les dissensions qui éclataient fréquemment entre les chefs et les équipages, ils arrivèrent au port de Vivero, sur la côte de la Galice, puis à la Corogne. Là, Jean de Béthencourt et ses gentilshommes demeurèrent huit jours. Les Français eurent quelques difficultés avec un certain comte d'Écosse, qui se montra désobligeant à leur égard, mais tout se borna à un échange de paroles. Le baron reprit la mer, doubla le cap Finistère, suivit la côte portugaise jusqu'au cap Saint-Vincent, et arriva au port de Cadix, où il fit un assez long séjour. Là, il eut encore maille à partir avec des marchands génevois qui l'accusaient d'avoir pris leur navire, et il dut même se transporter à Séville, où le roi Henri III lui rendit justice en le déchargeant de toute plainte. Jean de Béthencourt revint donc à Cadix et trouva une partie de son équipage en pleine mutinerie. Ses matelots, effrayés des dangers de l'expédition, ne voulaient pas continuer le voyage ; mais le chevalier français, gardant les courageux et renvoyant les lâches, fit appareiller, et, quittant le port, il gagna la haute mer.

Le navire du baron fut retenu pendant trois jours par des calmes, qu'il appelle « la bonace » ; puis, le temps se relevant, il atteignit en cinq jours une des petites îles du groupe des Canaries, la Gracieuse, et enfin une île plus importante, Lancerote, dont la longueur est de 44 kilomètres et la largeur de 16, ayant à peu près la grandeur et la forme de l'île de Rhodes. Lancerote est riche en pâturages et en bonnes terres de culture, très-propices à la production de l'orge. Les fontaines et les citernes, très-nombreuses, y fournissent une eau excellente. La plante tinctoriale nommée l'orseille y croît en abondance. Quant aux habitants de cette île, dont la coutume est d'aller à peu près nus, ils sont grands, bien faits, et leurs femmes, vêtues de houppelandes de cuir qui traînent jusqu'à terre, sont belles et honnêtes.

Jean de Béthencourt, avant que ses projets de conquête fussent dévoilés, aurait voulu s'emparer d'un certain nombre de Canariens. Mais il ne connaissait pas le pays, et l'opération était difficile. Il alla donc mouiller à l'abri d'un îlot de l'archipel, situé plus au nord, et, assemblant son conseil de gentilshommes, il leur demanda leur avis sur ce qu'il convenait de faire. Le conseil émit l'opinion qu'il fallait à tout prix, par ruse ou séduction, prendre des gens du pays. La fortune favorisa le brave chevalier. Le roi de l'île, Guadarfia, se mit en relation avec lui, et jura obéissance, comme ami, non comme sujet. Jean de Béthencourt fit construire un chastel, ou mieux un fort, dans la prairie sud-ouest de l'île, y laissa quelques hommes sous le commandement de Berthin de Berneval, homme de bonne diligence, et il partit avec le reste de sa troupe pour conquérir l'île d'Erbanie, qui n'est autre que Fortaventure.

Gadifer conseilla d'opérer un débarquement de nuit, ce qui fut fait ; puis il prit le commandement d'une petite troupe d'hommes, et, pendant huit jours, il courut l'île sans pouvoir rencontrer un seul de ses habitants, qui s'étaient réfugiés dans les montagnes. Gadifer, manquant de vivres, dut revenir, et il gagna l'îlot de Lobos, situé entre Lancerote et Fortaventure. Mais, là, son chef marinier se révolta contre lui, et ce ne fut pas sans difficulté que Gadifer revint avec le baron au fort de l'île Lancerote.

Jean de Béthencourt résolut alors de retourner en Espagne, afin de ramener des approvisionnements et un nouveau contingent d'hommes d'armes, car il ne pouvait plus compter sur son équipage. Il laissa donc le commandement général des îles à Gadifer ; puis, prenant congé de toute la compagnie, il fit voile vers l'Espagne sur un navire appartenant à Gadifer.

On se rappelle que Jean de Béthencourt avait nommé Berthin de Berneval commandant du fort de l'île de Lancerote. Ce Berneval était un ennemi personnel de Gadifer. Le chevalier normand était à peine sorti que Berneval chercha à corrompre ses compagnons, et il parvint à entraîner un certain nombre d'entre eux, particulièrement des Gascons, à se révolter contre le gouverneur. Celui-ci, ne soupçonnant en aucune façon la conduite de Berneval, s'occupait de faire la chasse aux loups marins sur l'îlot de Lobos, en compagnie de son ami Remonnet de Levéden et de plusieurs autres. Ce Remonnet, ayant été envoyé à Lancerote pour y faire des vivres, n'y trouva plus Berneval, qui avait abandonné l'île avec ses complices, pour se rendre à un port de l'île Gracieuse, où un patron de nef, trompé par ses promesses, avait mis son navire à sa disposition.

De l'île Gracieuse, le traître Berneval revint à Lancerote, et mit le comble à sa scélératesse en simulant une alliance avec le roi de l'île et les Canariens. Le roi, ne pensant pas qu'un officier du seigneur de Béthencourt, en qui il avait toute confiance, pût le tromper, vint avec vingt-quatre de ses sujets se mettre entre les mains de Berneval. Celui-ci, quand ils furent endormis, les fit lier et conduire au port de l'île Gracieuse. Le roi, se voyant indignement trahi, rompit ses liens, délivra trois de ses hommes et parvint à s'enfuir ; mais ses infortunés compagnons demeurèrent prisonniers, et furent livrés par Berneval à des larrons espagnols qui les menèrent vendre en terre étrangère.

A cette infamie Berneval en joignit d'autres. Ainsi, par son ordre, ses compagnons s'emparèrent du navire que Gadifer avait envoyé au fort de Lancerote pour lui rapporter des vivres. Remonnet voulut se battre contre ces traîtres ; mais lui et les siens étaient en trop petit nombre. Leurs supplications ne purent même empêcher la bande de Berneval, et Berneval en personne, de piller et détruire les approvisionnements, les outils et les armes que Jean de Béthencourt avait réunis au fort de Lancerote. Puis, les insultes ne furent pas épargnées au gouverneur, et Berneval s'écria: « Je veux bien que Gadifer de la Salle sache que, s'il était aussi jeune que moi, je l'irais tuer ; mais, parce qu'il ne l'est pas, par aventure, je m'en dispenserai. S'il me monte un peu à la tête, je l'irai faire noyer en l'île de Lobos, et il y pêchera aux loups marins ! »

Cependant, Gadifer et dix de ses compagnons, sans

JEAN DE BÉTHENCOURT. (PAGE 137.)
Fac-simile d'une gravure ancienne.

vivres et sans eau, étaient en danger de périr dans l'île de Lobos. Heureusement, les deux chapelains du fort de Lancerote, s'étant rendus au port de l'île Gracieuse, parvinrent à attendrir un patron de nef, déjà outré de la trahison de Berneval. Ce patron leur donna un de ses compagnons, nommé Ximénès, qui revint au fort de Lancerote. Là se trouvait une fragile nacelle que Ximénès chargea de vivres ; puis, s'embarquant avec quatre fidèles de Gadifer, il se hasarda à gagner l'îlot de Lobos, distant de quatre lieues, en franchissant « le plus horrible passage de tous ceux qui sont dans cet endroit de la mer. »

Cependant, Gadifer et les siens étaient en proie aux plus terribles tortures de la faim et de la soif. Ximénès arriva à temps pour les empêcher de succomber. Gadifer, ayant appris la trahison de Berneval, s'embarqua dans la nacelle pour revenir au fort de Lancerote. Il était outré de la conduite de Berneval envers les pauvres Canariens, auxquels le seigneur de Béthencourt et lui avaient juré protection. Non ! jamais il n'aurait pensé que ce traître eût osé faire et machiner ce qu'il avait fait, lui que l'on regardait comme l'un des plus « suffisants » de la compagnie.

Pendant ce temps, que faisait Berneval ? Après avoir trahi son seigneur, il trahissait ses compagnons qui l'avaient aidé à accomplir ses forfaits ; il faisait mettre à terre douze d'entre eux, et partait dans l'intention de rejoindre en Espagne Jean de Béthencourt, et de lui faire approuver sa conduite en lui racontant les choses à sa façon. Il avait donc intérêt à se défaire de témoins gênants, et il les abandonna. Ces malheureux eurent d'abord la pensée d'implorer la générosité du gouverneur, et ils se confessèrent au chapelain, qui les encouragea dans cette pensée. Mais ces pauvres gens, craignant la vengeance de Gadifer, s'emparèrent d'un bateau, et, dans un moment de désespoir, ils s'enfuirent vers la terre des Maures. Le bateau fit côte sur la Barbarie. Dix de ceux qu'il portait se noyèrent, et les deux autres tombèrent entre les mains des païens, qui les retinrent en esclavage.

A l'époque où ces événements se passaient à l'île Lancerote, Jean de Béthencourt, montant le navire de Gadifer, arrivait à Cadix. Là, il prit d'abord des mesures de rigueur contre les hommes de son équipage enclins à la révolte, et il fit emprisonner les principaux d'entre eux. Puis, il envoya son navire à Séville, où se trouvait alors le roi Henri III; mais le bâtiment périt dans le Guadalquivir, au grand dommage de Gadifer.

Jean de Béthencourt, étant arrivé à Séville, y reçut un certain Francisque Calve, qui était rapidement venu des Canaries, et qui offrait d'y retourner avec des approvisionnements pour le gouverneur. Mais le baron de Béthencourt ne voulut pas prendre de décision à cet égard avant d'avoir vu le roi.

Sur ces entrefaites, Berneval arriva avec ses principaux complices et quelques Canariens qu'il avait gardés avec l'intention de les vendre comme esclaves. Ce traître espérait bien faire tourner sa trahison à son profit et surprendre la bonne foi de Jean de Béthencourt; mais il avait compté sans un certain Courtille, trompette de Gadifer, qui se trouvait avec lui. Ce brave soldat dénonça les fourberies de Berneval, et, sur sa dénonciation, ces fourbes furent enfermés dans la prison de Cadix. Courtille fit connaître aussi la situation des Canariens retenus à bord. Le chevalier normand, ne pouvant quitter Séville au moment où il allait obtenir une audience du roi, donna l'ordre que ces insulaires fussent traités avec égards. Mais, pendant ces pourparlers, le navire qui les portait fut conduit enAragon, et là ces pauvres gens furent vendus comme esclaves.

Cependant, Jean de Béthencourt avait été introduit en présence du roi de Castille, et, après lui avoir raconté les résultats de son expédition : « Sire, dit-il, je viens vous demander secours, c'est qu'il vous plaise me donner congé de conquérir à la foi chrétienne des îles qui s'appellent les îles Canaries, et pour ce que vous êtes roi et seigneur de tout le pays à l'environ, et le plus proche roi chrétien, je suis venu requérant votre grâce qu'il vous plaise me recevoir à vous en faire hommage. »

Le roi, très-joyeux, reçut à hommage le chevalier normand. Il lui donna la seigneurie des îles Canaries, et en outre le cinquième des marchandises qui desdites îles viendraient en Espagne. De plus, il lui fit présent de vingt mille maravédis, environ quinze mille francs, pour acheter des approvisionnements destinés à ravitailler le gouverneur Gadifer, et il lui attribua le droit de battre monnaie au pays de Canarie.

Très-malheureusement, ces vingt mille maravédis furent confiés à un homme de peu de foi, qui s'enfuit en France en emportant le don du roi de Castille.

Cependant, Jean de Béthencourt obtint encore de Henri III un navire bien gréé, monté par quatre-vingts hommes d'équipage, et approvisionné de vivres, d'armes et d'outils. Jean de Béthencourt, fort reconnaissant de la générosité du roi, écrivit à Gadifer le récit de tout ce qu'il avait fait, son extrême irritation, et son « ébahissement » en apprenant la conduite de ce Berneval en qui il avait confiance, et il lui annonça le prochain départ du navire donné par le roi de Castille.

Pendant ce temps, des événements assez graves se passaient à l'île Lancerote. Le roi Guadarfia, blessé des procédés du traître Berneval à son égard, s'était révolté, et quelques-uns des compagnons de Gadifer avaient été tués par les Canariens. Gadifer était résolu à exiger la punition des coupables, quand un parent du roi, l'indigène Ache, vint lui proposer de s'emparer de Guadarfia et de le détrôner à son profit. Cet Ache n'était qu'un fourbe qui, après avoir trahi son roi, se proposait de trahir les Normands et de les chasser du pays. Gadifer, ne soupçonnant pas ses mauvaises intentions et voulant venger la mort des siens, accepta les propositions d'Ache, et, quelque temps après, la veille de la Sainte-Catherine, le roi, surpris, était conduit au fort, où il fut enchaîné.

Quelques jours après, Ache, nouvellement proclamé souverain de l'île, attaqua les compagnons de Gadifer, et il en blessa plusieurs mortellement. Mais, dans la nuit qui suivit, Guadarfia, étant parvenu à s'échapper, s'empara d'Ache à son tour et il le fit incontinent lapider et brûler.

Le gouverneur, très-irrité des scènes violentes qui se renouvelaient chaque jour, prit la résolution de tuer tous les hommes du pays, et de ne conserver que les femmes et les enfants pour les faire baptiser. Mais ce fut à cette époque qu'arriva le navire expédié par Jean de Béthencourt, et d'autres soins réclamèrent Gadifer. Ce navire, outre ses quatre-vingts hommes et l'approvisionnement dont il était chargé, apportait une lettre par laquelle, entre autres choses, Jean de Béthencourt mandait à Gadifer qu'il avait fait hommage au roi de Castille des îles Canaries, ce dont le gouverneur ne fut point réjoui, car il pensait bien avoir sa part desdites îles. Mais il dissimula son mécontentement et fit bon accueil aux nouveaux arrivants.

Le débarquement des vivres et des armes se fit aussitôt, et Gadifer s'embarqua sur le navire, afin d'aller explorer les îles voisines. Il était accompagné de Remonnet et de plusieurs autres, et emmenait deux Canariens pour lui servir de guides.

Gadifer arriva sans encombre à l'île de Fortaventure. Quelques jours après son débarquement, il partit avec trente-cinq hommes, afin d'explorer le pays; mais bientôt la plus grande partie de sa troupe l'abandonna, et treize compagnons seulement, dont deux archers, restèrent avec lui. Gadifer continua cependant son exploration. Après avoir passé à gué un fort cours d'eau, il entra dans un magnifique vallon ombragé par huit cents palmiers. Puis, s'étant reposé et restauré, il reprit sa route en gravissant une longue côte.

Là apparurent une cinquantaine d'indigènes qui, entourant la petite troupe, menacèrent de l'exterminer. Gadifer et ses compagnons firent bonne contenance et parvinrent à mettre leurs ennemis en fuite, et ils purent vers le soir regagner leur navire, emmenant quatre femmes prisonnières.

Le lendemain, Gadifer quitta Fortaventure et vint aborder à la Grande-Canarie, dans un grand port entre Teldès et Argonnez. Cinq cents indigènes vinrent au-devant de lui, mais sans faire de démonstrations hostiles; ils échangèrent contre des hameçons et de la ferraille des productions du pays, telles que des figues et du sangdragon, substance résineuse tirée du dragonnier, dont l'odeur balsamique est fort agréable. Seulement, ces Canariens se tenaient en garde contre les étrangers, car ils avaient eu à se plaindre des gens du capitaine Lopez, qui, vingt ans auparavant, avaient fait irruption dans l'île, et ils ne permirent point à Gadifer de descendre à terre

Le gouverneur dut donc appareiller sans avoir exploré la Grande-Canarie, et il se dirigea vers l'île de Fer; après l'avoir seulement côtoyée, son navire arriva de nuit à l'île de Gomère, sur laquelle brillaient les feux des indigènes. Quand le jour fut venu, quelques-uns des compagnons de Gadifer voulurent débarquer; mais les Gomérytes, très-redoutables par leur adresse et leur intrépidité, coururent sus aux Castillans, qui furent obligés de se rembarquer en toute hâte.

Gadifer, très-mécontent de l'accueil que lui faisaient ces sauvages Canariens, résolut de tenter encore une fois la fortune à l'île de Fer. Il partit donc et arriva de jour à cette île. Là, il put débarquer sans obstacle, et il resta pendant vingt-deux jours dans cette relâche.

L'île était magnifique en sa partie centrale. Plus de cent mille pins la hérissaient. Des ruisseaux, clairs et abondants, l'arrosaient en maint endroit. Les cailles pullulaient, et l'on trouvait en abondance des porcs, des chèvres et des brebis.

De cette île hospitalière, les conquérants passèrent à l'île de Palme, et ils mouillèrent dans un port situé à droite d'une importante rivière. Cette île était la plus avancée du côté de l'Océan. Couverte de pins et de dragonniers, arrosée par de bonnes rivières, revêtue d'excellents herbages, elle pouvait se prêter à toute espèce de cultures. Ses habitants, grands et robustes, bien faits, avaient les traits gracieux et la peau très-blanche.

Gadifer demeura peu de temps en cette île ; ses matelots firent de l'eau pour leur retour, et en deux nuits et deux jours, après avoir côtoyé les autres îles de l'archipel sans y débarquer, ils arrivèrent au fort de Lancerote. Ils avaient été absents trois mois. Pendant ce temps, leurs compagnons, toujours en guerre avec les indigènes, avaient fait un grand nombre de prisonniers, et les Canariens, démoralisés, venaient de jour en jour

se rendre à leur merci et implorer la consécration du
baptême. Gadifer, enchanté de ces résultats, fit partir
un de ses gentilshommes pour l'Espagne, afin de rendre
compte à Jean de Béthencourt de l'état actuel de la colonie canarienne.

II

Retour de Jean de Béthencourt. — Jalousie de Gadifer. — Jean de Bé-
thencourt visite son archipel. — Gadifer va conquérir la Grande-Canarie.
— Brouille des deux seigneurs. — Ils reviennent en Espagne. Gadifer est
blâmé par le roi. — Retour du chevalier normand. — Les indigènes de
Fortaventure se font baptiser. — Jean de Béthencourt revient au pays de
Caux. — Retour à Lancerote. — Débarquement sur la côte africaine. —
Conquête de la Grande-Canarie, de l'île de Fer et de l'île de Palme. —
Maciot nommé gouverneur de l'archipel. — Jean de Béthencourt, à Rome,
obtient du pape la création d'un évêché canarien. — Son retour en son
pays et sa mort.

L'envoyé du gouverneur n'était pas encore arrivé à
à Cadix que le baron de Béthencourt débarquait en personne au fort de Lancerote, avec « une belle petite
compagnie. » Gadifer et ses compagnons lui firent
grand accueil, ainsi que les Canariens baptisés. Peu de
jours après, le roi Guadarfia venait lui-même se rendre
à merci, et, l'an 1404, le vingtième jour de février, il
se fit chrétien avec tous ses compagnons. Les chapelains de Jean de Béthencourt rédigèrent même à son
intention une instruction très-simple contenant les
principaux éléments du christianisme, la création du

monde, la chute d'Adam et Ève, l'histoire de Noé et de la tour de Babel, la vie des patriarches, l'histoire de Jésus-Christ et de son crucifiement par les Juifs, et enfin elle disait comment on doit croire les dix commandements de la loi, le saint sacrement de l'autel, la pâque, la confession et autres points.

Jean de Béthencourt était un homme ambitieux. Non content d'avoir exploré et pour ainsi dire pris possession de l'archipel des Canaries, il songeait déjà à conquérir ces contrées de l'Afrique baignées par l'Océan. En revenant à Lancerote, c'était sa pensée secrète, et cependant il lui restait beaucoup à faire pour établir une domination effective sur ce groupe d'îles dont il n'était véritablement que le seigneur nominal. Il résolut donc de se mettre à l'œuvre et de visiter par lui-même toutes ces îles que Gadifer avait déjà explorées.

Mais, avant de partir, une conversation eut lieu entre Gadifer et lui, qu'il est bon de rapporter. Gadifer, vantant ses services, demanda au baron de l'en récompenser en lui faisant don de Fortaventure, de Ténériffe et de Gomère.

« Monsieur mon ami, répliqua le baron, les îles et pays que vous me demandez ne sont pas encore conquis. Mais mon intention n'est point que vous perdiez votre peine, ni que vous ne soyez pas récompensé, car vous avez bien droit à l'être. Je vous en prie, achevons notre entreprise, et restons frères et amis.

— C'est très-bien dit, reprit Gadifer ; mais il y a une chose dont je ne suis pas content, c'est que vous ayez déjà fait hommage au roi de Castille des îles de Canarie, et que vous vous en disiez tout à fait seigneur.

— A l'égard de ce que vous dites, répondit Jean de Béthencourt, il est bien vrai que j'en ai fait hommage et que je m'en regarde aussi comme le vrai seigneur, puisqu'il plaît au roi de Castille. Mais, s'il vous plaît d'attendre la fin de notre affaire, pour vous contenter, je vous donnerai et laisserai telle chose dont vous serez content.

— Je ne resterai pas longtemps en ce pays, répondit Gadifer, car il faut que je m'en retourne en France. Je ne veux plus rester ici. »

Là-dessus, les deux chevaliers se séparèrent ; mais Gadifer s'apaisa peu à peu et ne refusa pas d'accompagner Jean de Béthencourt pendant son exploration de l'archipel canarien.

Le baron de Béthencourt, bien approvisionné et bien armé, fit voile pour Fortaventure. Il resta trois mois dans cette île, et, pour son début, il s'empara d'un grand nombre d'indigènes qu'il fit transporter à l'île Lancerote. On ne s'étonnera pas de cette façon de procéder, qui était très-naturelle à une époque où tous les explorateurs en agissaient ainsi. Pendant son séjour, le baron parcourut toute l'île, après s'être fortifié contre les attaques des indigènes, qui étaient des gens de grande stature, forts et bien fermes en leur loi. Une citadelle, nommée Richeroque, dont on voit encore les traces au milieu d'un hameau, fut bâtie sur la pente d'une haute montagne.

A cette époque, et bien qu'il n'eût point oublié ses griefs et sa mauvaise humeur, qui se traduisait souvent par de grosses paroles, Gadifer accepta le commandement d'une compagnie que le baron mit à sa disposition pour conquérir la Grande-Canarie.

Il partit le 25 juillet 1404, mais cette expédition n'amena aucun résultat utile. Tout d'abord les navigateurs furent très-éprouvés par la tempête et les vents contraires. Ils arrivèrent enfin près du port de Teldès, mais comme la nuit tombait et que le vent soufflait en grande brise, ils n'osèrent débarquer en cet endroit, et ils se rendirent plus avant à la petite ville d'Argyneguy, devant laquelle ils restèrent mouillés pendant onze jours. Là, les naturels, excités par leur roi Artamy, dressèrent des embûches qui faillirent être fatales aux gens de Gadifer. Il y eut escarmouche, sang versé, et les Castillans, ne se sentant pas en nombre, vinrent passer deux jours à Teldès, et de là ils regagnèrent Lancerote.

Gadifer, très-contrarié de son insuccès, commença à trouver fort mauvais tout ce qui ce passait autour de lui. Sa jalousie contre son chef grandissait chaque jour et il se laissait aller à de violentes récriminations, répétant que le baron de Béthencourt n'avait pas tout fait par lui-même, et que les choses ne seraient pas si avancées si d'autres n'y eussent mis la main. Ces paroles revinrent aux oreilles du baron, qui en fut très-courroucé. Il les reprocha à l'envieux Gadifer, ce qui amena entre eux un échange de gros mots. Gadifer persistait dans son idée de quitter ce pays où, plus il resterait, moins il gagnerait. Or, précisément, Jean de Béthencourt avait disposé ses affaires pour retourner en Espagne; il proposa à Gadifer de l'accompagner, afin de « pourvoir à leur désaccord. » Gadifer accepta; mais les deux rivaux ne firent point route ensemble, et, tandis que le baron partait sur son navire, Gadifer faisait voile sur le sien. Ils arrivèrent tous deux à Séville, et Gadifer fit ses réclamations; mais le roi de Castille lui ayant donné tort et pleinement approuvé la conduite du baron de Béthencourt, Gadifer quitta l'Espagne, retourna en France, et ne revint plus jamais à ces Canaries qu'il avait espéré conquérir pour son propre compte.

Le baron de Béthencourt prit congé du roi presque aussitôt. L'administration de la colonie naissante réclamait impérieusement sa présence. Avant son départ, les habitants de Séville, qui l'aimaient beaucoup, lui firent maintes gracieusetés, et, ce qui était plus utile, ils l'approvisionnèrent d'armes, de vivres, d'or et d'argent.

Jean de Béthencourt arriva à l'île de Fortaventure, où il fut joyeusement accueilli par ses compagnons. En partant, Gadifer avait laissé en son lieu et place son bâtard Annibal, auquel le baron fit cependant bonne mine.

Les premiers jours de l'installation du baron de Béthencourt dans l'île furent marqués par des combats nombreux avec les Canariens, qui détruisirent même la forteresse de Richeroque, après avoir brûlé une chapelle et pillé les approvisionnements. Le baron les poursuivit avec vigueur, et finit par demeurer victorieux. Il manda une grande quantité de ses gens qui étaient restés à Lancerote, et donna des ordres pour que la citadelle fût immédiatement reconstruite.

Néanmoins, les combats recommencèrent, et bien des Canariens périrent, entre autres un certain géant de neuf pieds de haut que Jean de Béthencourt aurait voulu prendre vivant. Le baron ne pouvait se fier au bâtard de Gadifer, ni aux gens qui l'accompagnaient. Ce bâtard avait hérité de la jalousie de son père contre le baron; mais celui-ci, ayant besoin de son aide, dissimulait sa défiance. Fort heureusement, ses gens l'emportaient en nombre sur ceux qui étaient restés fidèles à Gadifer. Cependant, les récriminations d'Annibal devinrent telles, que le baron lui envoya un de ses lieutenants, Jean le Courtois, pour lui rappeler son serment avec injonction de s'y conformer.

Jean le Courtois fut assez mal reçu; il eut màille à partir avec le bâtard et les siens, principalement au sujet de certains prisonniers canariens que ces partisans de Gadifer retenaient indûment et qu'ils ne voulaient point rendre. Annibal dut obéir, cependant; mais Jean le Courtois, revenant vers le baron, lui raconta les insolences du bâtard, et chercha à exciter son maître contre lui. « Non, monsieur, lui répondit le juste Béthencourt, je ne veux pas qu'on lui fasse tort, ni à lui, ni aux siens. Il ne faut pas faire tout ce que l'on serait en droit de faire; on doit toujours se contraindre et garder son honneur plus que son profit. » Belles paroles, qu'on ne saurait trop méditer.

Cependant, malgré ces discordes intestines, la guerre continuait entre les indigènes et les conquérants ; mais ceux-ci, bien armés et « artillés, » l'emportaient dans toutes les rencontres. Aussi, les rois de Fortaventure, en humeur de parlementer, envoyèrent-ils un Canarien vers le baron de Béthencourt pour lui demander une trêve. Ils ajoutaient que leur désir était de se convertir au christianisme. Le baron, très-heureux de ces ouvertures, répondit que les rois seraient bien et joyeusement reçus, s'il se présentaient à lui.

Aussitôt, le roi de Maxorata, qui régnait sur le nord-ouest de l'île, arriva avec une suite de vingt-deux personnes, qui furent toutes baptisées le 18 janvier 1405. Trois jours après, vingt-deux autres indigènes recevaient le sacrement de baptême. Le 25 janvier, le roi qui gouvernait la presqu'île de Handia, au sud-est de Fortaventure, se présenta suivi de vingt-six de ses sujets, qui furent également baptisés. En peu de temps, tous les habitants de Fortaventure embrassèrent la religion catholique.

Le baron de Béthencourt, heureux de ce succès, songea alors à revoir son pays. Il laissa le commandement et le gouvernement des îles à son nouveau lieutenant, Jean le Courtois, et il partit le dernier jour de janvier, au milieu des pleurs et des bénédictions de ses compagnons, emmenant trois Canariens et une Canarienne, auxquels il voulait montrer le royaume de France. Il partit. « Dieu veuille le conduire et le reconduire, » dit la relation.

En vingt et un jours, le baron de Béthencourt arriva au port d'Harfleur, et, deux jours après, il rentrait à son hôtel de Grainville. Tous les gentilshommes du pays vinrent le fêter, et la baronne et lui se firent grand accueil. L'intention de Jean de Béthencourt était de retourner dans le plus bref délai aux îles Canaries. Il comptait emmener tous ceux de ses compatriotes auxquels il conviendrait de le suivre, engageant des gens de tous les métiers, auxquels il promettait des terres, gens mariés ou à marier. Il parvint ainsi à réunir un certain nombre d'émigrants, parmi lesquels on comptait vingt-huit hommes d'armes, dont vingt-trois emmenaient leurs femmes. Deux navires avaient été disposés pour le transport de cette troupe, et rendez-vous fut donné pour le sixième jour de mai. Le 9 du même mois, le baron de Béthencourt mit à la voile, et il débarquait à Lancerote, quatre mois et demi après avoir quitté l'archipel.

Le seigneur normand fut reçu au son des trompettes, clairons, tambourins, harpes, buccines, et autres instruments. « On n'eût pas ouï Dieu tonner au milieu de la mélodie qu'ils faisaient. » Les Canariens saluèrent par leurs danses et leurs chants le retour du gouverneur, en criant : « Voici venir notre roi ! » Jean le Courtois arriva en toute hâte au-devant de son capitaine, qui lui demanda comment tout allait : « Monsieur, tout va de mieux en mieux, » répondit le lieutenant.

Les compagnons du baron de Béthencourt furent logés avec lui au fort de Lancerote. Le pays semblait

1.   11

leur plaire beaucoup. Ils mangeaient des dattes et des fruits du pays. qui leur semblaient excellents, « et rien ne leur faisait mal. »

Après avoir séjourné quelque temps à Lancerote, Jean de Béthencourt partit avec ses nouveaux compagnons pour visiter Fortaventure. Ici, l'accueil qu'il reçut ne fut pas moins joyeux, surtout de la part des Canariens et de leurs deux rois. Ceux-ci soupèrent avec le baron à la forteresse de Richeroque, que Jean le Courtois avait fait réparer.

Le baron de Béthencourt annonça alors son intention de conquérir la Grande-Canarie, comme il avait fait de Lancerote et de Fortaventure. Dans sa pensée, son neveu Maciot, qu'il avait amené de France, devait lui succéder dans le gouvernement des îles, afin que ce pays ne fût jamais sans le nom de Béthencourt. Il fit part de ce projet au lieutenant Jean le Courtois. qui l'approuva fort, et ajouta : « Monsieur, s'il plaît à Dieu, quand vous retournerez en France, je retournerai avec vous. Je suis un mauvais mari : il y a cinq ans que je ne vis ma femme, et, à la vérité, elle n'en souffrait pas trop. »

Le départ pour la Grande-Canarie fut fixé au 6 octobre 1405. Trois navires transportèrent la petite troupe du baron. Mais le vent les porta tout d'abord vers la côte africaine, et ils dépassèrent le cap Bojador, où Jean de Béthencourt débarqua. Il fit une reconnaissance de huit lieues dans le pays, et il s'empara de quelques indigènes et de trois mille chameaux, qu'il ramena vers

son navire. On embarqua le plus possible de ces animaux, qu'il était opportun d'acclimater aux Canaries,
et le baron mit à la voile, abandonnant ce cap Bojador
qu'il a eu l'honneur de dépasser trente ans avant les
navigateurs portugais.

Pendant cette navigation de la côte africaine à la
Grande-Canarie, les trois navires furent séparés par les
vents. L'un arriva à Fortaventure, l'autre à l'île de
Palme. Mais enfin tous furent réunis au lieu du rendez-
vous. La Grande-Canarie mesurait vingt lieues de long
et douze de large. Elle avait la forme d'une herse. Au
nord, c'était un pays uni, et montagneux vers le sud.
Sapins, dragonniers, oliviers, figuiers, dattiers, y formaient des forêts véritables. Les brebis, les chèvres, les
chiens sauvages se trouvaient en grande quantité sur
cette île. La terre, facile à labourer, produisait annuellement deux récoltes de blé, et cela sans aucun amen-
dement. Ses habitants faisaient un grand peuple et se
disaient tous gentilshommes.

Lorsque Jean de Béthencourt eut opéré son débarquement, il songea à conquérir le pays. Malheureusement, ses guerriers normands étaient très-fiers de la
pointe qu'ils avaient poussée sur la terre d'Afrique, et,
à les en croire, ils se flattaient de conquérir avec vingt
hommes seulement toute la Grande-Canarie et ses dix
mille indigènes. Le baron de Béthencourt, les voyant si
enflés, leur fit bien des recommandations de prudence,
dont ils ne tinrent aucun compte. Ce qui leur coûta
cher. En effet, dans une escarmouche pendant la-

quelle ils eurent d'abord l'avantage contre les Canariens, ils se débandèrent ; surpris alors par les indigènes, ils furent massacrés au nombre de vingt-deux, parmi lesquels le lieunant Jean le Courtois et Annibal, le bâtard de Gadifer.

Après cette fâcheuse rencontre, le baron de Béthencourt quitta la Grande-Canarie pour aller soumettre à sa domination l'île de Palme. Les Palmeros étaient des gens de grande adresse à lancer des pierres, et ils manquaient rarement leur but. Aussi, dans les nombreux combats avec les indigènes, y eut-il bon nombre de morts de chaque côté, cependant plus de Canariens que de Normands, dont une centaine périt.

Après six semaines d'escarmouches, le baron quitta l'île de Palme, et vint passer trois mois à l'île de Fer, grande île de sept lieues de long sur cinq de large, et qui a la forme d'un croissant. Son sol est élevé et uni. De grands bosquets de pins et de lauriers l'ombragent en maint endroit. Les vapeurs, retenues par de hautes montagnes, humectent le sol et le rendent propre à la culture du blé et de la vigne. Le gibier y est très-abondant ; les pourceaux, les chèvres, les brebis courent la campagne, en compagnie de gros lézards, qui ont la taille des iguanes d'Amérique. Quant aux habitants du pays, hommes et femmes, ils étaient très-beaux, vifs, gais, sains, agiles de corps, bien proportionnés et très-enclins au mariage. En somme, cette île de Fer était une des plus « plaisantes » qui fût dans l'archipel.

Le baron de Béthencourt, après avoir conquis l'île de Fer et l'île de Palme, revint à Fortaventure avec ses navires. Cette île, de dix-sept lieues de long sur huit de large, est formée de plaines et de montagnes. Cependant, son sol est moins accidenté que celui des autres îles de l'archipel. De grands courants d'eau douce coulent sous de magnifiques bocages ; les euphorbes, au suc laiteux et âcre, y fournissent un poison violent. En outre, dattiers, oliviers et mastiquiers y abondent, ainsi qu'une certaine plante tinctoriale, dont la culture ne pouvait manquer d'être extraordinairement fructueuse. La côte de Fortaventure n'offre pas de bons refuges pour les gros navires, mais les petits peuvent s'y mettre en sûreté.

Ce fut dans cette île que le baron de Béthencourt commença à faire un partage à ses colons, et il l'opéra avec tant de justice, que chacun fut content de son lot. Ceux qu'il avait amenés lui-même, ses propres compagnons, devaient être exempts de redevance pendant neuf ans.

La question de religion et d'administration religieuse ne pouvait être indifférente à un homme aussi pieux que le baron de Béthencourt. Il prit donc la résolution de se rendre à Rome, afin d'obtenir pour ce pays un prélat évêque, qui « ordonnera et magnifiera la foi catholique. » Mais, avant de partir, il nomma son neveu, Maciot de Béthencourt, lieutenant et gouverneur de toutes les îles de l'archipel. Sous ses ordres devaient fonctionner deux sergents qui auraient le gouvernement de la justice. Il ordonna aussi que, deux fois l'an, des nouvelles lui fussent adressées en Normandie, et que le revenu de Lancerote et de Fortaventure fût employé à la construction de deux églises.

Et il dit à son neveu Maciot : « En outre, je vous donne plein pouvoir et autorité qu'en toutes choses que vous jugerez profitables et honnêtes, vous ordonniez et fassiez faire, en sauvant mon honneur d'abord et mon profit. Qu'au plus près que vous pourrez, vous suiviez les coutumes de France et de Normandie, c'est-à-dire en justice et en autre chose que vous verrez bonne à faire. Aussi, je vous prie et charge que le plus que vous pourrez, vous ayez paix et union ensemble, que vous vous entr'aimiez tous comme frères, et spécialement qu'entre vous, gentilshommes, vous n'ayez point d'envie les uns contre les autres. Je vous ai à chacun ordonné votre fait : le pays est assez large ; apaisez-vous l'un l'autre, et appartenez-vous l'un à l'autre. Je ne saurais plus que vous dire, si ce n'est que principalement vous ayez paix ensemble, et tout se portera bien. »

Le baron de Béthencourt resta trois mois dans l'île Fortaventure et dans les autres îles. Il chevauchait sur sa mule, s'entretenant avec les gens du pays, qui commençaient à parler la langue normande. Maciot et d'autres gentilshommes l'accompagnaient. Il leur indiquait les bonnes choses à faire, les mesures honnêtes à prendre. Puis, quand il eut bien exploré cet archipel qu'il avait conquis, il fit crier qu'il partirait pour Rome le 15 décembre de la présente année.

Revenu à Lancerote, le baron de Béthencourt y demeura jusqu'à son départ. Il ordonna alors à tous les gentilshommes qu'il avait amenés, à ses ouvriers et aux trois rois canariens de se réunir en sa présence deux jours avant son départ, afin de leur dire sa volonté et de les recommander à Dieu.

Aucun ne manqua au rendez-vous. Le baron de Béthencourt les reçut tous à la forteresse de Lancerote, où il les traita somptueusement. Le repas terminé, il monta dans une chaire un peu haute, et renouvela ses recommandations touchant l'obéissance que chacun devait à son neveu Maciot, le prélèvement du cinquième denier fait sur toutes choses à son profit, l'exercice des devoirs de chrétien et l'amour de Dieu. Puis il choisit ceux qui devaient l'accompagner à Rome, et il se disposa à partir.

A peine son navire eut-il appareillé que les gémissements éclatèrent de toutes parts. Européens et Canariens pleuraient « ce droiturier seigneur » qu'ils pensaient ne plus revoir. Un grand nombre d'entre eux entraient dans l'eau jusqu'aux aisselles, et essayaient de retenir le navire qui l'emportait. Mais la voile est hissée. Le sieur de Béthencourt part. « Dieu par sa grâce le veuille garder de mal et d'encombrié ! »

En sept jours, le baron normand arriva à Séville. De là il s'en fut rejoindre le roi à Valladolid, où il fut accueilli avec grande faveur. Il raconta l'histoire de sa conquête au roi d'Espagne et sollicita de lui des lettres de recommandation pour le pape, afin d'obtenir la création d'un évêché aux îles Canaries. Le roi, après l'avoir merveilleusement traité et comblé de présents, lui octroya les lettres qu'il demandait, et le baron de Béthencourt, avec une suite brillante, partit pour Rome.

Arrivé dans la ville éternelle, le baron y demeura trois semaines. Il fut admis à baiser les pieds du pape Innocent VII, qui, le félicitant de ce qu'il avait conquis tous ces Canariens à la foi catholique, le complimenta de ce courage dont il avait fait preuve pour s'en aller si loin de France. Puis, les bulles furent dressées ainsi que le demandait le baron de Béthencourt, et Albert des Maisons fut nommé évêque de toutes les îles canariennes. Enfin, le baron prit congé du pape, qui lui donna sa bénédiction.

Le nouveau prélat fit ses adieux au baron et partit immédiatement pour son diocèse. Il passa par l'Espagne, où il remit au roi des lettres de Jean de Béthencourt. Puis, il fit voile pour Fortaventure, où il arriva sans difficultés. Messire Maciot, qui avait été créé chevalier, le reçut avec de grands égards. Albert des Maisons organisa immédiatement son diocèse, gouvernant gracieusement et débonnairement, prêchant souvent, tantôt dans une île, tantôt dans une autre, et instituant au prône de l'église des prières spéciales pour Jean de Béthencourt. Maciot était aimé de tous également, et principalement des gens du pays. Il est vrai que ce beau temps ne dura que cinq années ; car, plus tard, Maciot, enivré par l'exercice de ce pouvoir souverain, entra dans la voie des exactions et fut chassé du pays.

Cependant, le baron de Béthencourt avait quitté Rome de son côté. Il passa par Florence, et il arriva à Paris, puis à Béthencourt, où un grand nombre de gentilshommes vinrent visiter en sa personne le roi de Canare. Il ne faut pas demander si l'on fit grande chère ; et, s'il était venu force gens de bien au premier retour du baron, cette fois il en vint plus encore.

Le baron de Béthencourt, « déjà ancien, » s'installa à Grainville avec sa femme, encore belle et jeune dame. Il avait fréquemment des nouvelles de ses chères îles, de son neveu Maciot, et il espérait bien retourner en son royaume de Canare ; mais Dieu ne lui donna pas cette joie.

Un jour, en l'année 1425, le baron tomba malade en son château, et l'on vit bien qu'il se mourait. Il fit donc son testament, reçut les sacrements de l'Eglise « et, dit la relation en terminant, il est allé de ce siècle en l'autre. Dieu lui veuille pardonner ses méfaits. Il est enterré à Grainville-la-Teinturière, dans l'église de ladite ville, tout devant le grand autel de ladite église, et trépassa en l'an mil quatre cent vingt-cinq. »

CHAPITRE VII

Christophe Colomb (1436-1506).

I

Découverte de Madère, des îles du cap Vert, des Açores, de la Guinée et du Congo.— Bartholomeu Dias. — Cabot et le Labrador. — Les tendances géographiques et commerciales au moyen âge. — Erreur admise généralement sur la distance qui séparait l'Europe de l'Asie. — Naissance de Christophe Colomb. — Ses premiers voyages. — Ses projets repoussés. — Son séjour au couvent des Franciscains. — Il est enfin reçu par Ferdinand et Isabelle — Son traité du 17 avril 1492. — Les frères Pinzon. — Trois caravelles armées au port de Palos. — Départ du 3 août 1492.

1492 est un millésime célèbre dans les annales géographiques. C'est la date mémorable de la découverte de l'Amérique. Le génie d'un homme allait pour ainsi dire compléter le globe terrestre, en justifiant ce vers de Gagliuffi :

Unus erat mundus; duo sint, ait iste : fuere.

L'ancien monde devait donc être chargé de l'éducation morale et politique du nouveau. Était-il à la hauteur de cette tâche, avec ses idées encore étroites, ses tendances à demi barbares, ses haines religieuses? Les faits répondront d'eux-mêmes.

Entre cette année 1405, à la fin de laquelle Jean de Béthencourt venait de terminer sa colonisation des Canaries et l'année 1492, que s'était-il passé? Nous allons le raconter en quelques lignes.

Un mouvement scientifique considérable, dû aux Arabes. qui allaient être bientôt chassés d'Espagne, s'était produit dans toute la péninsule. Dans tous les ports, mais surtout dans ceux du Portugal, on parlait de cette terre d'Afrique et des pays d'au delà des mers, si riches et si merveilleux. « Mille récits, dit Michelet, enflammaient la curiosité, la valeur et l'avarice ; on voulait voir ces mystérieuses contrées où la nature avait prodigué les monstres, où elle avait semé l'or à la surface de la terre. » Un jeune prince, l'infant dom Henri, duc de Viseu, troisième fils de Jean Ier, qui s'était adonné à l'étude de l'astronomie et de la géographie, exerça sur ses contemporains une influence considérable ; c'est à lui que le Portugal doit le développement de sa puissance coloniale, et ces expéditions répétées dont les récits enthousiastes et les résultats grandioses devaient enflammer l'imagination de Christophe Colomb.

Établi à la pointe méridionale de la province des Algarves, à Sagrès, d'où ses regards embrassaient l'immensité de l'Océan et semblaient y chercher quelque terre nouvelle, dom Henri fit bâtir un observatoire, créa un collége maritime où des savants traçaient des cartes plus correctes et enseignaient l'usage de la boussole, s'entoura de savants, et réunit de précieuses informations sur la possibilité de contourner l'Afrique et d'arriver aux Indes. Sans qu'il ait jamais pris part à aucune expédition maritime, ses encouragements, sa protection aux marins ont valu à dom Henri le surnom de *Navigateur*, sous lequel il est connu dans l'histoire.

Le cap Non, cette borne fatale des navigateurs antiques, avait été dépassé lorsqu'en 1418 deux gentilshommes de la cour du roi Henri, Juan Gonzalès Zarco et Tristam Vaz Teixeira, furent entraînés en pleine mer et jetés vers un îlot auquel ils donnèrent le nom de Puerto-Santo. Quelque temps après, naviguant vers un point noir qui restait fixe à l'horizon, ils atteignirent une île vaste et couverte de forêts magnifiques. C'était Madère.

En 1433, le cap Bojador, qui avait si longtemps arrêté les explorateurs, fut doublé par les Portugais Gillianès et Gonzalès Baldaya, qui voguèrent plus de quarante lieues au delà.

Enhardis par cet exemple, Antonio Gonzalès et Nuño Tristam s'avancèrent, en 1441, jusqu'au cap Blanc, sur le vingt et unième degré, « exploit, dit Faria y Souza, qui, dans l'opinion commune, n'est nullement au-dessous des plus glorieux travaux d'Hercule », et ils rapportèrent à Lisbonne une certaine quantité de poudre d'or produit du *Rio del Ouro*. Dans un second voyage, Tristam reconnut quelques-unes des îles du cap Vert et s'avança jusqu'à Sierra-Leone. Pendant le cours de cette expédition, il avait acheté de trafiquants maures, à la côte de Guinée, une dizaine de nègres qu'il ramena à Lisbonne et dont il se défit à très-haut prix, car ils excitaient vivement la curiosité publique. Telle fut l'origine de la traite des noirs, qui, pendant quatre siècles, devait enlever à l'Afrique tant de millions de ses habitants, et devenir la honte de l'humanité.

En 1441, Cada Mosto doubla le cap Vert et explora une partie de la côte inférieure. Vers 1446, les Portugais, s'avançant plus loin en pleine mer que leurs devanciers, relevèrent l'archipel des Açores. Dès lors, toute crainte est bannie. On a franchi cette ligne redoutable où l'on croyait que l'air brûlait comme le feu, les expéditions se succèdent sans relâche, et chacune revient après avoir augmenté le nombre des régions découvertes. Il semblait que cette côte d'Afrique ne dût jamais finir. Plus on avançait dans le sud, plus ce cap tant cherché, cette extrémité du continent qu'il fallait doubler pour gagner la mer des Indes, semblait reculer !

Depuis quelque temps le roi Jean II avait ajouté à ses titres celui de seigneur de Guinée. Déjà, avec le Congo, on avait découvert un nouveau ciel et des étoiles inconnues, lorsque Diogo Cam, dans trois voyages successifs, porta la connaissance de l'Afrique plus loin que ne l'avaient fait ses prédécesseurs, et faillit ravir à Dias l'honneur d'avoir reconnu la pointe australe du continent. Le point extrême qu'il atteignit gît par 21° 50′ sud. C'est le cap Cross, où il éleva, suivant la coutume, un *padrao* ou *padron*, c'est-à-dire une colonne commémorative qu'on a depuis retrouvée. A son retour, il visita le roi de Congo dans sa capitale et ramena à Lisbonne un ambassadeur nommé Caçuta, avec une suite nombreuse d'Africains, qui tous venaient s'y faire baptiser et instruire des dogmes de la foi qu'ils devaient propager à leur retour au Congo.

Peu de temps après le retour de Diogo Cam, au mois d'août 1487, trois caravelles sortirent du Tage, sous le commandement supérieur d'un chevalier de la maison du roi, nommé Bartholomeu Dias, vétéran des mers de Guinée. Il avait sous ses ordres un marin expérimenté, Joam Infante, et son propre frère, Pedro Dias, capitaine du plus petit des trois bâtiments, qui était chargé des vivres.

Nous ne possédons aucun détail sur la première partie de cette mémorable expédition. Nous savons seulement, d'après Joao de Barros, auquel il faut sans cesse recourir pour tout ce qui a trait aux navigations des Portugais, qu'au delà du Congo, il suivit la côte jusqu'au 29° parallèle, et atterrit à un mouillage qu'il nomma *das Voltas*, à cause des bordées qu'il lui fallut courir pour l'atteindre, et où il la laissa plus petite de ses caravelles sous la garde de neuf matelots. Après avoir été cinq jours durant retenu dans ce havre par le mauvais temps, Dias prit le large et piqua au sud; mais il se vit ballotté pendant treize jours par la tempête.

Plus il s'enfonçait dans le sud, plus la température s'abaissait et devenait relativement rigoureuse. Enfin, la furie des éléments s'étant calmée, Dias mit le cap à l'est, où il comptait rencontrer la terre. Mais, au bout de quelques jours, étant par 42° 54' sud, il fit route au nord et vint mouiller à la baie *dos Vaqueiros*, ainsi nommée des troupeaux de bêtes à cornes et des bergers qui, de la plage, s'enfuirent dans l'intérieur à la vue des deux caravelles. A ce moment, Dias était à quarante lieues dans l'est du cap de Bonne-Espérance, qu'il avait doublé sans l'apercevoir. L'expédition fit de l'eau, gagna la baie *San-Braz* (Saint Blaise, aujourd'hui Mossel-Bay) et remonta la côte jusqu'à la baie *de l'Algua* et à une île *da Cruz*, où fut élevé un *padrao*. Mais là, les équipages, abattus par les dangers qu'ils venaient d'affronter, épuisés par la mauvaise qualité et la rareté des vivres, déclarèrent ne vouloir aller plus loin. « D'ailleurs, disaient-ils, puisque la côte court maintenant à l'est, il est bon d'aller reconnaître ce cap qu'on a doublé sans le savoir. »

Dias réunit le conseil et obtint qu'on remonterait encore dans le nord-est pendant deux ou trois jours. C'est grâce à sa fermeté qu'il put atteindre, à vingt-cinq lieues de *da Cruz*, une rivière qu'il appela, du nom de son second, *Rio Infante*. Mais, devant le refus des équipages de se porter plus loin, force fut à Dias de reprendre la route de l'Europe.

« Lorsqu'il se sépara, dit Barros, du pilier qu'il avait élevé en ce lieu, ce fut avec un tel sentiment d'amertume, une telle douleur, qu'on eût dit qu'il laissait un fils exilé à jamais, surtout quand il venait à se représenter combien de périls lui et tous ses gens avaient courus, de quelle région lointaine il leur avait fallu venir, uniquement pour y planter cette borne, puisque Dieu ne leur avait pas accordé le principal. »

Enfin ils découvrirent ce grand cap, « caché pendant tant de centaines d'années, et que le navigateur, avec ses compagnons, nomma le Cap des Tourmentes (*o Cabo Tormentoso*), en souvenir des périls et des tempêtes qu'il leur avait fallu essuyer avant de le doubler. »

Avec cette intuition qui est l'apanage des hommes de génie, Jean II substitua à ce nom de cap des Tourmentes celui de cap de Bonne-Espérance. Pour lui, la route des Indes était dès lors ouverte, et ses vastes projets pour l'extension du commerce et de l'influence de sa patrie allaient pouvoir se réaliser.

Le 24 août 1488, Dias rentrait à Angra das Voltas, Des neuf hommes qu'il y avait laissés, six étaient morts; un septième périt de joie en revoyant ses compatriotes. Le retour s'effectua sans incidents dignes de remarque. Après une relâche à la côte de Benin, où l'on fit la traite, et à La Mina, où l'on reçut du gouverneur l'argent provenant du commerce de la colonie, l'expédition ralliait le Portugal dans le courant de décembre 1488.

Chose étonnante! Dias non-seulement n'obtint aucune récompense pour ce hardi voyage couronné de succès, mais il paraît avoir été disgracié, car on ne le voit pas employé pendant une dizaine d'années. Bien plus, le commandement de l'expédition chargée de doubler le cap qu'il avait découvert fut donné à Vasco da Gama, et

Dias ne fit que l'accompagner en sous-ordre jusqu'à La Mina. Il put entendre le récit de la merveilleuse campagne de son heureux émule dans l'Inde et juger de l'immense influence qu'un tel événement exercerait sur les destinées de sa patrie.

Il faisait partie de cette expédition de Cabral qui découvrit le Brésil; mais il n'eut même pas la joie de contempler les rivages dont il avait montré le chemin. A peine la flotte venait-elle de quitter la terre américaine, qu'une horrible tempête s'éleva. Quatre bâtiments sombrèrent, et, parmi eux, celui que Dias commandait. C'est pour faire allusion à cette fin tragique, que Camoëns met dans la bouche d'Adamastor, le génie du cap des Tempêtes, cette sombre prédiction : « Je ferai un exemple terrible de la première flotte qui passera près de ces rochers, et je signalerai ma vengeance sur celui qui, le premier, m'est venu braver dans ma demeure. »

En somme, ce ne fut qu'en 1497, soit cinq ans après la découverte de l'Amérique, que la pointe australe de l'Afrique fut doublée par Vasco da Gama. On peut donc affirmer que si ce dernier eût précédé Colomb, la découverte du nouveau continent aurait vraisemblablement été retardée de plusieurs siècles.

En effet, les navigateurs de cette époque se montraient fort timorés ; ils n'osaient s'écarter en plein Océan ; peu soucieux de braver des mers inconnues, ils suivaient prudemment la côte africaine sans jamais s'en éloigner. Si donc le cap des Tempêtes eût été doublé, les marins auraient pris l'habitude de se rendre aux Indes par cette voie, et aucun d'eux n'eût songé à gagner le « Pays des Épices, » c'est-à-dire l'Asie, en s'aventurant à travers l'Atlantique. A qui, en effet, serait-il venu la pensée de chercher l'Orient par les routes de l'Occident?

Or, précisément et par ces motifs, cette idée était à l'ordre du jour. « Le principal objet des entreprises maritimes des Portugais au quinzième siècle, dit Cooley, était la recherche d'un passage aux Indes par l'Océan. » Les plus savants n'allaient pas jusqu'à supposer l'existence d'un nouveau continent par des raisons d'équilibre et de pondération du globe terrestre. Nous dirons plus. Quelques parties de ce continent américain avaient été réellement découvertes. Un navigateur italien, Sébastien Cabot, en 1487, aurait atterri sur un point du Labrador. Les Normands scandinaves avaient certainement débarqué sur ces côtes inconnues. Les colons du Groënland avaient exploré la terre de Vinland. Mais telle était la disposition des esprits à cette époque, telle était l'improbabilité de l'existence d'un monde nouveau, que ce Groënland, ce Vinland, ce Labrador n'étaient considérés que comme un prolongement des terres européennes.

Les navigateurs du quinzième siècle ne cherchaient donc qu'à établir des communications plus faciles avec les rivages de l'Asie. En effet, la route des Indes, de la Chine et du Japon, contrées déjà connues par les merveilleux récits de Marco Polo, cette route qui traversait l'Asie Mineure, la Perse, la Tartarie, était longue et périlleuse. D'ailleurs, ces « voies terrestres » ne peuvent jamais devenir commerçantes ; les transports y sont trop difficiles et trop coûteux. Il fallait trouver une communication plus pratique. Aussi tous les peuples du littoral européen, depuis l'Angleterre jusqu'à l'Espagne, toutes les populations riveraines de la Méditerranée, voyant les grands chemins de l'Atlantique ouverts devant leurs vaisseaux, devaient se demander et se demandaient en effet s'ils ne conduisaient pas aux rivages de l'Asie.

La sphéricité de la terre étant démontrée, ce raisonnement était juste. En gagnant toujours vers l'ouest, on devait nécessairement arriver à l'est. Quant à la route à travers l'Océan, elle ne pouvait manquer d'être libre. En effet, qui eût jamais soupçonné l'existence de cet obstacle, long de trois mille deux cent cinquante lieues, jeté entre l'Europe et l'Asie, et qui s'est appelé l'Amérique ?

Il faut observer, d'ailleurs, que les savants du moyen âge ne croyaient pas que les rivages de l'Asie fussent situés à plus de deux mille lieues des rivages de l'Europe. Aristote supposait le globe terrestre plus petit qu'il n'est réellement. » Combien y a-t-il depuis les derniers rivages de l'Espagne jusqu'à l'Inde ? disait Sénèque. L'espace de très-peu de jours, si le vent est favorable au vaisseau. » C'était aussi l'opinion de Strabon. Cette route entre l'Europe et l'Asie devait être courte. De plus, des points de relâche tels que les Açores et ces îles Antilia dont on admettait l'existence, au quinzième siècle, entre l'Europe et l'Asie, devaient assurer la facilité des communications transocéaniennes.

On peut donc affirmer que cette erreur de distance, si généralement accréditée, eut cela d'heureux qu'elle engagea les navigateurs de cette époque à tenter la traversée de l'Atlantique. S'ils eussent connu la distance véritable qui sépare l'Europe de l'Asie, soit cinq mille lieues, ils ne se seraient pas aventurés sur les mers de l'ouest.

Il faut dire que quelques faits donnaient, ou plutôt semblaient donner raison aux partisans d'Aristote et de Strabon qui croyaient à la proximité des rivages orientaux. Ainsi, un pilote du roi de Portugal, naviguant à quatre cent cinquante lieues au large du cap Saint-Vincent, situé à la pointe des Algarves, trouva une pièce de bois ornée de sculptures anciennes, qui ne pouvait provenir que d'un continent peu éloigné. Près de Madère, des pêcheurs avaient rencontré une poutre sculptée et de longs bambous qui par leur forme rappelaient ceux de la péninsule indienne. De plus, les habitants des Açores ramassaient souvent sur leurs plages des pins gigantesques d'une essence inconnue, et ils recueillirent un jour deux corps humains, « cadavres à large face, dit le chroniqueur Herrera, et ne ressemblant pas à des chrétiens. »

Ces divers faits mettaient donc les imaginations en émoi. Comme on ignorait, au quinzième siècle, l'existence de ce Gulf-Stream, qui, en se rapprochant des côtes européennes, leur apporte des épaves américaines, on était fondé à attribuer à ces débris une origine purement asiatique. Donc, l'Asie n'était pas éloignée de l'Europe, et les communications entre ces deux extrêmes du vieux continent devaient être faciles.

Ainsi, aucun géographe du temps ne pensait qu'il pût exister un nouveau monde ; c'est ce qu'il importe d'établir catégoriquement. Il n'était même pas question, en cherchant cette route de l'ouest, d'étendre les connaissances géographiques. Non : ce furent des commerçants qui se mirent à la tête de ce mouvement et qui préconisèrent cette traversée de l'Atlantique. Ils ne pensaient qu'à trafiquer, et à le faire par le plus court chemin.

Il faut ajouter que la boussole, inventée, suivant l'opinion la plus générale, vers 1302, par un certain Flavio Gioja d'Amalfi, permettait alors aux bâtiments de s'éloigner des côtes et de se diriger hors de la vue de toutes terres. De plus, Martin Behaim et deux médecins de Henri de Portugal avaient trouvé le moyen de se guider sur la hauteur du soleil et d'appliquer l'astrolabe aux besoins de la navigation.

Ces facilités admises, la question commerciale de la route de l'ouest se traitait donc journellement en Espagne, en Portugal, en Italie, pays où la science est faite d'imagination pour les trois quarts. On discutait et on écrivait. Les commerçants, surexcités, mettaient les savants aux prises. Un groupe de faits, de systèmes, de doctrines, se formait. Il était temps qu'une seule intelligence vint les résumer en elle et se les assimiler. C'est ce qui arriva. Toutes ces idées éparses finirent par s'accumuler dans la tête d'un homme, qui eut, à un degré rare, le génie de la persévérance et de l'audace.

Cet homme, ce fut Christophe Colomb, né vraisemblablement près de Gênes, vers 1436. Nous disons « vraisemblablement », car les villages de Cogoreo, de Nervi, réclament avec Savone et Gênes l'honneur de l'avoir vu naître. Quant à l'année exacte de la naissance de cet illustre navigateur, elle varie, suivant les commentateurs, de 1430 à 1445; mais l'an 1436 paraît s'accorder plus exactement avec les documents les moins discutables.

La famille de Christophe Colomb était d'humble condition. Son père, Dominique Colomb, fabricant de lainages, jouissait cependant d'une certaine aisance, qui lui permit de donner à ses enfants une éducation plus qu'ordinaire. Le jeune Colomb, l'aîné de la famille, fut envoyé à l'université de Pavie, afin d'y apprendre la grammaire, la langue latine, la géographie, l'astronomie et la navigation.

A quatorze ans, Christophe Colomb quitta les bancs de l'école pour le pont d'un navire, et il faut avouer que, depuis cette époque jusqu'en 1487, cette période de sa vie est demeurée très-obscure. Citons même à ce propos cette opinion de Humboldt, rapportée par M. Charton, dont le regret augmente « touchant cette incertitude relative à Colomb, quand il se rappelle tout ce que les chroniqueurs ont conservé minutieusement

sur la vie du chien Becerillo ou sur l'éléphant Aboulaba-
bat, que Aaroun-al-Raschyd envoya à Charlemagne ! »

Ce qui paraît le plus probable, à s'en rapporter aux
documents du temps et aux écrits de Colomb lui-même, c'est que le jeune voyageur visita le Levant, l'Occident, le Nord, plusieurs fois l'Angleterre, le Portugal,
la côte de Guinée, les îles africaines, peut-être même
le Groënland, ayant, à l'âge de quarante ans, « navigué
tout ce qui avait été navigué jusqu'à lui ».

Christophe Colomb était devenu un bon marin. Sa réputation bien établie le fit choisir pour commander les
galères génoises à l'époque de la guerre de la république
avec Venise. Le nouveau capitaine fit ensuite une expédition sur les côtes barbaresques pour le compte du
roi René d'Anjou, et enfin, en 1477, il alla reconnaître
les terres enfermées au delà des glaces de l'Islande.

Ce voyage heureusement terminé, Christophe Colomb revint à Lisbonne, où il avait fixé sa demeure.
Là, il épousa la fille d'un gentilhomme italien, Bartho-
lomeo Muniz Perestrello, marin comme lui et fort lancé
dans le courant des idées géographiques. Sa femme,
dona Felipa, éatit sans fortune ; lui n'avait rien ; il fallut
donc travailler pour vivre. Le futur découvreur du
nouveau monde se mit à fabriquer des livres à images,
des globes terrestres, des cartes géographiques, des
plans nautiques, et cela jusqu'en 1484, mais sans abandonner ses travaux scientifiques et littéraires. Il est
même probable que pendant cette période il refit toutes
ses études, et qu'il parvint à acquérir une instruc-

tion très-supérieure à celle des marins de son temps.

Fut-ce à cette époque que « la grande idée » germa pour la première fois dans son esprit? on peut le supposer. Christophe Colomb suivait assidûment les discussions relatives aux routes de l'ouest et à la facilité des communications par l'Occident entre l'Europe et l'Asie. Sa correspondance prouve qu'il partageait l'opinion d'Aristote sur la distance relativement courte qui séparait les rivages extrêmes de l'ancien continent. Il écrivait fréquemment aux savants les plus distingués de son temps, à ce Martin Behaim dont nous avons déjà parlé, au célèbre astronome florentin Toscanelli, dont les opinions ne furent pas sans influencer celles de Christophe Colomb.

A cette époque, suivant le portrait qu'en donne son historien Washington Irving, Christophe Colomb était un homme de haute taille, robuste et noble de maintien. Il avait le visage long, le nez aquilin, les os de la joue saillants, les yeux clairs et pleins de feu, le teint vif et parsemé de quelques rousseurs. C'était un chrétien profondément convaincu, qui remplissait avec une foi sincère les devoirs de la religion catholique.

A l'époque où Christophe Colomb était en relation avec l'astronome Toscanelli, il apprit que celui-ci, à la demande d'Alphonse V, roi de Portugal, avait remis au roi un mémoire approfondi sur la possibilité de gagner les Indes par les routes de l'ouest. Colomb, consulté, appuya de toute son autorité les idées de Toscanelli favorables à cette tentative. Mais cette ouverture n'eut

CHRISTOPHE COLOMB.
Fac-simile d'une gravure ancienne.

aucun résultat, parce que le roi de Portugal, détourné de ce projet par ses guerres avec l'Espagne, mourut sans avoir pu porter son attention vers les découvertes maritimes.

Son successeur, Jean II, adopta avec enthousiasme les plans combinés de Colomb et de Toscanelli. Toutefois, avec une fourberie qu'il faut dénoncer, il chercha à dépouiller ces deux savants du bénéfice de leur proposition, et, sans les prévenir, il fit partir une caravelle pour tenter cette grande entreprise et atteindre la Chine en traversant l'Atlantique. Mais il comptait sans l'inexpérience de ses pilotes, sans la tempête qui se déclara contre eux, et, quelques jours après leur départ, un ouragan ramenait à Lisbonne les marins du roi de Portugal.

Christophe Colomb, blessé justement de cet acte d'indélicatesse, comprit qu'il ne pouvait plus compter sur ce roi qui l'avait indignement trahi. Devenu veuf, il quitta l'Espagne avec son fils Diégo vers la fin de l'année 1484. On croit qu'il se rendit à Gênes, puis à Venise, où ses projets de navigation transocéanienne furent assez mal accueillis.

Quoi qu'il en soit, on le retrouve en Espagne pendant le courant de l'année 1485. Le pauvre grand homme était sans ressources. Il voyageait à pied, portant dans ses bras son petit Diégo, âgé de dix ans. Mais, depuis cette période de sa vie, l'histoire le suit pas à pas, elle ne le perd plus de vue, et elle va conserver à la postérité les moindres incidents de cette grande existence.

Christophe Colomb se trouvait alors en Andalousie, à une demi-lieue du port de Palos. Dénué de tout, mourant de faim, il alla frapper à la porte d'un couvent de franciscains dédié à santa Maria de Rabida, et il demanda l'aumône d'un peu de pain et d'eau pour son pauvre enfant et pour lui.

Le gardien du couvent, Juan Perez de Marchena, accorda l'hospitalité à l'infortuné voyageur. Il l'interrogea. Surpris de la noblesse de son langage, ce bon père fut encore plus émerveillé de la hardiesse de ses idées, car Christophe Colomb lui fit connaître ses aspirations. Pendant plusieurs mois, le marin errant demeura dans ce couvent hospitalier. De savants moines s'intéressèrent à lui et à ses projets. Ils étudièrent ses plans ; ils se renseignèrent auprès des navigateurs en renom, et, il faut le noter, ils furent les premiers à croire au génie de Christophe Colomb. Juan Perez fit plus ; il offrit au père de se charger de l'éducation de son fils, et il lui donna une pressante lettre de recommandation pour le confesseur de la reine de Castille.

Ce confesseur, prieur du monastère de Prado, jouissait de toute la confiance de Ferdinand et d'Isabelle ; mais il ne sut admettre les projets du navigateur génois, et il ne le servit en aucune façon auprès de sa royale pénitente.

Christophe Colomb dut encore se résigner et attendre. Il se fixa donc à Cordoue, où la cour devait se transporter, et, pour vivre, il reprit son métier d'imagier. Pourrait-on citer dans l'histoire des hommes illustres une existence plus malmenée que celle du grand navigateur? La fortune pouvait-elle frapper à coups plus redoublés? Mais cet homme de génie, indomptable, infatigable, se relevant sous les épreuves, ne désespérait pas. Il avait le feu sacré, il travaillait toujours, visitant les personnages influents, répandant et défendant ses idées, combattant sans cesse avec l'énergie la plus héroïque. Enfin il finit par obtenir la protection du grand cardinal, archevêque de Tolède, Pedro Gonzalès de Mendoza, et grâce à lui il fut admis en présence du roi et de la reine d'Espagne.

Christophe Colomb dut croire alors qu'il touchait au terme de ses tribulations. Ferdinand et Isabelle accueillirent favorablement son projet, qui fut soumis à l'examen d'un concile de savants, de prélats et de religieux réunis *ad hoc* dans un couvent dominicain de Salamanque.

Mais le malheureux solliciteur n'était pas au bout de ses vicissitudes. Dans cette assemblée, il trouva tous ses juges contre lui. En effet, ses idées touchaient aux questions religieuses, si passionnées pendant le quinzième siècle. Les Pères de l'Église avaient nié la sphéricité de la terre, et, par conséquent, puisque la terre n'était pas ronde, un voyage de circumnavigation devenait absolument contradictoire avec les textes de la Bible et ne pouvait être logiquement entrepris. « D'ailleurs, disaient ces théologiens, si l'on parvenait jamais à descendre dans l'autre hémisphère, comment pourrait-on remonter dans celui-ci? »

C'était là une argumentation très-sérieuse pour l'époque. Aussi Christophe Colomb fut-il presque accusé du plus impardonnable des crimes dans ces pays intolérants, c'est-à-dire du crime d'hérésie. Il put échapper aux mauvaises dispositions du concile, mais l'étude de son projet fut encore ajournée.

De longues années s'écoulèrent. Le pauvre homme de génie, désespérant de réussir en Espagne, envoya son frère au roi d'Angleterre, Henri VII, afin de lui offrir ses services. Probablement le roi ne répondit pas.

Christophe Colomb se retourna alors avec une nouvelle insistance vers Ferdinand. Mais celui-ci était alors engagé dans sa guerre d'extermination contre les Maures et ce ne fut qu'en 1492, après les avoir chassés d'Espagne, qu'il prêta de nouveau l'oreille aux paroles du Génois.

L'affaire, cette fois, fut mûrement examinée. Le roi consentit à tenter l'entreprise. Mais, comme il convient aux âmes fières, Christophe Colomb voulut imposer ses conditions. On marchanda celui qui devait enrichir l'Espagne! Colomb, indigné, allait sans doute et pour jamais quitter cet ingrat pays; mais Isabelle, émue à la pensée de ces infidèles de l'Asie qu'elle espérait convertir à la foi catholique, fit rappeler le célèbre navigateur et accéda à toutes ses demandes.

Ce fut donc dix-huit ans seulement après qu'il eut conçu son projet, et sept ans après avoir quitté le monastère de Palos, que Colomb, alors dans sa cinquante-sixième année, signa à Santa-Feta, le 17 avril 1492, un traité avec le roi d'Espagne.

Par convention solennelle, l'office de grand amiral fut attribué à Christophe Colomb dans toutes les terres qu'il pourrait découvrir. Cette dignité devait passer à ses héritiers et successeurs à perpétuité. Christophe Colomb était nommé vice-roi et gouverneur des possessions nouvelles qu'il espérait conquérir dans cette riche contrée de l'Asie. Un dixième des perles, pierres précieuses, or, argent, épices, et toutes denrées et marchandises quelconques, obtenus de quelque manière que ce pût être dans les limites de sa juridiction, devait lui appartenir en propre.

Tout était conclu, et Christophe Colomb allait mettre enfin ses projets à exécution. Mais, répétons-le, il ne pensait pas à rencontrer ce nouveau monde dont il ne soupçonnait en aucune façon l'existence. Il ne voulait que « chercher l'orient par l'occident, et passer par la voie de l'ouest à la terre où naissent les épiceries. » On peut même certifier que Colomb est mort dans cette croyance, qu'il avait atteint les rivages de l'Asie et sans avoir jamais su qu'il eût découvert l'Amérique. Mais ceci ne diminue aucunement sa gloire. La rencontre du nouveau continent ne fut qu'un hasard. Ce qui assure à Colomb une immortelle renommée, c'est ce génie audacieux qui le poussa à braver les dangers d'un océan nouveau, à s'éloigner de ces rivages dont les navigateurs n'avaient osé s'écarter jusqu'alors, à s'aventurer sur ces flots avec les fragiles bâtiments de cette époque, que la première tempête pouvait engloutir, à se lancer, enfin, dans le sombre inconnu des mers.

Christophe Colomb commença ses préparatifs. Il s'entendit avec de riches navigateurs de Palos, les trois frères Pinzon, qui firent les avances nécessaires pour compléter les frais d'armement.

Trois caravelles furent équipées dans le port de Palos. Elles se nommaient la *Gallega*, la *Nina* et la *Pinta*. La *Gallega* devait être montée par Colomb, et il la baptisa du nom de *Santa-Maria*. La *Pinta* était commandée par Martin-Alonzo Pinzon, et la *Nina* par François-Martin et Vincent-Yanez Pinzon, ses deux frères. Les équipages furent difficiles à former, les matelots s'effrayant de l'entreprise. Cependant, on parvint à réunir un effectif de cent vingt hommes.

Le vendredi 3 août 1492, l'Amiral, franchissant à huit heures du matin la barre de Saltes, située au large de la ville d'Huelva, en Andalousie, s'aventura avec ses trois caravelles à demi pontées sur les flots de l'Atlantique.

II

Premier voyage : La Grande-Canarie. — Gomère. — Variation magnétique. — Symptômes de révolte. — Terre, terre ! — San-Salvador. — Prise de possession. — Conception. — Fernandina ou Grande-Exuma. — Isabelle ou île Longue. — Les Mucaras. — Cuba. — Description de l'île. — Archipel de Notre-Dame. — Ile Espagnole ou Saint Domingue. — Ilot de la Tortue. — Le cacique à bord de la *Santa-Maria*. — La caravelle de Colomb s'échoue et ne peut être renflouée. — Ilot Monte-Cristi. — Retour. — Tempête. — Arrivée en Espagne. — Hommages rendus à Christophe Colomb.

Pendant la première journée de son voyage, l'Amiral — c'est le titre sous lequel les relations le désignent,

— l'Amiral, portant droit au sud, fit quinze lieues avant le coucher du soleil. Donnant alors la route au sud-est, il mit le cap sur les Canaries, afin d'y réparer la *Pinta* dont le gouvernail s'était démonté, peut-être par le mauvais vouloir du timonier, que le voyage effrayait. Dix jours plus tard, Christophe Colomb mouillait devant la Grande-Canarie, où il réparait l'avarie de la caravelle. Dix-neuf jours après, il jetait l'ancre devant Gomère, dont les habitants lui confirmèrent l'existence d'une terre inconnue dans l'ouest de l'archipel.

Christophe Colomb ne quitta pas cette île avant le 6 septembre. Il avait reçu avis que trois navires portugais l'attendaient au large avec l'intention de lui couper la route. Mais, sans tenir compte de cet avertissement, il mit à la voile, évita habilement la rencontre de ses ennemis, donna la direction exactement à l'ouest, et perdit enfin toute terre de vue.

Pendant le cours de son voyage, l'Amiral eut le soin de cacher à ses compagnons la véritable distance du chemin parcouru chaque jour; il l'amoindrissait sur ses relevés quotidiens, afin de ne pas effrayer davantage ses matelots, en leur faisant connaître l'éloignement réel des terres de l'Europe. Chaque jour aussi, il observait attentivement ses boussoles, et c'est à lui qu'on doit certainement la découverte de la variation magnétique, dont il tint compte dans ses calculs. Mais ses pilotes s'inquiétaient fort en voyant ces boussoles « nord-ouester », suivant leur expression.

Le 14 septembre, les matelots de la *Nina* aperçu-

rent une hirondelle et un paille-en-queue. La présence
de ces oiseaux pouvait indiquer l'existence de terres
rapprochées, car ils ne s'éloignent pas, ordinairement, à
plus de vingt-cinq lieues en mer. La température était
très-douce, le temps magnifique. Le vent soufflait de
l'est et poussait les caravelles dans une direction favorable. Mais précisément cette persistance des vents d'est
effrayait la plupart des marins, qui voyaient dans cette
persistance même, si propice à l'aller, un obstacle au
retour.

Le 16 septembre, on rencontra quelques touffes de
varech encore fraîches, que le flot berçait. Mais la terre
ne se montrait pas. Ces herbes provenaient vraisemblablement de roches sous-marines, et non des rivages
d'un continent. Le 17, trente-cinq jours après le départ
de l'expédition, on vit fréquemment des herbes flotter à
la surface de la mer; sur un de ces paquets herbeux, se
trouvait même une écrevisse vivante, ce qui était un
symptôme de la proximité des côtes.

Pendant les jours suivants, un grand nombre d'oiseaux, des fous, des paille-en-queue, des hirondelles
de mer, volèrent autour des caravelles. Colomb se fondait sur la présence de ces oiseaux pour rassurer ses
compagnons, qui commençaient à s'effrayer beaucoup
de ne rencontrer aucune terre, après six semaines de traversée. Pour lui, il montrait une grande assurance,
mettant toute sa confiance en Dieu. Il adressait souvent aux siens d'énergiques paroles, et, chaque soir, il
les conviait à chanter le *Salve Regina* ou quelque autre

hymne à la Vierge. A la parole de cet homme héroïque, si grand, si sûr de lui-même, si supérieur à toutes les faiblesses humaines, les équipages reprenaient courage et allaient en avant.

On pense bien que les matelots et les officiers des caravelles dévoraient du regard cet horizon de l'ouest vers lequel ils se dirigeaient. Tous avaient un intérêt pécuniaire à signaler le continent nouveau, car, au premier qui le découvrirait, le roi Ferdinand avait promis une somme de dix mille maravédis, qui font environ huit mille francs de notre monnaie.

Les derniers jours du mois de septembre furent animés par la présence d'un certain nombre de pétrels, de frégates, de damiers, grands oiseaux volant souvent par couple, ce qui démontrait qu'ils n'étaient point égarés. Aussi Christophe Colomb soutenait-il avec une inébranlable conviction que la terre ne pouvait être éloignée.

Le 1er octobre, l'Amiral annonça à ses compagnons qu'ils avaient fait cinq cent quatre-vingt quatre lieues dans l'ouest depuis l'île de Fer. En réalité, la distance parcourue par les caravelles était supérieure à sept cents lieues, et Christophe Colomb le savait bien, mais il persistait à dissimuler la vérité à cet égard.

Le 7 octobre, les équipages de la flottille furent mis en émoi par des décharges de mousqueterie qui partaient de la *Nina*. Les commandants, les deux frères Pinzon, croyaient avoir aperçu la terre. Mais on reconnut bientôt qu'ils s'étaient trompés. Cependant, comme ils affirmaient avoir vu des perroquets voler dans la direction du sud-ouest, l'Amiral consentit à modifier sa route de quelques points vers le sud. Or, cette modification eut des conséquences heureuses pour l'avenir, car, en continuant de courir droit à l'ouest, les caravelles auraient été donner contre le grand banc de Bahama et s'y seraient probablement mises en perdition.

Cependant, la terre si ardemment désirée n'apparaissait pas. Chaque soir, le soleil, descendant sur l'horizon, se plongeait derrière une interminable ligne d'eau. Les trois équipages, plusieurs fois victimes d'une illusion d'optique, commençaient à murmurer contre Colomb, « un Génois, un étranger », qui les avait entraînés si loin de leur patrie. Quelques symptômes de révolte se manifestèrent à bord, et, le 10 octobre, les matelots déclarèrent qu'ils n'iraient pas plus loin.

Ici, des historiens un peu fantaisistes, qui ont raconté le voyage de Christophe Colomb, parlent de scènes graves dont sa caravelle aurait été le théâtre. Suivant eux, sa vie eût été menacée par les révoltés de la *Santa-Maria*. Ils disent aussi qu'à la suite de ces récriminations et par une sorte de transaction, trois jours de répit auraient été accordés à l'Amiral, après lesquels, si la terre ne s'était pas montrée, la flotte devait reprendre la route de l'Europe. On peut affirmer que ces récits sont des contes dus à l'imagination des romanciers du temps. Rien dans les relations mêmes de Colomb ne peut permettre d'y ajouter foi. Mais il est convenable de les rapporter, car il ne faut rien omettre de ce qui touche le navigateur génois, et un peu de légende ne messied pas à cette grande figure de Christophe Colomb.

Quoi qu'il en soit, on murmurait à bord des caravelles, le fait n'est pas douteux, mais les équipages, relevés par les paroles de l'Amiral, par son énergique attitude en face de l'inconnu, ne se refusaient pas à la manœuvre.

Le 11 octobre, l'Amiral remarqua le long de sa caravelle un roseau encore vert, qui flottait sur une mer assez grosse. En même temps, l'équipage de la *Pinta* hissait à son bord un autre roseau, une planchette et un petit bâton qui paraissait avoir été taillé avec un instrument de fer. La main de l'homme avait évidemment laissé sa marque sur ces épaves. Presque au même moment, les hommes de la *Nina* apercevaient une branche d'épine à fleurs. Ce dont tous les esprits furent très-réjouis. On ne pouvait mettre en doute la proximité de la côte.

La nuit enveloppa alors la mer. La *Pinta*, la meilleure voilière de la flottille, tenait la tête. Déjà Christophe Colomb lui-même et un certain Rodrigo Sanchez, contrôleur de l'expédition, croyaient avoir observé une lumière qui se déplaçait dans les ombres de l'horizon, quand le matelot Rodrigo, de la *Pinta*, fit entendre ce cri : « Terre! terre ! »

Que dut-il se passer à ce moment dans l'âme de Colomb? Jamais homme, depuis l'apparition de la race humaine sur terre, éprouva-t-il une émotion comparable à celle que ressentit alors le grand navigateur? Peut-être même est-il permis d'assurer que l'œil qui découvrit le premier ce nouveau continent fut celui de l'Amiral? Mais peu importe : la gloire de Colomb, ce n'est pas d'être arrivé, c'est d'être parti.

Ce fut à deux heures de la nuit que la terre fut réellement reconnue. Les caravelles n'en étaient pas éloignées de deux heures. Tous les équipages entonnèrent d'une voix émue le *Salve Regina*.

Aux premiers rayons du soleil, on vit une petite île à deux lieues sous le vent. Elle faisait partie du groupe des Bahama. Colomb la nomma San-Salvador, et aussitôt, se mettant à deux genoux, il commença à dire, avec saint Ambroise et saint Augustin : « *Te Deum laudamus, te Dominum confitemur.* »

En ce moment, des naturels, entièrement nus, parurent sur la côte nouvelle. Christophe Colomb descendit dans sa chaloupe avec Alonzo et Yanez Pinzon, le contrôleur Rodrigo, le secrétaire Descovedo et quelques autres. Il accosta la terre, tenant à la main la bannière royale, tandis que les deux capitaines portaient la bannière de la croix verte sur laquelle s'entrelaçaient les chiffres de Ferdinand et d'Isabelle. Puis, l'Amiral prit solennellement possession de l'île au nom du roi et de la reine d'Espagne, et fit dresser procès-verbal de ces actes.

Pendant cette cérémonie, les indigènes entouraient Colomb et ses compagnons. Voici en quels termes, rapportés par M. Charton, d'après le récit même de Colomb, cette scène est racontée :

« Désirant leur inspirer (aux indigènes) de l'amitié

pour nous, et persuadé, en les voyant, qu'ils se con-
fieraient mieux à nous, et qu'ils seraient mieux disposés
à embrasser notre sainte foi si nous usions de douceur
pour les persuader, plutôt que si nous avions recours
à la force, je fis donner à plusieurs d'entre eux des
bonnets de couleur et des perles de verre qu'ils mirent
à leur cou. J'ajoutai différentes autres choses de peu
de prix; ils témoignèrent une véritable joie, et ils se
montrèrent si reconnaissants que nous en fûmes émerveillés. Quand nous fûmes sur les embarcations, ils
vinrent à la nage vers nous, pour nous offrir des perroquets, des pelotes de fil de coton, des zagaies et beaucoup d'autres choses : en échange, nous leur donnâmes
des petites perles de verre, des grelots et d'autres
objets. Ils nous donnaient tout ce qu'ils avaient. Mais
ils me parurent très-pauvres de toute manière. Les
hommes et les femmes sont nus comme au sortir du
sein de leur mère. Parmi ceux que nous vîmes, une
seule femme était assez jeune, et aucun des hommes
n'était âgé de plus de trente ans. Du reste, ils étaient
bien faits, beaux de corps et agréables de figure. Leurs
cheveux, gros comme des crins de queue de cheval,
tombaient devant jusque sur leurs sourcils; par derrière
il en pendait une longue mèche qu'ils ne coupent jamais.
Il y en a quelques-uns qui se peignent d'une couleur
noirâtre; mais naturellement ils sont de la même couleur
que les habitants des îles Canaries. Ils ne sont ni noirs
ni blancs; y en a aussi qui se peignent en blanc, ou en
en rouge, ou avec toute autre couleur, soit le corps

entier, soit seulement la figure, ou les yeux, ou seulement le nez. Ils n'ont pas d'armes comme les nôtres et ne savent même pas ce que c'est. Quand je leur montrai des sabres, ils les prenaient par le tranchant et se coupaient les doigts. Ils n'ont pas de fer. Leurs zagaies sont des bâtons. La pointe n'est pas en fer ; mais quelquefois une dent de poisson ou quelque autre corps dur. Ils ont de la grâce dans leurs mouvements. Comme je remarquai que plusieurs avaient des cicatrices par le corps, je leur demandai, à l'aide de signes, comment ils avaient été blessés, et ils me répondirent, de la même manière, que des habitants des îles voisines venaient les attaquer pour les prendre, et qu'eux se défendaient. Je pensai et je pense encore qu'on vient de la terre ferme pour les faire prisonniers et esclaves ; ils doivent être des serviteurs fidèles et d'une grande douceur. Ils ont de la facilité à répéter vite ce qu'ils entendent. Je suis persuadé qu'ils se convertiraient au christianisme sans difficulté, car je crois qu'ils n'appartiennent à aucune secte. »

Lorsque Christophe Colomb retourna à son bord, un certain nombre de ces naturels suivit son embarcation à la nage. Le lendemain, qui était le 13 octobre, les naturels revinrent en foule autour des caravelles. Ils montaient de vastes pirogues taillées dans un tronc d'arbre, et dont quelques-unes pouvaient contenir quarante hommes ; il les dirigeaient au moyen d'une sorte de pelle de boulanger. Plusieurs de ces sauvages portaient de petites plaques d'or suspendues à la cloison du nez. Ils paraissaient fort surpris de l'arrivée de ces étrangers, et pensaient vraisemblablement que ces hommes blancs étaient tombés du ciel. C'est avec respect et curiosité qu'ils touchaient les vêtements des Espagnols, les prenant sans doute pour un plumage naturel. L'habit écarlate de l'Amiral excita surtout leur admiration. Il était évident qu'ils considéraient Colomb comme un perroquet d'une espèce supérieure. D'ailleurs, ils le reconnurent immédiatement pour le chef des étrangers.

Christophe Colomb et les siens visitèrent alors cette île nouvelle de San-Salvador. Ils ne pouvaient se lasser d'admirer son heureuse situation, ses magnifiques ombrages, ses eaux courantes, ses verdoyantes prairies. La faune y était peu variée. Les perroquets, au plumage chatoyant, abondaient sous les arbres et représentaient à eux seuls l'ordre des oiseaux. San-Salvador formait un plateau peu accidenté ; un petit lac en occupait la partie centrale ; aucune montagne n'en accidentait le sol. Cependant San-Salvador devait renfermer de grandes richesses minérales, puisque ses habitants portaient des ornements d'or. Mais ce précieux métal était-il tiré des entrailles de l'île ?

L'Amiral interrogea l'un de ces indigènes, et, par signes, il parvint à comprendre qu'en tournant l'île, et en naviguant vers le sud, il découvrirait une contrée dont le roi possédait de grands vases d'or et d'immenses richesses. Le lendemain, au point du jour, Christophe Colomb donna à ses caravelles l'ordre d'appareiller, et il se dirigea vers le continent indiqué, qui, suivant lui, ne pouvait être que Cipango.

Il faut faire ici une observation très-importante, car elle résulte de l'état des connaissances géographiques à cette époque : c'est que Colomb se croyait arrivé aux terres d'Asie. Cipango est le nom que Marco Polo donne au Japon. Cette erreur de l'Amiral, partagée par tous ses compagnons, il faudra bien des années pour la reconnaître, et, ainsi que nous l'avons dit déjà, le grand navigateur après quatre voyages successifs aux îles, mourra sans savoir qu'il a découvert un nouveau monde. Il est hors de doute que les marins de Colomb, et Colomb lui-même, s'imaginaient avoir rencontré, dans cette nuit du 12 octobre 1492, soit le Japon, soit la Chine, soit les Indes. C'est ce qui explique comment l'Amérique porta si longtemps le nom d'« Indes occidentales », et pourquoi les naturels de ce continent sont encore désignés sous la dénomination générale d'« Indiens », au Brésil et au Mexique aussi bien qu'aux États-Unis.

Christophe Colomb songeait donc uniquement à atteindre les rivages du Japon. Il côtoya San-Salvador de manière à explorer sa partie occidentale. Les indigènes, accourant sur le rivage, lui offraient de l'eau et du cassave, sorte de pain fabriqué avec une racine nommée « yucca ». Plusieurs fois, l'Amiral débarqua sur différents points de la côte, et, il faut bien l'avouer, manquant aux devoirs de l'humanité, il fit enlever quelques Indiens dans l'intention de les conduire en Espagne. Ces malheureux, on commençait déjà à les arracher à leur pays, on ne devait pas tarder à les vendre ! Enfin, les caravelles, perdant de vue San-Salvador, s'aventurèrent en plein Océan.

Le destin avait favorisé Christophe Colomb en le conduisant ainsi au milieu de l'un des plus beaux archipels du monde entier. Toutes ces nouvelles terres qu'il allait découvrir, c'était comme un écrin d'îles précieuses dans lesquelles il n'avait qu'à puiser à pleines mains.

Le 15 octobre, au coucher du soleil, la flottille jeta l'ancre près de la pointe ouest d'une seconde île, qui fut nommée Conception, et qu'une distance de cinq lieues seulement séparait de San-Salvador. Le lendemain, l'Amiral accosta ce rivage avec des embarcations armées et préparées contre toute surprise. Les naturels, appartenant à la même race que ceux de San-Salvador, firent très-bon accueil aux Espagnols. Mais un vent du sud-est s'étant levé, Colomb rallia la flottille, et s'avançant encore de neuf lieues dans l'ouest, il découvrit une troisième île, à laquelle il donna le nom de Fernandina. C'est actuellement la Grande-Exuma.

Toute la nuit on resta en panne, et le lendemain, 17 octobre, de grandes pirogues vinrent entourer les caravelles. Les rapports avec les naturels étaient excellents. Les sauvages échangeaient paisiblement des fruits et de petites pelotes de coton pour des perles de verre, des tambours de basque, des aiguilles qui les séduisaient beaucoup, et de la mélasse dont ils se montraient très-friands. Ces indigènes de Fernandina, plus vêtus que leurs voisins de San-Salvador, étaient aussi plus civilisés; ils habitaient des maisons faites en forme de pavillons et pourvues de hautes cheminées; ces cases étaient fort propres à l'intérieur et très-bien entretenues.

La côte occidentale de l'île, profondément échancrée, eût ouvert à cent vaisseaux un port large et magnifique.

Mais Fernandina n'offrait pas aux Espagnols ces richesses qu'ils convoitaient et qu'ils désiraient tant rapporter en Europe; les mines d'or manquaient à ce sol. Cependant, les naturels, embarqués à bord de la flottille, parlaient toujours d'une île plus grande, située dans le sud et nommée Samoeto, sur laquelle on récoltait le précieux métal. Colomb mit donc le cap suivant la direction indiquée. Le vendredi 19 octobre, il mouilla pendant la nuit près de cette Samoeto, qu'il appela Isabelle, et qui est l'île Longue des cartes modernes.

A en croire les indigènes de San-Salvador, on devait trouver dans cette île un roi dont la puissance était grande; mais l'Amiral l'attendit vainement pendant quelques jours; ce grand personnage ne se montra pas. L'île Isabelle offrait un aspect délicieux avec ses lacs limpides et ses épaisses forêts. Les Espagnols ne se lassaient pas d'admirer ces essences nouvelles dont la verdure étonnait justement des yeux européens. Les perroquets volaient par troupes innombrables sous les arbres touftus, et de gros lézards très-vivaces, des iguanes sans doute, se glissaient prestement à travers les hautes herbes. Les habitants de l'île, qui s'étaient enfuis d'abord à la vue des Espagnols, se familiarisèrent bientôt et trafiquèrent des productions de leur sol.

Cependant, Christophe Colomb n'abandonnait pas son idée d'arriver aux terres du Japon. Les indigènes lui ayant indiqué dans l'ouest une grande île peu éloignée, qu'ils nommaient Cuba, l'Amiral supposa qu'elle devait faire partie du royaume de Cipango, et il ne douta pas d'atteindre avant peu la ville de Quinsay, autrement dite Hang-tcheou-fou, qui fut autrefois la capitale de la Chine.

C'est pourquoi, dès que les vents le permirent, la flottille leva l'ancre. Le jeudi 25 octobre, on eut connaissance de sept ou huit îles échelonnées sur une seule ligne, probablement les Mucaras. Christophe Colomb ne s'y arrêta pas, et le dimanche il arriva en vue de Cuba. Les caravelles mouillèrent dans un fleuve auquel les Espagnols donnèrent le nom de Saint-Sauveur ; puis, après une courte relâche, reprenant leur navigation vers le couchant, elles entrèrent dans un port situé à l'embouchure d'un grand fleuve, et qui devint plus tard le port de las Nuevitas del Principe.

Des palmiers nombreux croissaient sur les rivages de l'île, et leurs feuilles étaient si larges qu'une seule suffisait à couvrir les cabanes des naturels. Ceux-ci avaient pris la fuite à l'approche des Espagnols, qui trouvèrent sur la plage des espèces d'idoles à figure de femme, des oiseaux apprivoisés, des ossements d'animaux, des chiens muets et des instruments de pêche. Les sauvages de Cuba furent attirés par les moyens ordinaires, et ils firent des échanges avec les Espagnols.

Christophe Colomb se crut en terre ferme, et à quelques lieues à peine de Hang-tcheou fou. Et cette idée était tellement enracinée dans son esprit et dans celui de ses officiers qu'il s'occupa d'envoyer des présents au grand khan de la Chine. Le 2 novembre, il chargea un gentilhomme de son bord et un juif, parlant l'hébreu, le chaldéen et l'arabe, de se rendre auprès de ce monarque indigène. Les ambassadeurs, munis de colliers de perles, et auxquels on accorda six jours pour remplir leur mission, se dirigèrent vers les contrées de l'intérieur du prétendu continent.

Entre temps, Christophe Colomb remonta pendant deux lieues environ un beau fleuve qui coulait sous l'ombrage de grands bois odoriférants. Les habitants faisaient des échanges avec les Espagnols, et indiquaient fréquemment un endroit nommé Bohio, dans lequel l'or et les perles se trouvaient en abondance. Ils ajoutaient aussi que là vivaient des hommes à la tête de chien qui se nourrissaient de chair humaine.

Les envoyés de l'Amiral revinrent au port le 6 novembre, après quatre jours d'absence. Deux journées de marche avaient suffi pour les mener à un village composé d'une cinquantaine de huttes, dans lequel ils furent accueillis avec de grandes démonstrations de respect. On leur baisait les pieds et les mains ; on les prenait pour des dieux descendus du ciel. Entre autres détails de mœurs, ils racontèrent que les hommes et les femmes fumaient du tabac au moyen d'un tube bifurqué, en aspirant la fumée par les narines. Ces indigènes savaient se procurer du feu en frottant vivement deux morceaux de bois l'un contre l'autre. Le coton se trouvait en grande quantité dans des maisons, disposées en forme de tentes, et l'une d'elles en renfermait près de onze mille livres. Quant au grand khan, ils n'en virent pas l'ombre.

Signalons ici une seconde erreur commise par Christophe Colomb, erreur dont les conséquences, suivant Irving, changèrent toute la série de ses découvertes. Colomb, se croyant sur les côtes de l'Asie, regardait logiquement Cuba comme faisant partie du continent. Dès lors il ne songea plus à en faire le tour, et il prit la décision de revenir vers l'est. Or, s'il ne se fût pas trompé en cette occasion, s'il eût continué à suivre sa direction première, les résultats de son entreprise auraient été singulièrement modifiés. En effet, ou il eût été jeté vers la Floride, à la pointe de l'Amérique du Nord, ou il eût couru droit au Mexique. Dans ce dernier cas, au lieu de naturels ignorants et sauvages, qu'eût-il rencontré? Ces habitants du grand empire des Aztèques, de ce royaume à demi civilisé de Montézuma. Là, il eût trouvé des villes, des armées, d'immenses richesses, et son rôle fût sans doute devenu celui de Fernand Cortez. Mais il ne devait pas en être ainsi, et l'Amiral, persévérant dans son erreur, revint vers l'est avec sa flottille, qui leva l'ancre le 12 novembre 1492.

Christophe Colomb côtoya l'île de Cuba en louvoyant; il reconnut les deux montagnes du Cristal et du Moa; il explora un port qu'il appela Puerto del Principe, et un archipel auquel il imposa le nom de mer de Notre-Dame. Chaque nuit, des feux de pêcheurs se montraient sur ces nombreuses îles, dont les habitants se nourrissaient d'araignées et de gros vers. Plusieurs fois les Espagnols atterrirent sur divers points de la côte, et ils y plantèrent des croix en signe de prise de possession.

Les indigènes parlaient souvent à l'Amiral d'une certaine île Babèque, où l'or était abondant. L'Amiral résolut de s'y rendre. Mais Martin-Alonzo Pinzon, le capitaine de la *Pinta*, dont la caravelle était la meilleure marcheuse de la flottille, prit les devants, et le 21 novembre, au lever du jour, il avait complétement disparu.

L'Amiral fut très-contrarié de cette séparation, et on en trouve la preuve dans son récit, quand il dit : « Pinzon m'a dit et fait bien d'autres choses. » Il continua sa route en explorant la côte de Cuba, et découvrit la baie de Moa, la pointe du Mangle, la pointe Vaez, le port Baracoa ; mais nulle part il ne rencontra de cannibales, bien que les huttes des naturels fussent souvent ornées de crânes humains, ce dont se montrèrent très-satisfaits les indigènes embarqués à son bord.

Les jours suivants, on vit le fleuve Boma, et les caravelles, doublant la pointe de los Azules, se trouvèrent sur la partie orientale de l'île, dont elles venaient de reconnaître la côte pendant cent vingt-cinq lieues. Mais Colomb, au lieu de reprendre sa route au sud, s'écarta dans l'est, et, le 5 décembre, il eut connaissance d'une grande île que les Indiens appelaient Bohio. C'était Haïti ou Saint-Domingue.

Le soir, la *Nina*, sur l'ordre de l'Amiral, donna dans un port qui fut nommé Port-Marie. C'est actuellement le port Saint-Nicolas, situé près du cap de ce nom, à l'extrémité nord-ouest de l'île.

Le lendemain, les Espagnols reconnurent un très-grand nombre de caps, et un îlot appelé île de la Tortue. Les caravelles, dès qu'elles paraissaient, mettaient en fuite les pirogues indiennes. Cette île qu'elles côtoyaient paraissait très-vaste et très-haute, d'où lui vint plus tard la dénomination d'Haïti, qui signifie Terre élevée. La reconnaissance de ses rivages fut poussée jusqu'à la baie Mosquito. Les oiseaux qui voltigeaient sous les beaux arbres de l'île, ses plantes, ses plaines, ses collines, rappelaient au souvenir les paysages de la Castille. Aussi Christophe Colomb baptisa-t-il cette terre nouvelle du nom d'île Espagnole. Les habitants étaient très-craintifs et fort défiants; on ne pouvait établir aucune relation avec eux; ils fuyaient à l'intérieur. Toutefois, quelques matelots parvinrent à s'emparer d'une femme qu'ils conduisirent à bord. Elle était jeune et assez jolie. L'Amiral lui donna des bagues, des perles, et un habillement dont elle avait absolument besoin; enfin il la traita généreusement et il la renvoya à terre.

Ces bons procédés eurent pour résultat d'apprivoiser les naturels, et, le lendemain, neuf matelots bien armés, s'étant aventurés jusqu'à quatre lieues dans les terres, furent reçus avec respect. Les indigènes accouraient en foule au-devant d'eux et leur offraient toutes les productions du sol. Ces matelots revinrent enchantés de leur excursion. L'intérieur de l'île leur avait paru riche en cotonniers, en aloès, en lentisques, et un beau fleuve, qui fut nommé plus tard le fleuve des Trois-Rivières, y déroulait ses eaux limpides.

Le 15 décembre, Colomb remit à la voile, et le vent

le porta vers l'îlot de la Tortue, où il remarqua un cours d'eau navigable et une vallée si belle qu'il lui donna le nom de Vallée du Paradis. Le lendemain, en louvoyant dans un golfe profond, il aperçut un Indien qui manœuvrait habilement un petit canot, malgré la violence du vent. Cet Indien fut invité à venir à bord; Colomb le combla de présents, puis il le débarqua à un port de l'île Espagnole, qui est devenu le port de la Paix.

Ces bons traitements rallièrent à l'Amiral tous les indigènes, et depuis ce jour, ils vinrent en grand nombre au-devant des caravelles. Leur roi les accompagnait. C'était un jeune homme de vingt ans, bien constitué, vigoureux, avec un certain embonpoint. Il allait nu comme ses sujets et sujettes, qui lui témoignaient beaucoup de respect, mais sans aucune nuance d'humilité. Colomb lui fit rendre les honneurs dus à un souverain, et en reconnaissance de ses procédés, ce roi, ou plutôt ce cacique, apprit à l'Amiral que les provinces de l'est regorgeaient d'or.

Le lendemain, un autre cacique vint mettre à la disposition des Espagnols tous les trésors de son pays. Il assista à la fête de Sainte-Marie que Colomb fit célébrer avec pompe sur son navire, qui avait été pavoisé pour la circonstance. Le cacique fut admis à la table de l'Amiral et fit honneur au repas; après avoir goûté différents mets et différentes boissons, il envoyait les gobelets et les plats aux gens de sa suite. Ce cacique avait bon air; il parlait peu et se montrait fort civil. Le repas terminé, il offrit quelques minces feuilles d'or à l'Amiral. Celui-ci lui présenta des pièces de monnaie sur lesquelles étaient gravés les portraits de Ferdinand et d'Isabelle, et, après lui avoir exprimé par signes qu'il s'agissait des plus puissants princes de la terre, il fit déployer en présence du roi indigène les bannières royales de la Castille. La nuit venue, le cacique se retira fort satisfait, et des salves d'artillerie saluèrent son départ.

Le jour suivant, les hommes de l'équipage plantèrent une grande croix au milieu de la bourgade, et quittèrent cette côte hospitalière. En sortant du golfe formé par l'île de la Tortue et l'île Espagnole, on découvrit plusieurs ports, caps, baies et rivières, à la pointe Limbé, une petite île qui fut nommée Saint-Thomas, enfin un très-vaste port, sûr et abrité, caché entre l'île et la baie d'Acul, et auquel donnait accès un canal entouré de hautes montagnes couvertes d'arbres.

L'Amiral débarquait souvent sur la côte. Les naturels l'accueillaient comme un envoyé du ciel et l'invitaient à demeurer parmi eux. Colomb leur prodiguait les grelots, les bagues de laiton, les grains de verre et autres bimbeloteries qu'ils prisaient fort. Un cacique nommé Guacanagari, souverain de la province du Marien, envoya à Colomb une ceinture ornée d'une figure d'animal à grandes oreilles, dont la langue et le nez étaient faits d'or battu. L'or paraissait être abondant dans l'île, et les naturels en apportèrent bientôt une certaine quantité. Les habitants de cette partie de l'île Espagnole semblaient supérieurs par l'intelligence et la beauté.

Suivant l'opinion de Colomb, la peinture rouge, noire ou blanche dont ils enduisaient leur corps servait surtout à les préserver contre les atteintes du soleil. Les maisons de ces indigènes étaient jolies et bien construites. Lorsque Colomb les interrogeait sur le pays qui produisait de l'or, ces indigènes indiquaient vers l'est une contrée qu'ils nommaient Cibao, dans laquelle l'Amiral s'obstinait à voir le Cipango du Japon.

Le jour de Noël, un grave accident survint à la caravelle de l'Amiral. C'était la première avarie de cette navigation jusque-là si heureuse. Un timonier inexpérimenté tenait la barre de la *Santa-Maria* pendant une excursion hors du golfe de Saint-Thomas; la nuit venue, il se laissa prendre par des courants qui le jetèrent sur des roches. La caravelle toucha et son gouvernail fut engagé. L'Amiral, réveillé au choc, accourut sur le pont. Il ordonna d'établir une ancre à l'avant, afin de se touer et de relever son navire. Le maître et quelques matelots chargés de l'exécution de cet ordre sautèrent dans la chaloupe; mais, pris de frayeur, ils s'enfuirent à toutes rames du côté de la *Nina*.

Cependant, la marée baissait. La *Santa-Maria* s'engravait de plus en plus. Il fallut couper ses mâts pour l'alléger, et bientôt il devint urgent de transporter son équipage à bord de sa conserve. Le cacique Guacanagari, comprenant la fâcheuse situation de la caravelle, accourut avec ses frères, ses parents qu'accompagnaient un grand nombre d'Indiens, et il aida à décharger le bâtiment. Grâce à ses soins, pas un objet de la cargaison ne fut détourné, et, pendant toute la nuit, des indigènes armés firent bonne garde autour des dépôts de provisions.

Le lendemain, Guacanagari se rendit à bord de la *Nina*, afin de consoler l'Amiral, et il mit toutes ses richesses à sa disposition. En même temps, il lui offrait une collation composée de pain, de chevrettes, de poissons, de racines et de fruits. Colomb, ému de ces témoignages d'amitié, forma le projet de fonder un établissement sur cette île. Il s'attacha donc à gagner les Indiens par ses présents et ses caresses ; puis, voulant aussi leur donner une idée de sa puissance, il fit décharger une arquebuse et un espingard, dont la détonation effraya beaucoup ces pauvres gens.

Le 26 décembre, les Espagnols commencèrent la construction d'une forteresse sur cette partie de la côte. L'intention de l'Amiral était d'y laisser un certain nombre d'hommes, approvisionnés de pain, de vin, de graines pour un an, et de leur abandonner la chaloupe de la *Santa-Maria*. Les travaux furent poussés activement.

Ce jour-là, on eut des nouvelles de la *Pinta*, qui s'était séparée de la flottille depuis le 21 novembre ; elle était ancrée dans une rivière à l'extrémité de l'île, disaient les naturels ; mais un canot envoyé par Guacanagari revint sans avoir pu la découvrir. Ce fut alors que Colomb, ne voulant pas continuer ses explorations dans les conditions où il se trouvait, et réduit à une seule caravelle depuis la perte de la *Santa-Maria* qui n'avait pu être renflouée, résolut de revenir en Espagne, et commença ses préparatifs de départ.

Le 2 janvier, Colomb donna au cacique le spectacle d'une petite guerre dont ce roi et ses sujets se montrèrent très-émerveillés. Puis, il fit choix de trente-neuf hommes destinés à la garde de la forteresse pendant son absence et il nomma pour les commander Rodrigo de Escovedo. La plus grande partie de la cargaison de la *Santa-Maria* leur était abandonnée et devait leur suffire pendant plus d'un an. Parmi ces premiers colons du nouveau continent, on comptait un écrivain, un alguazil, un tonnelier, un médecin et un tailleur. Ces Espagnols avaient mission de rechercher les mines d'or, et de marquer un emplacement favorable à la fondation d'une ville.

Le 3 janvier, après de solennels adieux adressés au cacique et aux nouveaux colons, la *Nina* leva l'ancre et sortit du port. Bientôt on découvrit un îlot que dominait un mont très-élevé auquel on donna le nom de Monte-Cristi. Christophe Colomb prolongeait la côte depuis deux jours déjà, quand on signala l'approche de la *Pinta*. Bientôt son capitaine, Martin Alonzo Pinzon, vint à bord de la *Nina*, et tenta d'excuser sa conduite. La vérité est que Pinzon n'avait pris les devants que pour atteindre cette prétendue île de Babèque que les récits des indigènes faisaient si riche. L'Amiral voulut bien se contenter des mauvaises raisons que lui donna le capitaine Pinzon, et il apprit que la *Pinta* n'avait fait que côtoyer l'île Espagnole, sans avoir reconnu aucune île nouvelle.

Le 7 janvier, on s'arrêta pour aveugler une voie d'eau qui s'était déclarée dans les fonds de la *Nina*. Colomb profita de cette relâche pour explorer un large fleuve situé à une lieue de Monte-Cristi. Les paillettes que ce fleuve charriait lui firent donner le nom de Rivière d'Or. L'Amiral aurait voulu visiter avec plus de soin cette partie de l'île Espagnole, mais ses équipages avaient hâte de revenir, et, sous l'influence des frères Pinzon, ils commençaient à murmurer contre son autorité.

Le 9 janvier, les deux caravelles remirent à la voile et se dirigèrent vers l'est-sud-est. Elles côtoyaient ces côtes dont on baptisait les moindres sinuosités, la pointe Isabélique, le cap de la Roca, le cap Français, le cap Cabron, et enfin la baie de Samana, située à l'extrémité orientale de l'île. Là s'ouvrait un port dans lequel la flottille, retenue par les calmes, jeta l'ancre. Les premières relations avec les naturels furent excellentes ; mais elles se modifièrent subitement Les échanges cessèrent, et certaines démonstrations hostiles ne permirent plus de douter des mauvaises intentions des Indiens. En effet, le 13 janvier, les sauvages s'élancèrent à l'improviste sur les Espagnols. Ceux-ci, malgré leur petit nombre, firent bonne contenance, et, leurs armes aidant, ils mirent leurs ennemis en fuite, après quelques minutes de combat. Pour la première fois, le sang indien venait de couler sous une main européenne.

Le lendemain, Christophe Colomb retint à son bord quatre jeunes indigènes, et, malgré leurs réclamations, il mit à la voile. Ses équipages, aigris et fatigués, lui donnaient de graves ennuis, et, dans le récit de son voyage, cet homme, supérieur à toutes les faiblesses humaines et que le sort ne pouvait abattre, s'en plaint amèrement. Le 16 janvier, le voyage du retour commença véritablement, et le cap Samana, pointe extrême de l'île Espagnole, disparut à l'horizon.

La traversée fut rapide, et aucun incident ne se produisit jusqu'au 12 février. A cette date, les deux caravelles furent assaillies par une tempête terrible qui dura trois jours avec vents furieux, grosses vagues et éclairs du nord-nord-est. Trois fois les marins épouvantés firent vœu de pèlerinage à Sainte-Marie de Guadalupe, à Notre-Dame de Lorette et à Sainte-Claire de Moguer. Enfin tout l'équipage jura d'aller prier, pieds nus et en chemise, dans une église dédiée à Notre-Dame.

Cependant la tempête redoublait. L'Amiral, craignant une catastrophe, écrivit rapidement sur un parchemin le résumé de ses découvertes, avec prière à celui qui le trouverait de le faire parvenir au roi d'Espagne ; puis, enfermant ce document entouré de toile cirée dans un baril de bois, il le fit jeter à la mer.

Au lever du soleil, le 15 février, l'ouragan s'apaisa, les deux caravelles, séparées par la tempête, se rejoignirent, et, trois jours après, elles mouillaient à l'île Sainte-Marie, l'une des Açores. Aussitôt, l'Amiral s'occupa d'accomplir les vœux formés pendant l'orage ; il envoya donc la moitié de ses gens à terre ; mais ceux-ci furent retenus prisonniers par les Portugais, qui ne les rendirent que cinq jours plus tard, sur les réclamations énergiques de Colomb.

L'Amiral reprit la mer le 23 février. Contrarié par les vents et battu encore une fois par la tempête, il fit de nouveaux vœux avec tout son équipage, et s'engagea à jeûner le premier samedi qui suivrait son arrivée en Espagne. Enfin, le 4 mars, ses pilotes reconnurent l'embouchure du Tage, dans lequel la *Nina* put se réfugier, tandis que la *Pinta* était repoussée par les vents jusque dans la baie de Biscaye.

Les Portugais firent bon accueil à l'Amiral. Le roi lui accorda même une audience. Mais Colomb avait hâte de se rendre en Espagne. Dès que le temps le permit, la *Nina* reprit la mer, et le 15 mars, à midi, elle mouillait devant le port de Palos, après sept mois et demi de navigation, pendant lesquels Colomb avait découvert les îles de San-Salvador, Conception, Grande-Exuma, île Longue, îles Mucaras, Cuba et Saint-Domingue.

La cour de Ferdinand et d'Isabelle se trouvait alors à Barcelone. L'Amiral y fut mandé. Il partit aussitôt avec les Indiens qu'il ramenait du nouveau monde. L'enthousiasme qu'il excita fut extrême. De toutes parts les populations accouraient sur le passage du grand navigateur, et elles lui rendaient les honneurs royaux. L'entrée de Christophe Colomb à Barcelone fut magnifique. Le roi, la reine, les grands d'Espagne le reçurent pompeusement au palais de la Députation. Là il fit le récit de son merveilleux voyage, puis il présenta les échantillons d'or qu'il avait rapportés, et toute l'assemblée, tombant à genoux, entonna le *Te Deum*.

Christophe Colomb fut alors anobli par lettres patentes, et le roi lui octroya des armoiries avec cette devise : « A Castille et à Léon, Colomb donne un nouveau monde. » Le nom du navigateur génois fut acclamé dans l'Europe entière ; les Indiens ramenés par lui reçurent le baptême en présence de toute la cour, et l'homme de génie, si longtemps pauvre et méconnu, s'éleva alors au plus haut point de la célébrité.

III

Deuxième voyage : Flottille de dix-sept navires. — Ile de Fer. — La Dominique. — Marie-Galante. — La Guadeloupe. — Les Cannibales. — Montserrat. — Sainte-Marie-Rotonde. — Saint-Martin et Sainte-Croix. — Archipel des Onze mille Vierges. — Ile Saint-Jean-Baptiste ou Porto Rico. — L'île Espagnole. — Les premiers colons massacrés. — Fondation de la ville d'Isabelle. — Envoi en Espagne de deux navires chargés de richesses. — Fort Saint-Thomas élevé dans la province de Cibao. — Don Diègue, frère de Colomb, nommé gouverneur de l'île. — La Jamaïque. — La côte de Cuba. — Le rémora. — Retour à Isabelle. — Le cacique fait prisonnier. — Révolte des indigènes. — Disette. — Colomb calomnié en Espagne. — Envoi de Jean Aguado, commissaire, à Isabelle. — Les mines d'or. — Départ de Colomb. — Son arrivée à Cadix.

Le récit des aventures du grand navigateur génois avait surexcité les esprits. Les imaginations entrevoyaient déjà des continents d'or situés au delà des mers. Toutes les passions qu'engendre la cupidité bouillonnaient dans les cœurs. L'Amiral, sous la pression de l'opinion publique, ne pouvait se dispenser de reprendre la mer dans le plus bref délai. Lui-même, d'ailleurs, avait hâte de retourner au théâtre de ses conquêtes et d'enrichir les cartes du temps de terres nouvelles. Il se déclara donc prêt à partir.

Le roi et la reine mirent à sa disposition une flottille composée de trois vaisseaux et de quatorze caravelles. Douze cents hommes devaient y prendre passage. Un certain nombre de nobles castillans n'hésitèrent pas à se fier à l'étoile de Colomb, et voulurent tenter la fortune au delà des mers. Des chevaux, du bétail, des instruments de toutes sortes, destinés à recueillir et à purifier l'or, des graines variées, en un mot tous les objets nécessaires à l'établissement d'une importante colonie, remplissaient la cale des bâtiments. Des dix indigènes ramenés en Europe, cinq retournaient à leur pays, trois restaient malades en Europe, deux étaient morts.

Christophe Colomb fut nommé capitaine général de l'escadre, avec des pouvoirs illimités.

Le 25 septembre 1493, les dix-sept navires sortirent de Cadix, toutes voiles dehors, aux applaudissements d'une foule immense. Le 1er octobre, ils relâchaient à l'île de Fer, la plus occidentale des Canaries. Après vingt-trois jours d'une navigation que le vent et la mer favorisèrent constamment, Christophe Colomb eut connaissance de terres nouvelles.

En effet, le 3 novembre, le dimanche dans l'octave de la Toussaint, au lever du soleil, le pilote du vaisseau-amiral *Marie-Galante* s'écria : « Bonne nouvelle ! voici la terre ! »

Cette terre, c'était une île couverte d'arbres. L'Amiral, la croyant inhabitée, passa outre, reconnut quelques îlots épars sur sa route et arriva devant une seconde île. La première fut nommée Dominique, la seconde Marie-Galante, noms qu'elles portent encore aujourd'hui. Le lendemain, une troisième île plus grande se montra aux Espagnols. Et, dit le récit de ce voyage fait par Pierre Martyr, contemporain de Colomb, « quand ils furent arrivés auprès, ils reconnurent que c'était l'île des infâmes Cannibales ou Caraïbes, dont on avait seulement ouï parler pendant le premier voyage. »

Les Espagnols, bien armés, descendirent sur ce rivage, où s'élevaient une trentaine de maisons de bois de forme ronde et couvertes de feuilles de palmier. A l'intérieur de ces huttes étaient suspendus des hamacs de coton. Sur la place se dressaient deux espèces d'arbres ou poteaux autour desquels deux grands serpents morts étaient enlacés. A l'approche des étrangers, les naturels s'enfuirent à toutes jambes, abandonnant un certain nombre de prisonniers qu'ils se préparaient à dévorer. Les matelots fouillèrent leurs cases, et ils trouvèrent des os de jambes et de bras, des têtes fraîchement coupées, encore moites de sang, et autres restes humains qui ne laissaient aucun doute sur le mode d'alimentation de ces Caraïbes.

Cette île, que l'Amiral fit explorer en partie et dont on reconnut les principales rivières, fut baptisée du nom de Guadeloupe, à cause de sa ressemblance avec une province de l'Estramadure. Quelques femmes dont les matelots s'étaient emparés furent renvoyées à terre, après avoir été bien traitées sur le vaisseau-amiral. Christophe Colomb espérait que sa conduite envers ces Indiennes déciderait les Indiens à venir à son bord. Mais son espoir fut déçu.

Le 8 novembre, l'Amiral donna le signal du départ et fit voile avec toute son escadre vers l'île Espagnole, actuellement Saint-Domingue, sur laquelle il avait laissé trente-neuf compagnons de son premier voyage. En remontant au nord, il découvrit une grande île à laquelle les indigènes, qu'il avait gardés à bord après les avoir sauvés de la dent des Caraïbes, donnaient le nom de Madanino. Ils prétendaient qu'elle n'était habitée que par des femmes, et comme la relation de Marco Polo citait une contrée asiatique uniquement occupée par une population féminine, Christophe Colomb eut toutes les raisons de croire qu'il naviguait le long des côtes de l'Asie. L'Amiral désirait vivement explorer cette île, mais le vent contraire l'empêcha d'y atterrir.

A dix lieues au delà, on reconnut une autre île, entourée de hautes montagnes, qui fut nommée Montserrat, le lendemain, une seconde île à laquelle on donna le nom de Sainte-Marie-Rotonde, et, le jour suivant, deux autres îles, Saint-Martin et Sainte-Croix.

L'escadre mouilla devant Sainte-Croix pour y faire de l'eau. Là se passa une scène grave que Pierre Martyr raconte en des termes qu'il convient de rapporter, car ils sont fort expressifs : « L'Amiral, dit-il, commanda que trente hommes de son navire descendissent en terre pour explorer l'île ; et ces hommes étant descendus à la rive, trouvèrent quatre chiens et autant d'hommes jeunes et femmes au rivage, venant au-devant d'eux, et tendant les bras comme suppliants et demandant aide et délivrance de la gent cruelle. Les Cannibales voyant cela, tout ainsi que dans l'île de Guadeloupe, fuyant, se retirèrent tous aux forêts. Et nos gens demeurèrent deux jours en l'île pour la visiter.

« Pendant ce temps, ceux qui étaient demeurés au navire virent venir de loin un canot ayant huit hommes et autant de femmes ; nos gens leur firent signe ; mais eux approchant, tant hommes que femmes, commencèrent à transpercer très-légèrement et très-cruellement de leurs sagettes les nôtres avant qu'ils eussent eu le loisir de se couvrir de leurs boucliers, en telle manière qu'un Espagnol fut tué d'un trait d'une femme, et celle même d'une autre sagette en transperça un autre.

« Ces sauvages avaient des sagettes envenimées, contenant le venin au fer ; parmi eux était une femme à laquelle obéissaient tous les autres et s'inclinaient devant elle. Et c'était, comme on pouvait apercevoir par conjecture, une reine, ayant un fils de cruel regard, robuste, de face de lion, qui la suivait.

« Les nôtres, donc, estimant qu'il valait mieux combattre main à main que d'attendre plus grands maux en bataillant ainsi de loin, avancèrent tellement leur navire à force d'avirons, et par si grande violence le firent courir, que la queue d'icelui, de roideur qu'il allait, enfondra le canot des autres au fond.

« Mais ces Indiens, très-bons nageurs, sans se mouvoir plus lentement ni plus fort, ne cessèrent de jeter force sagettes contre les nôtres, tant hommes que femmes. Et ils firent tant qu'ils parvinrent, en nageant, à une roche couverte d'eau, sur laquelle ils montèrent et bataillèrent encore virilement. Néanmoins ils furent finalement pris, et l'un d'eux fut occis, et le fils de la reine percé en deux endroits; et furent emmenés en le navire de l'Amiral, où ils ne montrèrent pas moins de férocité et d'atrocité de face que si c'eussent été des lions de Libye, quand ils se sentent pris dans les filets. Et ils étaient tels que nul ne les eût pu bonnement regarder sans que d'horreur le cœur et les entrailles ne lui eussent tressailli, tant leur regard était hideux, terrible et infernal. »

On le voit, la lutte commençait a devenir sérieuse entre les Indiens et les Européens. Christophe Colomb reprit sa navigation vers le nord, au milieu d'îles « plaisantes et innombrables », couvertes de forêts que dominaient des montagnes de toutes couleurs. Cette agglomération d'îles fut appelée l'archipel des Onze mille Vierges. Bientôt apparut l'île Saint-Jean-Baptiste, qui n'est autre que Porto-Rico, terre alors infestée de Caraïbes, mais soigneusement cultivée et véritablement superbe avec ses bois immenses. Quelques matelots descendirent sur le rivage, et n'y trouvèrent qu'une douzaine de cases non habitées. L'amiral reprit alors la mer, et longea la côte méridionale de Porto-Rico pendant une cinquantaine de lieues.

Le vendredi 12 novembre, Colomb abordait enfin sur l'île Espagnole. On se figure de quelles émotions il devait être agité en revoyant le théâtre de ses premiers succès, en cherchant des yeux cette forteresse dans laquelle il avait abrité ses compagnons. Qu'était-il arrivé depuis un an à ces Européens abandonnés sur ces terres sauvages? En ce moment, un grand canot, monté par le frère du cacique Guacanagari, vint au devant de la *Marie-Galante*, et cet indigène, s'élançant à bord, offrit deux images d'or à l'Amiral.

Cependant Christophe Colomb cherchait à apercevoir sa forteresse, et, bien qu'il fût mouillé en face de l'emplacement sur lequel il l'avait fait construire, il n'en voyait pas la moindre trace. Très-inquiet du sort de ses compagnons, il descendit à terre. Là, quelle fut sa stupéfaction, quand de cette forteresse il ne trouva plus que des cendres! Qu'étaient devenus ses compatriotes? Avaient-ils payé de leur vie cette première tentative de colonisation? L'Amiral fit décharger à la fois toute l'artillerie des vaisseaux pour annoncer jusqu'au loin son arrivée devant l'île Espagnole. Mais aucun de ses compagnons ne parut.

Colomb, désespéré, envoya aussitôt des messagers au cacique Guacanagari. Ceux-ci, à leur retour, rapportèrent de funestes nouvelles. S'il fallait en croire Guacanagari, d'autres caciques, irrités de la présence des étrangers dans leur île, avaient attaqué ces malheureux colons et les avaient massacrés jusqu'au dernier. Guacanagari lui-même se serait fait blesser en les défendant, et pour preuve il montrait sa jambe entourée d'une bandelette de coton.

Christophe Colomb n'ajouta pas foi à cette intervention du cacique, mais il résolut de dissimuler, et le lendemain, lorsque Guacanagari vint à son bord, il lui fit bon accueil. Le cacique accepta une image de la Vierge qu'il suspendit sur sa poitrine. Il parut très-étonné à la vue des chevaux qu'on lui montra ; ces animaux étaient inconnus de ses compagnons et de lui. Puis, sa visite terminée, le cacique revint au rivage, regagna la région des montagnes, et on ne le revit plus.

L'Amiral dépêcha alors un de ses capitaines, avec trois cents hommes sous ses ordres, avec mission de fouiller le pays et de s'emparer du cacique. Ce capitaine s'enfonça dans les régions de l'intérieur, mais il ne retrouva aucune trace du cacique ni des infortunés colons. Pendant son excursion, il avait découvert un grand fleuve et un beau port très-abrité, qu'il nomma Port-Royal.

Cependant, malgré l'insuccès de sa première tentative, Colomb avait résolu de fonder une nouvelle colonie sur cette île, qui paraissait riche en métaux d'or et d'argent. Les naturels parlaient sans cesse de mines situées dans la province de Cibao. Deux gentilshommes, Alonzo de Hojeda et Corvalan, chargés de vérifier ces assertions, partirent au mois de janvier avec

I.   15

une nombreuse escorte ; ils découvrirent quatre fleuves dont les sables étaient aurifères, et ils rapportèrent une pépite qui pesait neuf onces.

L'Amiral, à la vue de ces richesses, fut confirmé dans la pensée que l'île Espagnole devait être cette célèbre Ophir dont il est parlé au livre des Rois. Il chercha un emplacement pour y bâtir une ville, et à dix lieues à l'est de Monte-Cristi, à l'embouchure d'une rivière qui formait un port, il jeta les fondements d'Isabelle. Le jour de l'Épiphanie, treize prêtres officièrent dans l'église en présence d'un immense concours de naturels.

Colomb songea alors à envoyer des nouvelles de la colonie au roi et à la reine d'Espagne. Douze navires, chargés de l'or recueilli dans l'île et des diverses productions du sol, se préparèrent à retourner en Europe sous le commandement du capitaine Torrès. Cette flottille mit à la voile le 2 février 1494, et peu de temps après, Colomb renvoya encore un des cinq navires qui lui restaient, avec le lieutenant Bernard de Pise, dont il avait à se plaindre.

Dès que l'ordre fut établi dans la colonie d'Isabelle, l'Amiral y laissa son frère, don Diègue, en qualité de gouverneur, et il partit avec cinq cents hommes, voulant visiter lui-même les mines de Cibao. Le pays que traversa cette petite troupe présentait une admirable fertilité ; les légumes y mûrissaient en treize jours ; le blé, semé en février, donnait de magnifiques épis en avril, et chaque année rapportait deux fois une moisson superbe. Des montagnes, des vallées furent franchies

successivement ; souvent le pic dut être employé pour
frayer une route à travers ces terres encore vierges, et
les Espagnols arrivèrent enfin à la province de Cibao. Là,
sur un coteau, près de la rive d'un grand fleuve,
l'Amiral fit construire un fort en pierre et en bois : il
l'entoura d'un bon fossé, et lui donna le nom de Saint-
Thomas, pour railler quelques-uns de ses officiers qui
ne croyaient pas aux mines d'or. Et ils avaient mauvaise grâce à douter, car, de toutes parts, les indigènes
apportaient des pépites, des grains d'or qu'ils échangeaient avec empressement contre des perles, et des
grelots surtout, dont le son argentin les excitait à
danser. Puis, ce pays n'était pas seulement le pays de
l'or, c'était aussi le pays des épices et des aromates, et
les arbres qui les produisaient formaient des forêts véritables. Les Espagnols ne pouvaient donc que se féli-
citer d'avoir conquis cette île opulente.

Après avoir laissé le fort Saint-Thomas à la garde de
cinquante-six hommes, commandés par don Pedro de
Margarita, Christophe Colomb reprit le chemin d'Isabelle vers le commencement d'avril. De grandes pluies
contrarièrent son retour. A son arrivée, il trouva la colonie naissante dans un extrême désordre ; la disette
menaçait par manque de farine, et la farine manquait
faute de moulins ; soldats et ouvriers étaient épuisés
par les fatigues. Colomb voulut obliger les gentilshommes à leur venir en aide ; mais ces fiers hidalgos
si désireux de conquérir la fortune, ne voulaient même
pas se baisser pour la ramasser, et ils refusèrent de faire

le métier de manœuvres. Les prêtres les soutinrent, et Colomb, obligé de sévir, dut mettre les églises en interdit. Cependant, il ne pouvait prolonger son séjour à Isabelle ; il avait hâte de découvrir d'autres terres. Ayant formé un conseil destiné à gouverner la colonie, conseil composé de trois gentilshommes et du chef des missionnaires sous la présidence de don Diègue, le 24 avril, il reprit la mer avec trois navires pour compléter le cycle de ses découvertes.

La flottille descendit vers le sud. On découvrit bientôt une nouvelle île que les naturels appelaient Jamaïque. Le relief de cette île était formé par une montagne à pentes très-adoucies. Ses habitants paraissaient ingénieux et adonnés aux arts mécaniques, mais d'un caractère peu pacifique. Plusieurs fois, ils s'opposèrent au débarquement des Espagnols ; mais ils furent repoussés et finirent par conclure un traité d'alliance avec l'Amiral.

De la Jamaïque, Christophe Colomb poussa ses recherches plus à l'occident. Il se croyait arrivé au point où les géographes anciens plaçaient la Chersonèse, cette région d'or de l'occident. Des courants très-forts le rejetèrent vers Cuba, dont il prolongea la côte sur une étendue de deux cent vingt-deux lieues. Pendant cette navigation très-périlleuse, au milieu de gués et de passages étroits, il nomma plus de sept cents îles, reconnut un grand nombre de ports, et entra souvent en relation avec les indigènes.

Au mois de mai, les vigies des navires signalèrent un

grand nombre d'îles herbeuses, fertiles et habitées. Colomb, se rapprochant de la terre, pénétra dans un fleuve, dont les eaux étaient si chaudes que nul ne pouvait y tenir la main; fait évidemment empreint d'exagération et que les découvertes postérieures ne justifièrent jamais. Les pêcheurs de cette côte employaient pour pêcher un certain poisson nommé *rémora*, « qui remplissait près d'eux l'office du chien près du chasseur.

« Ce poisson était de forme inconnue, ayant corps semblable à une grande anguille, et sur le derrière de la tête une peau très-tenante, à la façon d'une bourse pour prendre les poissons. Et ils tiennent ce poisson, lié d'une corde à l'esponde du navire, toujours en l'eau; car il ne peut soutenir le *regard* de l'air. Et quand ils voient un poisson ou une tortue, qui là sont plus grandes que grands boucliers, alors ils délient le poisson en lâchant la corde. Et quand il se sent délié, soudain, plus vite qu'une flèche il (le rémora) assaille ledit poisson ou tortue, jette dessus sa peau en manière de bourse, et tient sa proie si fermement, soit poisson ou tortue, par la partie apparente hors de la coque, que nullement on ne lui peut arracher. si on ne l'arrache à la marge de l'eau, la corde petit à petit attirée et assemblée : car sitôt qu'il voit la splendeur de l'air, il laisse incontinent sa proie. Et les pêcheurs descendent autant qu'il est nécessaire pour prendre la proie, et la mettent dedans leur navire, et ils lient le poisson chasseur, avec autant de corde qu'il lui en faut pour le remettre en son siége et place, et, avec une autre corde, lui donnent pour récompense un peu de viande de la proie. »

L'exploration des côtes continua vers l'occident. L'Amiral visita diverses contrées, dans lesquelles abondaient les oisons, les canards, les hérons, et ces chiens muets que les naturels mangeaient comme des chevreaux, et qui doivent être soit des almiguis, soit des ratons. Cependant, les passes sablonneuses se rétrécissaient de plus en plus : les navires s'en tiraient difficilement. L'Amiral tenait pourtant à ne pas s'éloigner de ces rivages qu'il voulait reconnaître. Un jour, il crut apercevoir sur une pointe des hommes vêtus de blanc, qu'il prit pour des frères de l'ordre de Sainte-Marie de la Merced, et il envoya quelques matelots pour s'aboucher avec eux. Pure illusion d'optique : ces prétendus moines n'étaient que de grands hérons des Tropiques, auxquels l'éloignement donnait l'apparence d'êtres humains.

Pendant les premiers jours de juin, Colomb dut relâcher pour radouber ses navires, dont la carène était très-endommagée par les bas-fonds de la côte. Le 7 du même mois, il fit célébrer une messe solennelle sur la plage. Pendant l'office, un vieux cacique survint, qui, la cérémonie terminée, offrit quelques fruits à l'Amiral. Puis, ce souverain indigène prononça ces paroles que les interprètes traduisirent ainsi :

« Il nous a été rapporté de quelle manière tu as investi et enveloppé de ta puissance ces terres qui vous étaient inconnues, et comment ta présence a causé aux peuples et aux habitants une grande terreur. Mais je crois devoir t'exhorter et t'avertir que deux chemins s'ouvrent devant les âmes lorsqu'elles se séparent des corps : l'un, rempli de ténèbres et de tristesse, destiné à ceux qui sont molestes et nuisants au genre humain ; l'autre, plaisant et délectable, réservé à ceux qui en leur vivant ont aimé la paix et le repos des gens. Donc, s'il te souvient toi être mortel et les rétributions à venir être mesurées sur les œuvres de la vie présente, tu ne feras de molestation à personne. »

Quel philosophe des temps anciens ou modernes eût jamais mieux dit et en un plus sain langage ! Tout le côté humain du christianisme est empreint dans ces magnifiques paroles, et elles sortaient de la bouche d'un sauvage ! Colomb et le cacique se séparèrent enchantés l'un de l'autre, et le plus étonné des deux ne fut peut-être pas le vieil indigène.

Toute cette tribu, d'ailleurs, semblait vivre dans la pratique des excellents préceptes indiqués par son chef. La terre était commune entre les naturels, comme le soleil, l'air et l'eau. Le mien et le tien, cause de toute discorde, n'existaient point dans leurs usages, et ils vivaient contents de peu « Ils ont l'âge d'or, dit le récit, ils ne fossoient ni n'enferment de haies leurs possessions ; ils laissent leurs jardins ouverts, sans lois, sans livres, sans juges ; mais, de leur nature, suivant ce qui est juste, et réputant mauvais et injuste celui qui se délecte à faire injure à autrui. »

Quittant la terre de Cuba, Christophe Colomb revint

vers la Jamaïque. Il en releva toute la côte sud jusqu'à son extrémité orientale. Son intention était d'assaillir les îles des Caraïbes et de détruire cette engeance malfaisante. Mais, à la suite de ses veilles et de ses fatigues, l'Amiral fut atteint d'une maladie qui l'obligea à suspendre ses projets. Il dut revenir à Isabelle, où, sous l'influence du bon air et du repos, il recouvra la santé, grâce aux soins de son frère et de ses familiers.

Du reste, la colonie réclamait impérieusement sa présence. Le gouverneur du fort Saint-Thomas avait soulevé les indigènes par ses cruelles exactions. Don Diègue, le frère de Christophe Colomb, lui avait fait des remontrances qui n'avaient pas été écoutées. Ce gouverneur, pendant l'absence de Colomb, était revenu à Isabelle, et s'était embarqué pour l'Espagne sur l'un des navires qui venaient d'amener à l'île Espagnole don Barthélemy, le second frère de l'Amiral.

Cependant, Colomb, revenu à la santé, ne pouvant laisser contester l'autorité qu'il avait déléguée à ses représentants, résolut de punir le cacique qui s'était révolté contre le gouverneur de Saint-Thomas. Avant tout, il envoya neuf hommes bien armés pour s'emparer d'un cacique redoutable nommé Caonabo. Leur chef, Hojeda, avec une intrépidité dont il donnera plus tard de nouvelles preuves, enleva le cacique au milieu des siens, et il le ramena prisonnier à Isabelle. Colomb fit embarquer cet indigène pour l'Europe; mais le navire qui le portait fit naufrage, et on n'en entendit plus jamais parler.

Sur ces entrefaites, Antoine de Torrès, envoyé par le roi et la reine pour complimenter Colomb, arriva à Saint-Domingue avec quatre vaisseaux. Ferdinand se déclarait très-satisfait des succès de l'Amiral, et il venait d'établir un service mensuel de transport entre l'Espagne et l'île Espagnole.

Cependant, l'enlèvement de Caonabo avait excité une révolte générale des indigènes. Ceux-ci prétendaient venger leur chef outragé et injustement déporté. Seul, le cacique Guacanagari, malgré la part qu'il avait prise au meurtre des premiers colons, demeurait fidèle aux Espagnols. Christophe Colomb, accompagné de don Barthélemy et du cacique, marcha contre les rebelles. Il rencontra bientôt une armée de naturels dont le chiffre, évidemment exagéré, est porté par lui à cent mille hommes. Quoi qu'il en soit, cette armée fut mise en déroute par un simple détachement composé de deux cents fantassins, vingt-cinq chiens et vingt-cinq cavaliers. Cette victoire rétablit, en apparence, l'autorité de l'Amiral. Un tribut fut imposé aux vaincus. Les Indiens, voisins des mines, durent payer de trois mois en trois mois une petite mesure d'or, et les autres, plus éloignés, vingt-cinq livres de coton. Mais la révolte n'était que comprimée, et non éteinte. A la voix d'une femme, Anacaona, veuve de Caonabo, les indigènes se soulevèrent une seconde fois ; ils parvinrent même à entraîner dans leur révolte Guacanagari, jusque-là fidèle à Colomb ; puis, détruisant les champs de maïs et toutes les plantations, ils se rejetèrent dans les montagnes. Les Espagnols se virent alors réduits à toutes les horreurs de la disette, et ils se livrèrent contre les naturels à de terribles représailles. On affirme que le tiers de la population indigène périt par la faim, la maladie et les armes des compagnons de Colomb. Ces malheureux Indiens payaient cher leurs rapports avec les conquérants européens.

Christophe Colomb était entré dans la voie des revers. Tandis que son autorité se voyait de plus en plus compromise à l'île Espagnole, sa réputation et son caractère subissaient de violentes attaques en Espagne. Il n'était pas là pour se défendre, et les officiers qu'il avait renvoyés dans la mère patrie l'accusaient hautement d'injustice et de cruauté ; ils avaient même insinué que l'Amiral cherchait à se rendre indépendant du roi. Ferdinand, influencé par ces indignes propos, désigna un commissaire qu'il chargea d'apprécier les faits incriminés et de se rendre aux Indes occidentales. Ce gentilhomme se nommait Jean d'Aguado. Le choix de ce seigneur, destiné à remplir une mission de confiance, ne fut pas heureux. Jean d'Aguado était un esprit partial et prévenu. Il arriva au mois d'octobre au port d'Isabelle, à un moment où l'Amiral, occupé d'explorations, était absent, et il commença par traiter avec une extrême hauteur le frère de Christophe Colomb. Don Diègue, s'appuyant de son titre de gouverneur général, refusa de se soumettre aux injonctions du commissaire du roi.

Jean d'Aguado se disposait donc à rentrer en Espagne, ne rapportant que de très-incomplètes informations, quand un ouragan terrible engloutit dans le port les vaisseaux qui l'avaient amené. Il ne restait plus que deux caravelles à l'île Espagnole. Christophe Colomb, revenu au milieu de la colonie, agissant avec une grandeur d'âme qu'on ne saurait trop admirer, mit l'un de ces navires à la disposition du commissaire royal, à la condition qu'il s'embarquerait sur l'autre pour aller se justifier auprès du roi.

Les choses en étaient à ce point, quand de nouvelles mines d'or furent découvertes dans l'île Espagnole. L'Amiral suspendit son départ. La convoitise eut la puissance de couper court à toutes discussions. Il ne fut plus question ni du roi d'Espagne ni de l'enquête qu'il avait ordonnée. Des officiers se rendirent aux nouveaux terrains aurifères; ils y trouvèrent des pépites dont quelques-unes pesaient jusqu'à vingt onces, et un bloc d'ambre d'un poids de trois cents livres. Colomb fit élever deux forteresses afin de protéger les mineurs, l'une sur la limite de la province de Cibao, l'autre sur les bords de la rivière Hayna. Cette précaution prise, ayant hâte de se justifier, il partit pour l'Espagne.

Les deux caravelles quittèrent le port Sainte-Isabelle le 10 mars 1496. Christophe Colomb avait à son bord deux cent vingt-cinq passagers et trente Indiens Le 9 avril, il toucha à Marie-Galante, et, le 10, il alla faire de l'eau à la Guadeloupe, où il eut un engagement assez vif avec les naturels. Le 20, il quitta cette île peu hospitalière, et, pendant un mois, il lutta contre les vents alisés. Le 11 juin, la terre d'Europe fut signalée, et le lendemain les caravelles entraient dans le port de Cadix.

Ce second retour du grand navigateur ne fut pas salué comme le premier par l'empressement des populations. A l'enthousiasme avaient succédé la froideur et l'envie. Les compagnons de l'Amiral eux-mêmes prenaient parti contre lui. En effet, découragés, désillusionnés, ne rapportant pas cette fortune pour laquelle ils avaient couru tant de dangers et subi tant de fatigues, ils se montraient injustes. Pourtant, ce n'était pas la faute de Colomb si les mines exploitées jusqu'ici coûtaient plus qu'elles ne rendaient.

Cependant, l'Amiral fut reçu à la cour avec une certaine faveur. Le récit de son second voyage ramena vers lui les esprits égarés. En somme, pendant cette expédition, n'avait-il pas découvert les îles Dominique, Marie-Galante, Guadeloupe, Monserrat, Sainte-Marie, Sainte-Croix, Porto-Rico, Jamaïque? N'avait-il pas opéré une nouvelle reconnaissance de Cuba et de Saint-Domingue? Colomb combattit donc vivement ses adversaires, et il employa même contre eux l'arme de la plaisanterie. A ceux qui niaient le mérite de ses découvertes, il proposa de faire tenir un œuf en équilibre sur l'une de ses extrémités, et comme ils ne pouvaient y parvenir, l'Amiral, cassant le bout de la coquille, plaça l'œuf sur sa partie brisée.

« Vous n'y aviez pas songé, dit-il. Eh bien, tout est là! »

IV

Troisième voyage : Madère. — Santiago de l'archipel du cap Vert. — La Trinité. — Première vue de la côte américaine du Vénézuéla, au delà de l'Orénoque, actuellement la province de Cumana. — Golfe de Paria. — Les Jardins. — Tabago. — Grenade. — Margarita. — Cubaga. — L'île Espagnole pendant l'absence de Colomb. — Fondation de la ville de Saint-Domingue. — Arrivée de Colomb. — Insubordination de la colonie. — Plaintes en Espagne. — Bovadilla envoyé par le roi pour connaître de la conduite de Colomb. — Colomb enchaîné et renvoyé en Espagne avec ses deux frères. — Son arrivée devant Ferdinand et Isabelle. — Retour de la faveur royale.

Christophe Colomb n'avait pas encore renoncé à poursuivre ses conquêtes au delà de l'océan Atlantique. Ni les fatigues, ni l'injustice des hommes ne pouvaient l'arrêter. Après avoir, non sans peine, triomphé du mauvais vouloir de ses ennemis, il parvint à organiser une troisième expédition sous les auspices du gouvernement espagnol. Le roi lui accorda huit vaisseaux, quarante cavaliers, cent fantassins, soixante matelots, vingt mineurs, cinquante laboureurs, vingt ouvriers de métiers divers, trente femmes, des médecins et même des musiciens. L'Amiral obtint, en outre, que toutes les peines en usage dans le royaume seraient changées en une déportation aux îles. Il devançait ainsi les Anglais dans cette idée si intelligente de peupler les colonies nouvelles avec des convicts que le travail devait réhabiliter.

Christophe Colomb mit à la voile le 30 mai de l'année

1498, bien qu'il souffrît de la goutte et qu'il fût encore malade des ennuis qu'il avait éprouvés depuis son retour. Avant de partir, il apprit qu'une flotte française le guettait au large du cap Saint-Vincent, afin d'entraver son expédition. Pour l'éviter, il se dirigea sur Madère où il relâcha ; puis, de cette île, il expédia vers l'île Espagnole tous ses navires moins trois, sous le commandement des capitaines Pedro de Arana, Alonzo Sanchez de Carabajal et Jean-Antoine Colomb, l'un de ses parents. Lui-même, avec un vaisseau et deux caravelles, il mit ensuite le cap au midi, dans l'intention de couper l'équateur et de chercher des terres plus méridionales, qui, suivant l'opinion généralement admise, devaient être plus riches en productions de toutes sortes.

Le 27 juin, la petite flottille toucha aux îles du Sel et de Santiago qui font partie de l'archipel du cap Vert. Elle en repartit le 4 juillet, fit cent vingt lieues dans le sud-ouest, éprouva de longs calmes et des chaleurs torrides, et, arrivée par le travers de Sierra-Léone, elle se dirigea directement vers l'ouest.

Le 31 juillet, à midi, un des matelots signala la terre. C'était une île située à l'extrémité nord-est de l'Amérique méridionale et fort rapprochée de la côte.

L'Amiral lui donna le nom de la Trinité, et tout l'équipage entonna le *Salve Regina* d'une voix reconnaissante. Le lendemain, 1ᵉʳ août, à cinq lieues du point signalé tout d'abord, le vaisseau et les deux caravelles mouillaient près de la pointe d'Alcatraz. L'Amiral fit descendre à terre quelques-unsde ses matelots pour renouveler ses provisions d'eau et de bois. La côte semblait inhabitée, mais on y remarquait de nombreuses empreintes d'animaux qui devaient être des chèvres.

Le 2 août, un long canot, monté par vingt-quatre naturels, s'avança vers les bâtiments. Ces Indiens, d'une belle stature, plus blancs de peau que les indigènes de l'île Espagnole, portaient sur leur tête un turban fait d'une écharpe de coton aux couleurs vives, et autour du corps une petite jupe de même étoffe. On essaya de les attirer à bord en leur présentant des miroirs et des verroteries ; les matelots, pour leur inspirer plus de confiance, commencèrent même des danses joyeuses ; mais les naturels, effrayés par le bruit du tambourin qui leur parut une démonstration hostile, répondirent par une nuée de flèches et se dirigèrent vers une des caravelles ; là, un pilote essaya encore de les apprivoiser en se rendant au milieu d'eux ; mais bientôt le canot s'éloigna et ne reparut plus.

Christophe Colomb reprit alors la mer, et découvrit une nouvelle île qu'il nomma Gracia. Mais ce qu'il prenait pour une île, c'était réellement la côte américaine, c'étaient ces rivages du Vénézuéla qui forment le delta de l'Orénoque, entrecoupé par les branches multiples de ce fleuve. Ce jour-là, le continent américain fut véritablement découvert par Colomb, quoique à son insu, dans cette partie du Vénézuéla qui se nomme province du Cumana.

Entre cette côte et l'île de la Trinité, la mer forme un golfe dangereux, le golfe de Paria, dans lequel un navire résiste difficilement aux courants, qui portent à l'ouest avec une extrême rapidité. L'Amiral se croyait en pleine mer, et il courut d'extrêmes périls dans ce golfe, parce que les fleuves du continent, gonflés par une crue accidentelle, précipitaient sur ses navires des masses d'eau considérables. Voici en quels termes Christophe Colomb raconte cet incident dans la lettre qu'il écrivit au roi et à la reine :

« A une heure avancée de la nuit, étant sur le pont, j'entendis une sorte de rugissement terrible : je cherchai à pénétrer l'obscurité, et tout à coup je vis la mer, sous la forme d'une colline aussi haute que le navire, s'avancer lentement du sud vers mes navires. Au-dessus de cette élévation, un courant arrivait avec un fracas épouvantable. Je ne doutais pas que nous ne fussions au moment d'être engloutis, et aujourd'hui encore j'éprouve à ce souvenir un saisissement douloureux. Par bonheur le courant et le flot passèrent, se dirigèrent vers l'embouchure du canal, y luttèrent longtemps, puis s'affaissèrent. »

Cependant, malgré les difficultés de cette navigation, l'Amiral, parcourant cette mer dont l'eau devenait de plus en plus douce à mesure qu'il s'élevait vers le nord, reconnut divers caps, l'un à l'est sur l'île de la Trinité, le cap de Pena-Blanca, l'autre à l'ouest sur le promontoire de Paria, qui est le cap de Lapa ; il nota plusieurs ports, entre autres le port des Singes, situé à l'embouchure de l'Orénoque. Colomb prit terre vers l'ouest de la pointe Cumana, et reçut un bon accueil de la part

PÊCHEURS DE PERLES. (PAGE 235.)
Fac-simile d'une gravure ancienne.

des habitants, qui étaient nombreux. Vers l'occident, au delà de la pointe d'Alcatraz, le pays était magnifique, et les indigènes affirmaient qu'on y récoltait beaucoup d'or et de perles.

Colomb aurait voulu relâcher pendant quelque temps sur cette partie de la côte ; mais il n'y voyait aucun abri sûr pour ses vaisseaux. D'ailleurs sa santé sérieusement altérée, sa vue assez gravement atteinte, lui prescrivaient le repos, et il avait hâte, pour lui, comme pour ses équipages fatigués, d'atteindre le port Isabelle. Il s'avança donc en suivant la rive vénézuélienne, et, autant qu'il le put, il entretint des relations avec les indigènes. Ces Indiens étaient de complexion magnifique et d'agréable physionomie ; leur installation domestique prouvait un certain goût ; ils possédaient des maisons à façades dans lesquelles se trouvaient quelques meubles assez adroitement tournés. Des plaques d'or ornaient leur cou. Quant au pays, il était superbe ; ses fleuves, ses montagnes, ses forêts immenses en faisaient comme une terre de prédilection. Aussi l'Amiral baptisa-t-il cette harmonieuse contrée du nom de Gracia, et, par une longue discussion, il a cherché à prouver que là fut autrefois le berceau du genre humain, ce paradis terrestre qu'Adam et Ève habitèrent si longtemps. Pour expliquer jusqu'à un certain point cette opinion du grand navigateur, il ne faut pas oublier qu'il croyait être sur les rivages de l'Asie. Ce lieu enchanteur fut nommé par lui les Jardins.

Le 23 août, après avoir surmonté, non sans danger, non sans fatigues, les courants de ce détroit, Christophe Colomb sortit du golfe de Paria par cette étroite passe qu'il appela la Bouche du Dragon, dont la dénomination s'est conservée jusqu'à nous. Les Espagnols, parvenus en pleine mer, découvrirent l'île de Tabago, située au nord-est de la Trinité, puis, plus au nord, la Conception, aujourd'hui Grenade. Alors l'Amiral mit le cap au sud-ouest et revint vers la côte américaine ; il la prolongea sur une étendue de quarante lieues, reconnut, le 25 août, l'île très-peuplée de Margarita, et enfin l'île de Cubaga, placée près de la terre ferme. En cet endroit, les indigènes avaient fondé une pêcherie de perles et s'occupaient de recueillir ce précieux produit. Colomb envoya un canot à terre et fit des échanges très-avantageux, car pour des débris de faïence ou des grelots, il obtint plusieurs livres de perles dont quelques-unes étaient fort grosses et d'un magnifique orient.

Arrivé à ce point de ses découvertes, l'Amiral s'arrêta. La tentation était grande d'explorer ce pays, mais les équipages et leurs chefs étaient épuisés. La route fut donnée de manière à rallier Saint-Domingue, où les intérêts les plus graves appelaient Christophe Colomb.

L'amiral, avant son départ, avait autorisé son frère à jeter les fondements d'une nouvelle ville. Dans ce but, don Barthélemy avait parcouru les diverses contrées de l'île. Ayant trouvé à cinquante lieues d'Isabelle un port magnifique, à l'embouchure d'un beau fleuve, il y traça les premières rues d'une cité qui devint plus tard la ville de Saint-Domingue. Ce fut en cet endroit que don Barthélemy fixa sa résidence, tandis que don Diègue restait gouverneur d'Isabelle. Ainsi donc, par leur situation, les deux frères de Colomb résumaient en leurs mains toute l'administration de la colonie. Mais déjà beaucoup de mécontents s'agitaient et étaient prêts à se révolter contre leur autorité. Ce fut dans ces circonstances que l'Amiral arriva à Saint-Domingue. Il donna raison à ses frères, qui, d'ailleurs, avaient sagement administré, et il fit une proclamation pour rappeler à l'obéissance les Espagnols révoltés. Puis, le 18 octobre, il fit partir cinq vaisseaux pour l'Espagne, avec un officier chargé de faire connaître au roi les nouvelles découvertes et l'état de la colonie, mise en danger par les fauteurs de désordre.

En ce moment, les affaires de Christophe Colomb prenaient en Europe une mauvaise tournure. Depuis son départ, les calomnies n'avaient cessé de s'accumuler contre ses frères et lui. Quelques révoltés, chassés de la colonie, dénonçaient cette envahissante dynastie des Colomb, et ils excitaient la jalousie d'un monarque vain et ingrat. La reine elle-même, jusque-là fidèle protectrice du marin génois, fut outrée en voyant arriver sur les vaisseaux un convoi de trois cents Indiens arrachés à leur pays et traités en esclaves. Mais Isabelle ignorait qu'un pareil abus de la force s'était accompli à l'insu de Colomb et pendant son absence. L'Amiral n'en fut pas moins jugé responsable, et pour connaître de sa conduite, la cour envoya à l'île Espagnole un commandeur de Calatrava, nommé François de Bovadilla, auquel furent donnés les titres d'intendant de justice et de gouverneur général. En réalité, c'était destituer Colomb. Bovadilla, investi de ce pouvoir discrétionnaire, partit avec deux caravelles vers la fin de juin 1500 Le 23 août, les colons aperçurent les deux navires qui cherchaient à entrer dans le port de Saint-Domingue.

Christophe Colomb et son frère don Barthélemy étaient alors absents. Ils faisaient élever un fort dans le canton de Xaragua. Don Diègue commandait pour eux. Bovadilla prit terre et vint entendre la messe, en déployant pendant cette cérémonie une ostentation très-significative : puis, ayant mandé don Diègue par devers lui, il lui ordonna de résigner ses pouvoirs entre ses mains. Christophe Colomb, prévenu par un messager, arriva en toute hâte. Il prit connaissance des lettres patentes de Bovadilla, et, lecture faite, il voulut bien le reconnaître comme intendant de justice, mais non comme gouverneur général de la colonie.

Alors, Bovadilla lui remit une lettre du roi et de la reine qui était conçue en ces termes :

« Don Christophe Colomb, notre Amiral dans l'Océan,

« Nous avons ordonné au commandeur don François Bovadilla de vous expliquer nos intentions. Nous vous ordonnons d'y ajouter foi et d'exécuter ce qu'il vous dira de notre part.

« Moi, le Roi, moi, la Reine. »

Le titre de vice-roi, qui appartenait à Colomb suivant les conventions solennellement signées par Ferdinand et Isabelle, n'était pas même mentionné dans cette lettre. Colomb fit taire sa juste colère et se soumit. Mais contre l'Amiral disgracié se leva tout le camp des faux amis. Tous ceux qui devaient leur fortune à Colomb se tournèrent contre lui; ils le chargèrent, ils l'accusèrent d'avoir voulu se rendre indépendant. Ineptes accusations! Comment cette pensée fût-elle venue à un étranger, à un Génois, seul, au milieu d'une colonie espagnole!

Bovadilla trouva l'occasion bonne pour sévir. Don Diègue était déjà emprisonné; le gouverneur fit bientôt mettre aux fers don Barthélemy et Christophe Colomb lui-même. L'Amiral, accusé de haute trahison, fut embarqué avec ses deux frères, et un vaisseau les conduisit en Espagne sous la conduite d'Alphonse de Villejo. Cet officier, homme de cœur, honteux du traitement que subissait Colomb, voulut lui ôter les liens qui l'attachaient. Mais Colomb refusa. Il voulait, lui, le conquérant du nouveau monde, arriver chargé de chaînes dans ce royaume d'Espagne qu'il avait enrichi!

L'Amiral eut raison d'en agir ainsi, car à le voir en cet état d'humiliation, lié comme un scélérat, traité comme un criminel, le sentiment public se révolta. La reconnaissance pour l'homme de génie se fit jour à travers les mauvaises passions si injustement surexcitées. Ce fut un soulèvement de colère contre Bovadilla. Le roi et la reine, entraînés par l'opinion, blâmèrent hautement la conduite du commandeur, et ils adressèrent à Christophe Colomb une lettre affectueuse, en l'invitant à se rendre à la cour.

Ce fut encore un beau jour pour Colomb. Il parut

devant Ferdinand et Isabelle, non en accusé, mais en accusateur ; puis, le souvenir d'indignes traitements lui brisant la poitrine, le pauvre grand homme pleura et fit pleurer autour de lui. Il raconta sa vie fièrement. Lui qu'on accusait d'ambition, que l'on disait s'être enrichi dans l'administration de la colonie, il se montra tel qu'il était, presque sans ressources ! Oui ! celui qui venait de découvrir un monde ne possédait pas une tuile pour abriter sa tête !

Isabelle, bonne et compatissante, pleura avec le vieux marin, et fut quelque temps sans pouvoir lui répondre, tant les larmes la suffoquaient. Enfin, d'affectueuses paroles s'échappèrent de ses lèvres ; elle assura Colomb de sa protection ; elle lui promit de le venger de ses ennemis ; elle s'excusa du mauvais choix que l'on avait fait de ce Bovadilla pour l'envoyer aux îles, et elle jura d'en tirer un châtiment exemplaire. Toutefois, elle demandait à son Amiral de laisser passer quelque temps avant de le rétablir dans son gouvernement, afin de permettre aux esprits prévenus de revenir au sentiment de l'honneur et de la justice.

Christophe Colomb fut calmé par les gracieuses paroles de la reine ; il se montra satisfait de son accueil, et admit la nécessité de ce délai que lui demandait Isabelle. Ce qu'il voulait avant tout, c'était servir encore son pays, son souverain adoptif, et il faisait entrevoir de grandes choses à tenter dans la voie des découvertes. En effet, son troisième voyage, malgré sa courte durée, n'avait pas été infructueux, et la carte s'était enrichie de ces noms nouveaux, la Trinité, le golfe de Paria, la côte de Cumana, les îles Tabago, Grenade, Margarita et Cubaga.

V

Quatrième voyage : une flottille de quatre bâtiments. — La Grande-Canarie. — La Martinique. — La Dominique. — Sainte-Croix. — Porto-Rico. — L'île Espagnole. — La Jamaïque. — L'île des Caïmans. — Ile des Pins. — Ile de Guanaja. — Cap Honduras. — La côte américaine de Truxillo au golfe de Darien. — Iles Limonares. — Ile Huerta. — Côte de Veragua. — Terrains aurifères. — Révolte des indigènes. — Le songe de Colomb. — Porto-Bello. — Les Mulatas. — Relâche à la Jamaïque. — Misère. — Révolte des Espagnols contre Colomb. — L'éclipse de lune. — Arrivée de Colomb à l'île Espagnole. — Retour de Colomb en Espagne. — Sa mort, le 20 mars 1506.

Christophe Colomb avait reconquis à la cour de Ferdinand et d'Isabelle toute la faveur qui lui était due. Peut-être le roi lui manifesta-il encore une certaine froideur; quoique la reine le protégeât chaudement et ouvertement. Cependant son titre officiel de vice-roi ne lui fut pas encore rendu; mais, en homme supérieur, l'Amiral ne réclama pas. Il eut d'ailleurs la satisfaction de voir Bovadilla destitué, autant pour ses abus de pouvoir que parce que sa conduite envers les Indiens était devenue atroce. L'inhumanité de cet Espagnol fut même poussée à ce point que, sous son administration, la population indigène de l'île diminua sensiblement.

Cependant, l'île Espagnole commençait à tenir les

promesses de Colomb, qui ne demandait pas trois ans pour accroître de soixante millions les revenus de la couronne. L'or se récoltait en abondance dans les mines mieux exploitées. Un esclave avait déterré sur les bords de la rivière Hayna un bloc pesant trois mille six cents écus d'or. On pouvait déjà prévoir que les nouvelles colonies renfermaient d'incalculables richesses.

L'Amiral, ne pouvant demeurer inactif, demandait instamment à entreprendre un quatrième voyage, bien qu'il fût alors âgé de soixante-six ans. Les raisons qu'il faisait valoir en faveur de cette nouvelle expédition étaient très-plausibles. En effet, un an avant le retour de Colomb, le Portugais Vasco da Gama était revenu des Indes après avoir doublé le cap de Bonne-Espérance. Or, Colomb voulait, en s'y rendant par les routes de l'ouest, beaucoup plus sûres et beaucoup plus courtes, faire une concurrence sérieuse au commerce portugais. Il soutenait toujours, croyant avoir accosté les terres d'Asie, que les îles et continents découverts par lui n'étaient séparés des Moluques que par un détroit. Il voulait donc, sans même revenir à l'île Espagnole et aux colonies déjà installées, marcher droit à ce pays des Indes. On le voit, le vice-roi déchu redevenait le hardi navigateur de ses premières années.

Le roi acquiesça à la demande de l'Amiral, et lui confia le commandement d'une flottille composée de quatre bâtiments, *le Santiago*, *le Gallego*, et *le Vizcaino*, une caravelle capitane. Le plus grand de ces navires ne jaugeait que soixante-dix tonneaux, le plus petit cinquante seulement. En réalité, ce n'étaient que des caboteurs.

Christophe Colomb quitta Cadix, le 9 mai 1502, avec cent cinquante hommes d'équipage. Il emmenait son frère Barthélemy et son second fils, Fernand, âgé de treize ans à peine, qu'il avait eu d'un second mariage.

Le 20 mai, les navires relâchaient à la Grande-Canarie, et, le 15 juin, ils atteignaient une des îles du Vent, la Martinique; puis, ils touchaient à la Dominique, à Sainte-Croix, à Porto-Rico, et enfin, après une heureuse traversée, ils arrivaient le 29 juin devant l'île Espagnole.

L'intention de Colomb, conseillé en cela par la reine, était bien de ne pas mettre le pied sur cette île d'où il avait été si indignement chassé. Mais sa caravelle, de construction mauvaise, tenait mal la mer; des réparations à sa carène devenaient urgentes. L'Amiral demanda donc au gouverneur la permission d'entrer dans le port.

Le nouveau gouverneur qui avait succédé à Bovadilla était un chevalier de l'ordre d'Alcantara, nommé Nicolas Ovando, homme juste et modéré. Cependant, par un excès de prudence, objectant que la présence de Colomb dans la colonie pourrait amener des désordres, il lui refusa l'entrée du port. Colomb renferma dans son cœur l'indignation que devait lui causer une telle conduite, et ce fut même par un bon avis qu'il répondit à ce mauvais procédé.

En effet, la flotte qui devait ramener Bovadilla en Espagne, et rapporter avec l'énorme bloc d'or d'immenses richesses, était prête à mettre à la voile. Mais le temps était devenu menaçant, et Colomb, avec sa perspicacité de marin, ayant observé les signes d'une prochaine tempête, fit engager le gouverneur à ne pas exposer ses navires et ceux qui les montaient. Ovando ne voulut tenir aucun compte du conseil de l'Amiral. Les bâtiments prirent la mer; ils n'étaient pas arrivés à la pointe orientale de l'île qu'un ouragan terrible en fit périr vingt et un, corps et biens. Bovadilla et la plupart des ennemis de Christophe Colomb furent noyés, tandis que, par une exception pour ainsi dire providentielle, le navire portant les débris de la fortune des Colomb échappa au désastre. L'Océan venait d'engloutir dix millions d'or et de pierres précieuses.

Pendant ce temps, les quatre caravelles de l'Amiral, repoussées du port, avaient fui devant la tempête. Elles furent désemparées et séparées les unes des autres, mais elles parvinrent à se rejoindre. La bourrasque les avait portées le 14 juillet en vue de la Jamaïque. Là, de grands courants les amenèrent devant le Jardin de la Reine, puis dans la direction de l'est quart sud-ouest. La petite flottille lutta alors pendant soixante jours sans faire plus de soixante-dix lieues, et fut enfin rejetée vers la côte de Cuba, ce qui amena la découverte des îles Caïmans et de l'île des Pins.

Christophe Colomb refit alors route au sud-ouest au milieu de ces mers qu'aucun navire européen n'avait encore parcourues. Il s'élançait de nouveau dans la voie des découvertes avec toutes les émotions passionnées du navigateur. La fortune le conduisit vers la côte septentrionale de l'Amérique; il reconnut l'île Guanaja le

30 juillet, et, le 14 août, il toucha au cap Honduras, cette langue de terre qui, prolongée par l'isthme de Panama, réunit les deux continents.

Ainsi donc, pour la seconde fois, Colomb accostait, sans le savoir, la véritable terre américaine. Il suivit les contours de ces rivages pendant plus de neuf mois, au milieu de périls et de luttes de tout genre, et il dressa le tracé de ces côtes, depuis l'endroit où fut depuis Truxillo jusqu'au golfe de Darien. Chaque nuit, il jetait l'ancre afin de ne pas s'éloigner de la terre, et il remonta jusqu'à cette limite orientale qui se termine brusquement par le cap de Gracias a Dios.

Ce cap fut doublé le 14 septembre, mais l'Amiral se vit assailli par des coups de vent tels que, lui, le plus vieux marin de ses équipages, n'en avait jamais subi de semblables. Voici dans quels termes sa lettre au roi d'Espagne raconte ce terrible épisode : « Pendant quatre-vingts jours, les flots continuèrent leurs assauts, et mes yeux ne virent ni le soleil, ni les étoiles, ni aucune planète ; mes vaisseaux étaient entr'ouverts, mes voiles rompues ; les cordages, les chaloupes, les agrès, tout était perdu ; mes matelots, malades et consternés, se livraient aux pieux devoirs de la religion ; aucun ne manquait de promettre des pèlerinages, et tous s'étaient confessés mutuellement, craignant de moment en moment de voir finir leur existence. J'ai vu beaucoup d'autres tempêtes, mais jamais je n'en ai vu de si longues et de si violentes. Beaucoup des miens qui passaient pour des matelots intrépides perdaient courage ; mais ce qui navrait profondément mon âme, c'était la douleur de mon fils, dont la jeunesse augmentait mon désespoir, et que je voyais en proie à plus de peines, plus de tourments qu'aucun de nous. C'était Dieu, sans doute, et non pas un autre, qui lui prêtait une telle force ; mon fils seul rallumait le courage, réveillait la patience des marins dans leurs durs travaux ; enfin, on eût cru voir en lui un navigateur qui aurait vieilli au milieu des tempêtes, chose étonnante, difficile à croire, et qui venait mêler quelque joie aux peines qui m'abreuvaient. J'étais malade, et plusieurs fois je vis l'approche de mon dernier moment..... Enfin, pour mettre le comble à mon malheur, vingt années de service, de fatigues et de périls ne m'ont apporté aucun profit, car je me trouve aujourd'hui sans posséder une tuile en Espagne, et l'auberge seule me présente un asile lorsque je veux prendre quelque repos ou les repas les plus simples ; encore m'arrive-t-il souvent de me trouver dans l'impuissance de payer mon écot... »

Ces quelques lignes n'indiquent-elles pas de quelles suprêmes douleurs était abreuvée l'âme de Colomb ? Au milieu de tant de périls et d'inquiétudes, comment pouvait-il conserver l'énergie nécessaire à un chef d'expédition ?

Pendant toute la durée de la tempête, les navires prolongèrent cette côte qui porte successivement les noms de Honduras, de Mosquitos, de Nicaragua, de Costa-Rica, de Veragua et de Panama. Les douze îles Limonares furent découvertes pendant cette période. Enfin, le 25 septembre, Colomb s'arrête entre la petite île de la Huerta et le continent, puis, le 5 octobre, il part de nouveau et, après avoir relevé la baie de l'Almirante, il jette l'ancre en face du village de Cariay. Là, les navires furent réparés, et ils restèrent dans cette relâche jusqu'au 15 octobre.

Christophe Colomb se croyait alors arrivé non loin de l'embouchure du Gange, et les naturels, en lui parlant d'une certaine province de Ciguare, entourée par la mer, semblaient confirmer cette opinion. Ils prétendaient aussi que la contrée renfermait d'abondantes mines d'or, dont la plus importante était située à vingt-cinq lieues vers le sud. L'Amiral reprit donc la mer et commença à suivre la côte boisée de Veragua. Les Indiens, sur cette partie du continent, semblaient être très-sauvages. Le 26 novembre, la flottille entra au port d'El Retrete, qui a formé le port actuel des Escribanos. Les bâtiments, rongés par les vers, étaient dans le plus triste état ; il fallut encore réparer leurs avaries et prolonger la relâche à El Retrete. Colomb ne quitta ce port que pour essuyer une tempête plus affreuse que les précédentes : « Pendant neuf jours, dit-il, je restai sans aucune espérance de salut. Jamais homme ne vit une mer plus violente et plus terrible ; elle s'était couverte d'écume ; le vent ne permettait ni d'aller en avant ni de se diriger vers quelque cap ; il me retenait dans cette mer, dont les flots semblaient être de sang ; son onde paraissait bouillir comme échauffée par le feu. Jamais je ne vis au ciel un aspect aussi épouvantable : ardent pendant un jour et une nuit comme une fournaise, il lançait sans relâche la foudre et les flammes, et je craignais qu'à chaque moment les voiles et les mâts ne fussent emportés. Le tonnerre grondait avec un bruit si horrible qu'il semblait devoir anéantir nos vaisseaux ; pendant tout ce temps la pluie tombait avec une telle violence que l'on ne pouvait pas dire que c'était la pluie, mais bien un nouveau déluge. Mes matelots, accablés par tant de peines et de tourments, appelaient la mort comme un terme à tant de maux ; mes navires étaient ouverts de tous côtés, et les barques, les ancres, les cordages, les voiles, tout était encore perdu. »

Pendant cette longue et pénible navigation, l'Amiral avait parcouru près de trois cent cinquante lieues. Ses équipages étaient à bout de forces. Il fut donc obligé de revenir sur ses pas et de regagner la rivière de Veragua ; mais, n'ayant pas trouvé un abri sûr pour ses navires, il se rendit non loin, à l'embouchure de la rivière de Bethléem, qui est aujourd'hui la rivière Yebra, dans laquelle il mouilla le jour de l'Épiphanie de l'année 1503. Le lendemain, la tempête recommençait, et même le 24 janvier, sous un gonflement subit du fleuve, les câbles des bâtiments se rompirent, et ils ne purent être sauvés qu'à grand'peine.

Cependant l'Amiral, n'oubliant pas le but principal de sa mission sur ces terres nouvelles, était parvenu à établir des relations suivies avec les indigènes. Le cacique de Bethléem se montrait accommodant, et il désigna, à cinq lieues à l'intérieur, une contrée où les mines d'or devaient être très-riches. Le 6 février, Christophe Colomb expédia vers l'emplacement indiqué un détachement de soixante-dix hommes, sous la conduite de son frère Barthélemy. Après avoir franchi un sol très-accidenté et coupé par des rivières tellement sinueuses que l'une d'elles dut être traversée trente-neuf fois pendant le trajet, les Espagnols atteignirent les terrains aurifères. Ils étaient immenses et s'étendaient à perte de vue. L'or y était tellement abondant qu'un homme seul pouvait en recueillir une mesure en dix jours En quatre heures, Barthélemy et ses compagnons en ramassèrent pour une somme énorme. Ils revinrent vers l'Amiral. Celui-ci, quand il connut ce résultat, résolut de s'établir sur la côte et fit construire des baraques en bois.

Les mines de cette région étaient véritablement d'une incomparable richesse ; elles semblaient inépuisables, et pour elles Colomb oublia Cuba et Saint-Domingue. Sa lettre au roi Ferdinand marque son enthousiasme à cet égard, et l'on peut être étonné de trouver sous la plume de ce grand homme cette curieuse phrase, qui n'est ni d'un philosophe, ni d'un chrétien : « L'or ! l'or ! excellente chose ! C'est de l'or que naissent les richesses, c'est par lui que tout se fait dans le monde, et son pouvoir suffit souvent pour envoyer les âmes en paradis ! »

Les Espagnols travaillaient donc avec ardeur à entasser l'or dans leurs vaisseaux. Jusqu'alors les relations avec les indigènes avaient été paisibles, bien que ces gens-là fussent d'humeur farouche. Mais bientôt le cacique, irrité de l'usurpation accomplie par les étrangers, résolut de les massacrer et de brûler leurs habitations. Un jour donc, il se jeta sur les Espagnols avec des forces considérables. Il y eut une bataille très-sérieuse. Les Indiens furent repoussés. Le cacique s'était laissé prendre avec toute sa famille; mais ses enfants et lui parvinrent à s'échapper et ils gagnèrent la région des montagnes avec un grand nombre de leurs compagnons. Plus tard, dans le mois d'avril, les indigènes, formant une troupe considérable, attaquèrent une seconde fois les Espagnols, qui les exterminèrent en grande partie.

Cependant, la santé de Colomb s'altérait de plus en plus. Le vent lui manquait pour quitter cette relâche. Il se désespérait. Un jour, épuisé de fatigue, il tomba et s'endormit. Dans son sommeil il entendit une voix compatissante qui lui dicta ces paroles que nous allons répéter textuellement, car elles sont empreintes d'une certaine religiosité extatique qui complète la personnalité du vieux navigateur. Voici ce que lui disait cette voix :

« O insensé! pourquoi tant de lenteur à croire et à servir ton Dieu, le Dieu de l'univers? Que fit-il de plus pour Moïse et pour David son serviteur? Depuis ta naissance, n'a-t-il pas eu pour toi la plus tendre sollicitude; et lorsqu'il te vit dans un âge où t'attendaient ses desseins, n'a-t-il pas fait glorieusement retentir ton nom sur la terre? Les Indes, cette partie si riche du monde, ne te les a-t-il pas données? Ne t'a-t-il pas rendu libre d'en faire l'hommage suivant ta volonté ? Quel autre que lui te prêta les moyens d'exécuter ses projets? Des liens défendaient l'entrée de l'Océan ; ils étaient formés de chaînes que l'on ne pouvait briser. Il t'en donna les clefs. Ton pouvoir fut reconnu dans les terres éloignées, et ta gloire fut proclamée par tous les chrétiens. Dieu se montra-t-il plus favorable au peuple d'Israël lorsqu'il le retira de l'Égypte? Protégea-t-il plus efficacement David, lorsque, de pasteur, il le fit roi de Judée? Tourne-toi vers lui et reconnais ton erreur, car sa miséricorde est infinie. Ta vieillesse ne sera pas un obstacle pour les grandes choses qui t'attendent : il tient dans ses mains les plus brillants héritages. Abraham n'avait-il pas cent ans et Sarah n'avait-elle pas déjà dépassé sa première jeunesse lorsque Isaac naquit? Tu appelles un secours incertain. Réponds-moi : qui t'a exposé si souvent à tant de dangers? Est-ce Dieu ou le monde? Les avantages, les promesses que Dieu accorde, il ne les enfreint jamais envers ses serviteurs. Ce n'est point lui qui, après avoir reçu un service, prétend que l'on n'a pas suivi ses intentions, et qui donne à ses ordres une nouvelle interprétation ; ce n'est point lui qui s'épuise pour donner une couleur avantageuse à des actes arbitraires. Ses discours ne sont point détournés ; tout ce qu'il promet il l'accorde avec usure. Il fait toujours ainsi. Je t'ai dit tout ce que le Créateur a fait pour toi; en ce moment il te montre le prix et la récompense des périls et des peines auxquels tu fus en butte pour le service des autres. » Et moi, quoique accablé de souffances, j'entendis tout ce discours ; mais je ne pus trouver assez de force pour répondre à des promesses si certaines ; je me contentai de pleurer sur mes erreurs. Cette voix acheva en ces termes : « Espère, prends confiance ; tes travaux seront gravés marbre, et ce sera avec justice. »

Christophe Colomb, dès qu'il fut rétabli, songea à quitter cette côte. Il eût voulu y fonder un établissement, mais ses équipages n'étaient pas assez nombreux pour qu'il se risquât à en laisser une partie à terre. Les quatre caravelles étaient trouées par les vers. Il dut en abandonner une à Bethléem, et il mit à la voile le jour de Pâques. Mais à peine fut-il engagé de trente lieues en mer, qu'une voie d'eau se déclara dans l'un des navires. L'Amiral dut regagner la côte en toute hâte, et il arriva heureusement à Porto-Bello, où il laissa ce bâtiment dont les avaries étaient irréparables. La flottille ne se composait plus alors que de deux caravelles, sans chaloupes, presque sans provisions, et elle avait sept mille mille à parcourir. Elle remonta la côte, passa devant le port d'El Retrete, reconnut le groupe des Mulatas, et pénétra dans le golfe de Darien. Ce fut le point extrême atteint par Colomb dans l'est.

Le 1er mai l'Amiral se dirigea vers l'île Espagnole ; le 10 mai, il était arrivé en vue des îles Caïmans ; mais il ne put maîtriser les vents qui le repoussèrent dans le nord-ouest jusqu'auprès de Cuba. Là, dans une tempête au milieu des bas-fonds, il perdit ses voiles, ses ancres, et ses deux navires se heurtèrent pendant la nuit. Puis, l'ouragan le rejetant dans le sud, il revint avec ses bâtiments fracassés à la Jamaïque, et il mouilla le 23 juin dans le port San-Gloria, devenu baie de Don Christophe. L'Amiral eût voulu gagner l'île Espagnole; là se trouvaient les ressources nécessaires pour ravitailler ses navires, ressources qui manquaient absolument à la Jamaïque; mais ses deux caravelles, rongées par les vers, « semblables à des ruches d'abeilles, » ne pouvaient impunément tenter cette navigation de trente lieues. Or, comment envoyer un message à Ovando, le gouverneur de l'île Espagnole?

Cependant, les caravelles faisaient eau de toutes parts, et l'Amiral dut les échouer; puis il essaya d'organiser la vie commune sur ces rivages Les Indiens lui vinrent d'abord en aide, et fournirent aux équipages les vivres dont ils avaient besoin. Mais ces malheureux matelots, si éprouvés, manifestaient leur mécontentement contre l'Amiral; ils étaient prêts à se révolter, et l'infortuné Colomb, brisé par la maladie, ne quittait plus son lit de douleurs.

Ce fut dans ces circonstances que deux braves officiers, Mendez et Fieschi, proposèrent à l'Amiral de tenter sur des pirogues indiennes cette traversée de la Jamaïque à l'île Espagnole. En réalité, c'était un voyage de deux cents lieues, car il fallait remonter la côte jusqu'au port de la colonie. Mais les courageux officiers étaient prêts à affronter tous les périls, car il s'agissait du salut de leurs compagnons. Christophe Colomb, comprenant cette audacieuse proposition qu'en toute autre circonstance il eût faite lui-même, autorisa Mendez et Fieschi à partir. Puis l'Amiral, n'ayant plus de navires, presque sans vivres, demeura avec son équipage sur cette île sauvage.

Bientôt la misère de ces naufragés — on peut leur donner ce nom — fut telle qu'une révolte s'ensuivit. Les compagnons de l'Amiral, aveuglés par les souffrances, s'imaginèrent que leur chef n'osait pas retourner à ce port de l'île Espagnole dont le gouverneur Ovando lui avait déjà refusé l'entrée. Ils crurent que cette proscription les frappait eux-mêmes comme l'Amiral. Ils se dirent que le gouverneur, en excluant la flottille des ports de la colonie, ne devait avoir agi que sur les ordres du roi. Ces raisonnements absurdes montèrent des esprits déjà mal disposés, et enfin, le 2 janvier 1504, le capitaine de l'une des caravelles, le trésorier militaire, deux frères nommés Porras, se mirent à la tête des mécontents. Ils prétendaient revenir en Europe et se précipitèrent vers la tente de l'Amiral, en criant : Castille! Castille!

Colomb était malade et couché. Son frère et son fils vinrent lui faire un rempart de leurs corps. Les révoltés, à la vue du vieil amiral, s'arrêtèrent, et leur fureur tomba devant lui. Mais ils ne voulurent pas écouter ses remontrance et ses conseils; ils ne comprirent pas qu'ils ne pouvaient se sauver que par une entente générale, et que si chacun, s'oubliant lui-même, travaillait pour le salut commun. Non! Leur parti était pris de quitter l'île quand même et par n'importe quel moyen.

Porras et les révoltés coururent donc vers le rivage ;
ils s'emparèrent des canots des indigènes et ils se dirigèrent vers l'extrémité orientale de l'île. Là, ne res-
pectant plus rien, ivres de fureur, ils pillèrent les habitations indiennes, rendant ainsi l'Amiral responsable
de leurs violences, et ils entraînèrent quelques malheureux naturels à bord des canots qu'ils leur avaient
volés. Porras et les siens continuèrent leur navigation ;
mais, à quelques lieues au large, ils furent surpris par
un coup de vent qui les mit en grand péril, et, pour alléger leurs embarcations, ils jetèrent leurs prisonniers
à la mer. Après cette barbare exécution, les canots
essayèrent de gagner l'île Espagnole, ainsi que l'a-
vaient fait Mendez et Fieschi, mais ils furent obsti-
nément jetés sur les côtes de la Jamaïque.

Cependant l'Amiral, resté seul avec ses amis et les
malades, parvint à rétablir l'ordre dans son petit monde.
Mais la misère s'accroissait. La famine devenait mena-
çante. Les indigènes se lassaient de nourrir ces étrangers dont le séjour se prolongeait sur leur île. D'ailleurs,
ils avaient vu les Espagnols se livrer bataille entre eux,
ce qui avait tué leur prestige. Ces naturels comprenaient enfin que ces Européens n'étaient que de simples
hommes, et ils apprirent ainsi à ne plus les respecter ni
les craindre. L'autorité de Colomb sur ces populations
indiennes diminuait donc de jour en jour, et il fallut
une circonstance fortuite, dont l'Amiral profita habilement, pour lui refaire un prestige si nécessaire au salut
de ses compagnons.

Une éclipse de lune, prévue et calculée par Colomb, devait avoir lieu un certain jour. Le matin même de ce jour, l'Amiral fit demander une entrevue aux caciques de l'île. Ceux-ci se rendirent à l'invitation, et quand ils furent réunis dans la tente de Colomb, celui-ci leur annonça que Dieu, voulant les punir de leurs mesures inhospitalières et de leurs mauvaises dispositions à l'égard des Espagnols, leur refuserait le soir la lumière de la lune. En effet, tout se passa comme l'avait annoncé l'Amiral. L'ombre de la terre vint cacher la lune, dont le disque semblait rongé par quelque monstre formidable. Les sauvages épouvantés se jetèrent aux pieds de Colomb, le suppliant d'intercéder le ciel en leur faveur, et promettant de mettre toutes leurs richesses à sa disposition. Colomb, après quelques hésitations habilement jouées, feignit de se rendre aux prières des indigènes. Sous prétexte d'implorer la divinité, il courut s'enfermer sous sa tente pendant toute la durée de l'éclipse, et il ne reparut qu'au moment où le phénomène allait toucher à sa fin. Alors il annonça aux caciques que le ciel s'était laissé gagner, et, le bras étendu, il commanda à la lune de reparaître. Bientôt, le disque sortit du cône d'ombre, et l'astre des nuits brilla dans toute sa splendeur. Depuis ce jour, les Indiens, reconnaissants et soumis, acceptèrent cette autorité de l'Amiral que les puissances célestes leur imposaient si manifestement.

Pendant que ces événements se passaient à la Jamaïque, Mendez et Fieschi avaient depuis longtemps atteint leur but. Ces courageux officiers, après une miraculeuse traversée de quatre jours opérée dans un frêle canot, étaient arrivés à l'île Espagnole. Aussitôt ils firent connaître au gouverneur la situation désespérée de Christophe Colomb et de ses compagnons. Ovando, haineux et injuste, retint d'abord les deux officiers, et, sous prétexte de se rendre compte du véritable état de choses, il dépêcha vers la Jamaïque, après huit mois de retard, un homme à lui, un certain Diego Escobar, qui était l'ennemi particulier de l'Amiral. Escobar, à son arrivée à la Jamaïque, ne voulut pas communiquer avec Christophe Colomb; il ne débarqua même pas; il se contenta de mettre à terre, à la disposition des équipages en détresse, « un porc et un baril de vin; » puis, il repartit sans avoir admis personne à son bord. La conscience se refuse à croire à de telles infamies, et malheureusement elles ne sont que trop réelles!

L'Amiral fut indigné de cette cruelle raillerie; mais il ne s'emporta pas, il ne récrimina point. L'arrivée d'Escobar devait rassurer les naufragés, car elle prouvait que leur situation était connue. La délivrance n'était donc plus qu'une affaire de temps, et le moral des Espagnols se releva peu à peu.

L'Amiral voulut tenter alors de ramener à lui Porras et les révoltés, qui, depuis leur séparation, ne cessaient de ravager l'île et d'exercer contre les malheureux indigènes d'odieuses cruautés. Il leur fit la proposition de rentrer en grâce auprès de lui; mais ces insensés ne répondirent à ces généreuses ouvertures qu'en venant attaquer Colomb jusque dans sa retraite. Les Espagnols restés fidèles à la cause de l'ordre durent mettre les armes à la main. Les amis de l'Amiral défendirent vaillamment leur chef. Ils ne perdirent qu'un des leurs dans cette triste affaire, et ils restèrent maîtres du champ de bataille, après avoir fait prisonniers les deux frères Porras. Les révoltés se jetèrent alors aux genoux de Colomb, qui, tenant compte de leurs souffrances, pardonna.

Enfin, un an seulement après le départ de Mendez et de Fieschi, parut le navire, équipé par eux aux frais de Colomb, qui devait rapatrier les naufragés. Le 24 juin 1504, tous s'embarquèrent, et, quittant la Jamaïque, théâtre de tant de misères morales et physiques, ils firent voile vers l'île Espagnole.

Arrivé au port, après une bonne traversée, Christophe Colomb, à son grand étonnement, fut d'abord reçu avec beaucoup d'égards. Le gouverneur Ovando, en homme adroit qui ne veut pas résister à l'opinion publique, fit honneur à l'Amiral. Mais ces bonnes dispositions ne devaient pas durer. Bientôt les tracasseries recommencèrent. Alors, Colomb, ne pouvant plus, ne voulant plus les supporter, humilié, maltraité même, fréta deux navires, dont il partagea le commandement avec son frère Barthélemy, et, le 12 septembre 1504, il prit pour la dernière fois le chemin de l'Europe.

Ce quatrième voyage avait acquis à la science géographique les îles Caïmans, Martinique, Limonares,

Guanaja, les côtes du Honduras, de Mosquitos, du Nicaragua, de Veragua, de Costa-Rica, de Porto-Bello, de
Panama, les îles Mulatas et le golfe de Darien.

La tempête devait encore éprouver Colomb pendant
sa dernière traversée de l'Océan. Son navire fut désemparé, et son équipage dut se transborder avec lui
sur le navire de son frère. Le 19 octobre, un ouragan
formidable vint encore briser le grand mât de ce bâtiment, qui dut faire sept cents lieues avec sa voilure incomplète. Enfin, le 7 novembre, l'Amiral entra dans le
port de San-Lucar.

Une triste nouvelle attendait Colomb à son retour. Sa
protectrice, la reine Isabelle, venait de mourir. Qui donc
s'intéressera maintenant au vieux Génois?

Le roi Ferdinand, ingrat et envieux, reçut froidement
l'Amiral. Il ne lui ménagea ni les faux-fuyants, ni les
lenteurs, espérant se dégager ainsi des traités solennellement signés de sa main, et il finit par proposer
à Colomb une petite ville de la Castille, Camon de
los Condes, en échange de ses titres et de ses dignités.

Tant d'ingratitude et de déloyauté accablèrent le
vieillard. Sa santé, si profondément altérée, ne se
releva plus, et le chagrin le conduisit au tombeau. Le
20 mai 1506, à Valladolid, âgé de soixante-dix ans, il
rendit son âme à Dieu, en prononçant ces paroles : « Seigneur, je remets mon esprit et mon corps entre vos
mains. »

Les restes de Christophe Colomb avaient d'abord été

déposés dans le couvent de Saint-François; puis, en 1513, ils furent placés dans le couvent des Chartreux de Séville. Mais il semblait que le repos ne dût pas être acquis au grand navigateur, même après sa mort. En l'an 1536, son corps fut transporté dans la cathédrale de Saint-Domingue. La tradition locale veut que, après le traité de Bâle, en 1795, lorsque le gouvernement espagnol, avant de livrer à la France la partie orientale de l'île de Saint-Domingue, ordonna la translation des cendres du grand voyageur à la Havane, un chanoine ait substitué d'autres restes à ceux de Christophe Colomb, et que ceux-ci aient été déposés dans le chœur de la cathédrale, à gauche de l'autel.

Grâce à la manœuvre de ce chanoine, inspiré soit par un sentiment de patriotisme local, soit par le respect des dernières volontés de Colomb, fixant Saint-Domingue comme lieu choisi de sa sépulture, ce ne seraient pas les cendres de l'illustre navigateur que l'Espagne posséderait à la Havane, mais probablement celles de son frère Diego.

La découverte qui vient d'être faite, le 10 septembre 1877, dans la cathédrale de Saint-Domingue, d'une boîte de plomb contenant des ossements humains et dont l'inscription prouverait qu'elle renferme les restes du *découvreur* de l'Amérique, semble confirmer de tout point la tradition que nous venons de rapporter.

Au reste, que le corps de Christophe Colomb soit à Saint-Domingue ou à la Havane, peu importe : son nom et sa gloire sont partout.

CHAPITRE VIII

LA CONQUÊTE DE L'INDE ET DU PAYS DES ÉPICES

I

Covilham et Païva. — Vasco da Gama. — Le cap de Bonne-Espérance est doublé. — Escales à Sam-Braz. Mozambique, Mombaz et Melinde. — Arrivée à Calicut. — Trahisons du zamorin. — Batailles. — Retour en Europe. — Le scorbut. — Mort de Paul da Gama. — Arrivée à Lisbonne.

En même temps qu'il envoyait Diaz chercher dans le sud de l'Afrique la route des Indes, le roi de Portugal, Jean II, chargeait deux gentilshommes de sa cour de s'informer s'il ne serait pas possible d'y pénétrer par une voie plus facile, plus rapide et plus sûre : l'isthme de Suez, la mer Rouge et l'océan Indien.

Une telle mission exigeait un homme habile, entreprenant, bien au courant des difficultés d'un voyage dans ces régions, connaissant les langues orientales et tout au moins l'arabe. Il fallait un agent de caractère souple et dissimulé, capable, en un mot, de ne pas laisser pénétrer des projets qui ne tendaient à rien moins qu'à retirer des mains des musulmans, des Arabes et par eux des Vénitiens, tout le commerce de l'Asie pour en doter le Portugal.

Un navigateur expérimenté, Pedro de Covilham, qui avait servi avec distinction sous Alphonse V dans la guerre de Castille, avait fait un assez long séjour en Afrique. Ce fut sur lui que Jean II jeta les yeux. On lui adjoignit Alonzo de Païva, et tous deux, munis d'instructions détaillées ainsi que d'une carte tracée d'après la mappemonde de l'évêque Calsadilla, suivant laquelle on pouvait faire le tour de l'Afrique, partirent de Lisbonne au mois de mai 1487.

Les deux voyageurs gagnèrent Alexandrie et le Caire, où ils furent assez heureux pour rencontrer des marchands maures de Fez et de Tlemcen qui les conduisirent à Thor, l'ancienne Asiongaber, au pied du Sinaï, où ils purent se procurer de précieux renseignements sur le commerce de Calicut.

Covilham résolut de profiter de cette heureuse circonstance pour visiter un pays sur lequel, depuis un siècle, le Portugal jetait un regard de convoitise, tandis que Païva allait s'enfoncer, dans les régions alors si vaguement désignées sous le nom d'Éthiopie, à la recherche de ce fameux prêtre Jean, qui régnait, racontaient les anciens voyageurs, sur une contrée de l'Afrique merveilleusement riche et fertile. Païva périt sans doute dans sa tentative aventureuse, car on ne retrouve plus ses traces.

Quant à Covilham, il gagna Aden où il s'embarqua pour la côte de Malabar. Il visita successivement Cananor, Calicut, Goa, et recueillit des informations précises sur le commerce et les productions des pays voisins de la mer des Indes, sans éveiller les soupçons des Hindous, bien éloignés de penser que l'accueil bienveillant et amical qu'ils faisaient au voyageur assurait la ruine et l'asservissement de leur patrie.

Covilham, croyant n'avoir pas encore assez fait pour son pays, quitta l'Inde, gagna la côte orientale d'Afrique, où il visita Mozambique, Sofala, depuis longtemps fameuse par ses mines d'or, dont la réputation était venue avec les Arabes jusqu'en Europe, et Zeila, l'*Avalites portus* des anciens, la ville principale de la côte d'Adel, à l'entrée du golfe arabique, sur la mer d'Oman. Après un assez long séjour dans cette contrée, il revint par Aden, alors le principal entrepôt du commerce de l'Orient, poussa jusqu'à l'entrée du golfe Persique, à Ormuz, puis, remontant la mer Rouge, il regagna le Caire.

Jean II avait envoyé deux juifs instruits qui devaient y attendre Covilham. Celui-ci remit à l'un d'eux, le rabbin Abraham Beja, ses notes, l'itinéraire de ses voyages et une carte d'Afrique qu'un musulman lui avait donnée, en le chargeant de porter le tout à Lisbonne, dans le plus bref délai possible.

Pour lui, non content de ce qu'il avait fait jusque-là, et voulant exécuter la mission que la mort avait empêché Païva d'accomplir, il pénétra en Abyssinie, dont le negous, connu sous le nom de prêtre Jean, flatté de voir son alliance recherchée par un des souverains les plus puissants de l'Europe, l'accueillit avec une extrême bienveillance, et lui confia même une haute position à sa cour, mais, pour s'assurer la continuité de ses services, il se refusa constamment à lui laisser quitter le pays. Bien qu'il se fût marié et qu'il eût des enfants, Covilham pensait toujours à sa patrie, et, lorsqu'en 1525 une ambassade portugaise, dont faisait partie Alvarès, vint en Abyssinie, il vit partir avec le plus profond regret ses compatriotes, et le chapelain de l'expédition s'est fait naïvement l'écho de ses plaintes et de sa douleur.

« En fournissant, dit M. Ferdinand Denis, sur la possibilité de la circumnavigation de l'Afrique, des renseignements précis, en indiquant la route des Indes, en donnant sur le commerce de ces contrées les notions les plus positives et les plus étendues, en faisant surtout la description des mines d'or de Sofala, qui dut exciter la cupidité portugaise, Covilham contribua puissamment à accélérer l'expédition de Gama. »

Si l'on devait ajouter foi à d'antiques traditions qu'aucun document authentique n'est venu confirmer, Gama descendrait par une branche illégitime d'Alphonse III, roi de Portugal. Son père, Estevam Eanez da Gama, grand alcaïde de Sinès et de Sylvès au royaume des Algarves, et commandeur de Seixal, occupait une haute position à la cour de Jean II. Sa réputation de marin était telle que ce roi, au moment où la mort vint le surprendre, songeait à lui donner le commandement de la flotte qu'il voulait envoyer aux Indes.

De son mariage avec dona Isabelle Sodré, fille de Jean de Resende, provéditeur des fortifications de Santarem, naquirent plusieurs enfants, et notamment Vasco, qui, le premier, gagna l'Inde en doublant le cap de Bonne-Espérance, et Paul, qui l'accompagna dans cette mémorable expédition. On sait que Vasco da Gama vit le jour à Sinès, mais on n'est pas fixé sur la date de sa naissance. 1469 est l'époque ordinairement admise, mais outre que Gama eût été bien jeune (il n'aurait eu que vingt-huit ans) lorsque lui fut confié l'important commandement de l'expédition des Indes, on a découvert il y a une vingtaine d'années, dans les archives espagnoles, un sauf-conduit accordé en 1478 à deux personnages nommés Vasco da Gama et Lemos pour passer à Tanger. Il est peu vraisemblable qu'un tel passeport eût été donné à un enfant de neuf ans, ce qui reporterait plus en arrière la date de naissance du célèbre voyageur.

Il semble que, de bonne heure, Vasco da Gama ait été destiné à suivre la carrière de la marine, dans laquelle s'était illustré son père. Le premier historien des Indes, Lopez de Castañeda, se plaît à rappeler qu'il s'illustra sur les mers d'Afrique.

On sait même qu'il fut chargé de saisir dans les ports du Portugal tous les navires français qui s'y trouvaient mouillés, en représailles de la capture d'un riche galion portugais revenant de Mina, faite en pleine paix par des corsaires français.

Cette mission n'avait dû être confiée qu'à un capitaine actif, énergique et connu par ses hauts faits. C'est

I. 18

pour nous la preuve que la valeur et l'habileté de Gama étaient hautement appréciées du roi.

Vers cette époque, il épousa dona Catarina de Ataïde, une des plus hautes dames de la cour, dont il eut plusieurs enfants, entre autres Estevam da Gama, qui fut gouverneur des Indes, et dom Christovam, qui, par sa lutte en Abyssinie contre Ahmed Guerad, dit le Gaucher, et par sa mort romanesque, mérite d'être compté parmi les aventuriers fameux du xvie siècle.

Grâce à un document extrait de la bibliothèque publique de Porto, document que Castañeda dut connaître et dont M. Ferdinand Denis a publié la traduction dans les *Voyageurs anciens et modernes*, de M. E. Charton, le doute n'est plus possible sur la date du premier voyage de Gama.

On peut la fixer avec toute certitude au samedi 8 juillet 1497. Tous les détails de cette expédition, dès longtemps résolue, furent minutieusement réglés.

Elle devait se composer de quatre bâtiments de grandeur moyenne « afin, dit Pacheco, qu'ils pussent entrer et sortir prestement partout. » Solidement construits, ils étaient tous pourvus d'un triple rechange de voiles et d'amarres ; tous les tonneaux destinés à contenir les provisions d'eau, d'huile ou de vin avaient été renforcés de cercles de fer ; approvisionnements de toute sorte, farine, vin, légumes, objets de pharmacie, artillerie, tout avait été réuni en abondance ; enfin les meilleurs matelots, les plus habiles pilotes, les capitaines les plus expérimentés en formaient le personnel.

Gama, qui avait reçu le titre de *capitam môr*, arbora

son pavillon sur le *Sam-Gabriel*, de 120 tonneaux. Son frère, Paulo da Gama, monta le *Sam-Raphael*, de 100 tonneaux. Une caravelle de 50 tonneaux, le *Berrio*, ainsi nommée en souvenir du pilote Berrio qui l'avait vendue à Emmanuel Ier, eut pour capitaine Nicolas Coelho, marin expérimenté. Enfin une grande barque, chargée de provisions et de marchandises destinées au troc avec les naturels des pays qu'on visiterait, avait pour commandant Pedro Nuñes.

Pero de Alemquer, qui avait été le pilote de Bartholomeu Dias, devait régler la marche de l'expédition.

Le personnel de la flotte, y compris dix malfaiteurs qu'on avait embarqués pour remplir des missions dangereuses, s'élevait à cent soixante personnes.

Comparés à la grandeur de la mission que ces hommes allaient accomplir, quels faibles moyens, quelles ressources presque dérisoires !

Le 8 juillet, aux premiers rayons du soleil, Gama, suivi de ses officiers, s'avance vers les bâtiments au milieu d'un immense concours de peuple. Autour de lui se déploie un cortége de moines et de religieux, qui chantent des hymnes sacrées et demandent au ciel, d'étendre sa protection sur les voyageurs.

Ce dut être une scène singulièrement émouvante que ce départ de Rastello, alors que tous, acteurs et spectateurs, mêlaient leurs chants, leurs cris, leurs adieux et leurs pleurs, tandis que les voiles, gonflées par un vent favorable, entraînaient vers la haute mer Gama et la fortune du Portugal.

Une grande caravelle et une barque plus petite qui se rendaient à Mina, sous le commandement de Bartholomeu Dias, devaient voyager de conserve avec la flotte de Gama.

Le samedi suivant, les bâtiments étaient en vue des Canaries et passèrent la nuit au vent de Lancerote. Lorsqu'ils arrivèrent à la hauteur du Rio de Ouro, un brouillard épais sépara Paul da Gama, Coelho et Dias du reste de la flotte. On se rejoignit près des îles du cap Vert, qu'on atteignit bientôt. A Santiago, les provisions de viande, d'eau et de bois furent renouvelées et les bâtiments remis en bon état de navigabilité.

On quitta la plage de Santa-Maria le 3 août. Le voyage s'accomplit sans incidents notables, et, le 4 novembre, on jeta l'ancre à la côte d'Afrique dans une baie qui reçut le nom de *Santa-Ellena*. On y passa huit jours à faire du bois et à tout remettre en ordre à bord des navires. Ce fut là qu'on vit pour la première fois des Boschis, race misérable et dégradée qui se nourrissait de la chair des loups marins et des baleines en même temps que de racines. Les Portugais s'emparèrent de quelques-uns de ces naturels et les traitèrent amicalement. Les sauvages ne connaissaient le prix d'aucune des marchandises qu'on leur présenta, ils les voyaient pour la première fois et en ignoraient l'usage. La seule chose qu'ils paraissaient priser, c'était le cuivre, et ils portaient aux oreilles de petites chaînes de ce métal. Ils savaient fort bien se servir de zagaies, sortes de javelines dont la pointe est durcie au feu, comme l'éprouvèrent

trois ou quatre matelots et Gama lui-même, en essayant
de tirer de leurs mains un certain Velloso, qui s'était
imprudemment enfoncé dans l'intérieur du pays, —
événement qui a fourni à Camoëns un des plus char-
mants épisodes des *Lusiades*.

En quittant Santa-Ellena, Pero de Alemquer, l'ancien pilote de Dias, déclara qu'il se croyait à trente lieues
du Cap ; mais, dans le doute, on prit le large, et, le 18 novembre, la flotte se trouva en vue du cap de Bonne-
Espérance, qu'elle doubla le lendemain avec vent en
poupe.

Le 25, les navires atterrirent à la baie Sam Braz, où ils
restèrent treize jours, pendant lesquels on démolit le bâtiment porteur des approvisionnements, qui furent répartis
sur les trois navires. Durant leur séjour, les Portugais
donnèrent aux Boschis des grelots et d'autres objets
qu'ils les virent accepter avec surprise, car, lors du
voyage de Dias, les nègres s'étaient montrés craintifs,
hostiles même, et avaient défendu l'aiguade à coups de
pierres. Bien plus, ils amenèrent des bœufs et des moutons, et, pour témoigner leur satisfaction du séjour des
Portugais, « ils commencèrent, dit Nicolas Velho, à
faire résonner quatre ou cinq flûtes, les uns jouant haut,
les autres bas, concertant à merveille pour des nègres
dont on n'attend guère de la musique. Ils dansaient aussi,
comme dansent les noirs, et le capitam mōr ordonna
de sonner les trompettes, et nous, dans nos chaloupes,
nous dansions, le capitam mōr dansant aussi après être
revenu parmi nous. »

Que dites-vous de cette petite fête et de cette aubade réciproque que se donnent les Portugais et les nègres ? Se serait-on attendu à voir Gama, le grave Gama, que nous représentent ses portraits, initiant les nègres aux charmes de la pavane ? Par malheur, ces bonnes dispositions ne durèrent pas ; et il fallut faire quelques démonstrations hostiles par les décharges réitérées de l'artillerie.

Dans cette baie de Sam Braz, Gama planta un padraõ, qui fut renversé aussitôt après son départ. Bientôt on eut dépassé le Rio-Infante, point extrême atteint par Dias. A ce moment, la flotte ressentit les effets d'un courant violent, qui put être neutralisé, grâce au vent favorable. Le 25 décembre, jour de Noël, la terre de Natal était découverte.

Les bâtiments avaient des avaries, l'eau potable manquait ; il était urgent de gagner un port, ce que fit l'expédition, le 10 janvier 1498. Les noirs que virent les Portugais en débarquant étaient beaucoup plus grands que ceux qu'ils avaient rencontrés jusque-là. Ils étaient armés d'un grand arc, de longues flèches et d'une zagaie garnie de fer. C'étaient des Cafres, race bien supérieure aux Boschis. De si bons rapports s'établirent avec eux que Gama donna au pays le nom de Terre de la bonne Nation (*Terra da boa Gente*).

Un peu plus loin, en remontant toujours la côte, deux marchands musulmans, l'un portant le turban, l'autre un capuchon de satin vert, vinrent visiter les Portugais avec un jeune homme qui, « selon ce qu'on pouvait comprendre par leurs signes, appartenait à un pays fort loin de là, et disait avoir déjà vu des bâtiments grands comme les nôtres. » Ce fut pour Vasco da Gama la preuve qu'il approchait de ces terres de l'Inde, depuis si longtemps et si ardemment cherchées. Aussi nomma-t-il la rivière qui débouchait à cet endroit dans la mer *Rio dos Bons Signaes* (Rivière des Bons Indices). Malheureusement apparurent en même temps parmi les équipages les premiers symptômes du scorbut, qui ne tarda pas à jeter bon nombre de matelots sur les cadres.

Le 10 mars, l'expédition mouilla devant l'île de Mozambique. Là, Gama, par ses interprètes arabes, apprit que, parmi les habitants d'origine mahométane, se trouvait un certain nombre de marchands qui trafiquaient avec l'Inde. L'or et l'argent, les draps et les épices, les perles et les rubis formaient le fond de leur commerce. Gama reçut en même temps l'assurance qu'en remontant le long du littoral, il trouverait de nombreuses cités ; « ce dont nous étions si joyeux, dit Velho dans sa naïve et précieuse relation, que nous en pleurions de plaisir, priant Dieu qu'il lui plût nous donner la santé pour que nous vissions ce que nous avions tant désiré. »

Le vice-roi Colyytam, qui croyait avoir affaire à des musulmans, vint plusieurs fois à bord des navires, où il fut magnifiquement traité ; il répondit à ces politesses par l'envoi de présents, il donna même à Gama deux pilotes habiles ; mais lorsque des marchands maures, qui avaient trafiqué en Europe, lui eurent appris que ces étrangers, loin d'être Turcs, étaient les pires ennemis des mahométans, le vice-roi, honteux de s'être laissé tromper, mit tout en œuvre pour s'emparer d'eux et les tuer par trahison. Il fallut pointer l'artillerie sur la ville, et menacer de la réduire en cendres pour obtenir l'eau nécessaire à la continuation du voyage. Le sang coula, et Paul da Gama s'empara de deux barques, dont le riche chargement fut distribué aux matelots.

Gama quitta le 29 mars cette ville inhospitalière et continua son voyage, tout en surveillant de près ses pilotes arabes, qu'il se vit obligé de faire fustiger.

Le 4 avril, on aperçut la côte, et le 8, on arriva à Mombaça ou Mombaz, ville que les pilotes affirmèrent être habitée par des chrétiens et des musulmans.

La flotte jeta l'ancre devant le port, sans y entrer cependant, malgré la réception enthousiaste qui lui fut faite. Déjà les Portugais comptaient se rencontrer le lendemain à la messe avec les chrétiens de l'île, lorsque, à la nuit, s'approcha du vaisseau amiral une *zavra* montée par une centaine d'hommes armés, qui prétendaient y entrer tous à la fois, ce qui leur fut refusé.

Instruit de ce qui s'était passé à Mozambique, le roi de Mombaça, feignant de l'ignorer, envoya des présents à Gama, lui proposa d'établir un comptoir dans sa capitale et l'assura qu'il pourrait, aussitôt entré dans le port, prendre charge d'épiceries et d'aromates. Le capitam mōr, sans se douter de rien, envoya aussitôt deux hommes annoncer son entrée pour le lendemain. Déjà on levait l'ancre, lorsque le vaisseau amiral, se refusant à virer, on la laissa retomber à pic. Dans une gracieuse et poétique fiction, Camoëns affirme que ce sont les Néréides, conduites par Vénus, la protectrice des Portugais, qui arrêtèrent leurs navires sur le point d'entrer dans le port. A ce moment, tous les Maures qui se trouvaient sur les navires portugais les quittèrent à la fois, tandis que les pilotes venus de Mozambique se jetaient à la mer.

Deux Maures, soumis à la question de la goutte d'huile ardente, avouèrent qu'on se proposait de faire prisonniers les Portugais dès qu'ils seraient entrés dans le port. Pendant la nuit, les Maures essayèrent à plusieurs reprises de grimper à bord et de rompre les câbles pour faire échouer les bâtiments, mais chaque fois ils furent découverts. Une relâche dans ces conditions ne pouvait être bien longue à Mombaz. Elle dura cependant assez pour que tous les scorbutiques recouvrissent la santé.

A huit lieues de terre, la flotte s'empara d'une barque richement chargée d'or, d'argent et d'approvisionnements. Le lendemain, elle arriva à Mélinde, cité riche et florissante, dont les minarets dorés, étincelant sous les rayons du soleil, et les mosquées, d'une blancheur éclatante, se découpaient sur un ciel d'un bleu intense.

La réception, d'abord assez froide, parce qu'on savait à Mélinde la capture de la barque opérée la veille, devint cordiale aussitôt que des explications eurent été échangées. Le fils du roi vint visiter l'amiral avec un cortége de courtisans magnifiquement vêtus et des chœurs de musiciens qui jouaient de divers instruments. Ce qui l'étonna le plus, ce fut l'exercice du canon, car l'invention de la poudre n'était pas encore connue sur la côte orientale d'Afrique. Un traité solennel fut juré sur l'Évangile et le Coran et cimenté par un échange de présents magnifiques.

Le mauvais vouloir, les embûches, les difficultés de tout genre qui avaient assailli jusque-là l'expédition cessèrent dès lors comme par enchantement, ce qu'il faut attribuer à la franchise, à la générosité du roi de Mélinde, et à l'aide qu'il fournit aux Portugais.

Fidèle à la promesse qu'il en avait faite à Vasco da Gama, le roi lui envoya un pilote guzarate, nommé Malemo Cana, homme instruit dans la navigation, qui savait se servir de cartes, du compas et du quart de cercle, et qui rendit les plus grands services à l'expédition.

Après une escale de neuf jours, la flotte leva l'ancre pour Calicut.

Il fallait maintenant renoncer à cette navigation de caboteurs, toujours en vue des côtes, qui avait été jusqu'alors pratiquée. Le jour était venu de s'abandonner à la grâce de Dieu sur l'immense Océan, sans autre guide qu'un pilote inconnu, fourni par un roi dont le bon accueil n'avait pu endormir la méfiance des Portugais.

Et cependant, grâce à l'habileté et à la loyauté de ce pilote, grâce à la clémence de la mer et du vent, qui se montra constamment favorable, après une navigation de vingt-trois jours, la flotte accostait la terre le 17 mai, et. le lendemain, elle mouillait à deux lieues au-dessous de Calicut.

L'enthousiasme fut grand à bord. On était donc enfin arrivé dans ces pays si riches et si merveilleux. Les fatigues, les dangers, la maladie, tout fut oublié. Le but de tant et de si longs efforts était atteint!

Ou plutôt il semblait l'être, car il s'en fallait encore qu'on fût maître des trésors et des riches productions de l'Inde.

A peine l'ancre avait-elle touché le fond que quatre embarcations se détachèrent du rivage, évoluèrent autour de la flotte, semblant inviter les matelots à débarquer. Mais Gama, qu'avaient rendu prudent les événements de Mozambique et de Mombaça, envoya en éclaireur un des malfaiteurs embarqués. Celui-ci devait parcourir la ville et tâcher de découvrir les dispositions des habitants.

Entouré d'une foule de curieux, assailli de questions auxquelles il ne pouvait répondre, il fut conduit chez un Maure nommé Mouçaïda, qui parlait l'espagnol et à qui il raconta sommairement les péripéties de l'expédition. Mouçaïda l'accompagna sur la flotte, et ses premiers mots en mettant le pied sur les navires furent : « Bonne chance! bonne chance! beaucoup de rubis, beaucoup d'émeraudes! » Depuis ce moment, Mouçaïda fut attaché à l'expédition comme interprète.

Comme le roi de Calicut était alors éloigné de sa capitale d'une quinzaine de lieues, le capitam mõr envoya deux hommes pour l'avertir que l'ambassadeur du roi de Portugal était arrivé et lui apportait des lettres de son souverain. Le roi dépêcha aussitôt un pilote chargé de conduire les navires portugais sur la rade plus sûre de Pandarany et répondit qu'il serait le lendemain de retour à Calicut.

En effet, il chargea son intendant ou catoual d'inviter Gama à descendre à terre pour traiter de son ambassade. Malgré les supplications de son frère Paul da Gama, qui lui représentait les dangers auxquels il allait s'exposer et ceux que sa mort ferait courir à l'expédition, le capitam mŏr gagna le rivage, où l'attendait une foule immense.

L'idée qu'ils se trouvaient au milieu de peuples chrétiens était tellement enracinée chez tous les membres de l'expédition, que, rencontrant une pagode sur son chemin, Gama y entra faire ses dévotions. Toutefois, un de ses compagnons, Juan de Saa, que la laideur des images peintes sur les murailles rendait moins crédule, dit à haute voix, en s'agenouillant : « Si cela est un diable, je n'entends toutefois adorer que le vrai Dieu! » restriction qui excita la bonne humeur de l'amiral.

Près des portes de la ville, la foule était encore plus compacte. Gama et les Portugais, conduits par le catoual, eurent de la peine à gagner le palais, où le roi, désigné dans les relations sous le titre de « zamorin, » les attendait avec une extrême impatience.

Introduits dans des salles pompeusement décorées d'étoffes de soie et de tapis, où brûlaient des parfums

exquis, les Portugais se trouvèrent en présence du zamorin, qui était revêtu d'habits magnifiques et de
joyaux précieux, de perles et de diamants d'une grosseur extraordinaire.

Le roi leur fit servir des rafraîchissements, leur permit de s'asseoir, — faveur précieuse dans un pays où
l'on ne parle au souverain que prosterné à terre, — et il
passa dans une autre pièce pour entendre lui-même,
comme le réclamait fièrement Gama, les motifs de son
ambassade et le désir qu'avait le roi de Portugal de conclure avec celui de Calicut un traité de commerce et d'alliance. A ce discours de Gama, le zamorin répondit qu'il
serait heureux de se considérer comme le frère et l'ami
du roi Emmanuel, et qu'il enverrait des ambassadeurs
en Portugal par son entremise.

Il est certains proverbes qui, pour changer de latitude, n'en demeurent pas moins vrais, et celui-ci :
« Les jours se suivent et ne se ressemblent pas, » trouva
le lendemain sa vérification à Calicut. L'enthousiasme
excité dans l'esprit du zamorin par les adroits discours
de Gama et l'espérance qu'il lui avait fait concevoir d'é-
tablir un commerce avantageux avec le Portugal s'é-
vanouirent à la vue des présents qui lui étaient destinés.
« Douze pièces de drap rayé, douze manteaux à capuce
d'écarlate, six chapeaux et quatre rameaux de corail,
accompagnés d'une caisse de bassines contenant six
pièces, une caisse de sucre et quatre barils, deux pleins
d'huile et deux de miel, » ne constituaient pas en effet un
cadeau bien magnifique. A cette vue, le premier ministre

déclara en se moquant que le plus pauvre marchand de La Mecque apportait de plus riches présents, et que jamais le roi n'accepterait de si ridicules bagatelles. A la suite de cet affront, Gama rendit visite au zamorin. Ce ne fut qu'après avoir attendu longtemps au milieu de la foule, qui se riait de lui, qu'il fut introduit auprès du prince. Celui-ci lui reprocha d'un ton méprisant de n'avoir rien à lui offrir, alors qu'il se prétendait sujet d'un roi riche et puissant. Gama répondit avec assurance et produisit les lettres d'Emmanuel, qui, conçues en termes flatteurs, contenaient la promesse formelle d'envoyer des marchandises à Calicut. Le roi, à qui cette perspective souriait, s'informa alors avec intérêt de l'importance des productions et des ressources du Portugal, et permit à **Gama** de débarquer et de vendre ses marchandises.

Mais ce brusque revirement dans les dispositions du zamorin n'était pas pour convenir aux commerçants maures et arabes qui faisaient la prospérité de Calicut. Ils ne pouvaient voir de sang-froid des étrangers essayer de détourner à leur profit le cours du commerce resté jusqu'alors entièrement entre leurs mains, et résolurent donc de tout tenter pour écarter à jamais des rivages de l'Inde ces concurrents redoutables. Leur premier soin fut de gagner le catoual; puis, ils peignirent sous les plus sombres couleurs ces aventuriers insatiables, ces pillards effrontés, qui ne cherchaient qu'à se rendre compte des forces et des ressources de la ville pour revenir en grand nombre la piller et massacrer ceux qui s'opposeraient à leurs desseins.

En arrivant sur la rade de Pandarany, Gama ne trouva pas une embarcation pour le conduire à ses navires et fut forcé de coucher à terre. Le catoual ne le quittait pas, s'efforçant de lui prouver la nécessité de rapprocher la flotte de la terre, et, sur le refus formel de l'amiral, il lui déclara qu'il était prisonnier. C'était peu connaître la fermeté de Gama.

Des chaloupes armées furent envoyées pour essayer de surprendre les navires, mais les Portugais, avertis secrètement par leur amiral de ce qui s'était passé, faisaient bonne garde, et l'on n'osa pas employer ouvertement la force.

Cependant Gama, toujours prisonnier, menaçait le catoual de la colère du zamorin, qui, pensait-il, ne pouvait ainsi trahir les devoirs de l'hospitalité; mais voyant que les menaces restaient sans effet, il fit cadeau au ministre de quelques pièces d'étoffe qui modifièrent à l'instant ses dispositions. « Si les Portugais, dit-il, avaient tenu la promesse qu'ils avaient faite au roi de débarquer leurs marchandises, depuis longtemps l'amiral serait de retour sur ses navires ». Gama envoya aussitôt l'ordre de les débarquer, installa un comptoir dont la direction fut confiée à Diego Dias, frère du découvreur du cap de Bonne-Espérance, et put alors rallier son bord.

Mais les musulmans mettant obstacle à la vente des marchandises en les dépréciant, Gama envoya auprès du zamorin son facteur Dias se plaindre de la perfidie des Maures et des mauvais traitements qu'il avait subis. En même temps il réclamait la translation de son comptoir à Calicut, où il espérait que les marchandises se vendraient plus facilement.

La requête fut favorablement accueillie et les bonnes relations se maintinrent, malgré les menées des Maures, jusqu'au 10 août 1498. Ce jour-là, Dias vint prévenir le zamorin du prochain départ de Gama, lui rappeler sa promesse d'envoyer une ambassade en Portugal, et il lui demanda un échantillon de chacune des productions du pays, qui lui serait payé sur les premières marchandises vendues après le départ de la flotte, car les employés de la factorerie comptaient rester à Calicut pendant l'absence de Gama.

Non-seulement le zamorin, encore poussé par les trafiquants arabes, refusa l'exécution de sa promesse, mais il réclama le paiement de 600 *séraphins* pour droits de douane. En même temps, il faisait saisir les marchandises et retenait prisonniers les employés de la factorerie.

Un tel outrage, un tel mépris du droit des gens appelaient une prompte vengeance. Cependant Gama sut dissimuler; mais, lorsqu'il reçut à son bord la visite de quelques riches marchands, il les retint et envoya au zamorin demander l'échange des prisonniers.

La réponse du roi s'étant fait attendre au delà du délai fixé par l'amiral, celui-ci mit à la voile et alla jeter l'ancre à quatre lieues de Calicut. Après une nouvelle attaque infructueuse des Hindous, les deux facteurs revinrent à bord, et une partie des otages, dont Gama s'était assuré, fut rendue. Dias rapportait une lettre singulière écrite par le zamorin au roi de Portugal sur une feuille de palmier. Nous la reproduisons dans son étrange laconisme, si différent de la pompe ordinaire du style oriental :

« Vasco da Gama, naïre de ton palais, est venu dans mon pays, ce que j'ai eu pour agréable. En mon royaume, il y a beaucoup de cannelle, de girofle et de poivre, avec nombre de pierres précieuses, et ce que je souhaite de ton pays, c'est de l'or, de l'argent, du corail et de l'écarlate. Adieu. »

Le lendemain, Moucaïda, le Maure de Tunis qui avait servi d'interprète aux Portugais et qui leur avait rendu maint service dans leurs négociations avec le zamorin, vint chercher asile à bord des navires portugais. Les marchandises n'ayant pas été rapportées au jour fixé, le capitam mõr résolut d'emmener les hommes qu'il avait gardés pour otages. Cependant, la flotte se trouva arrêtée par le calme à quelques lieues de Calicut ; elle fut alors attaquée par une flottille de vingt barques armées que l'artillerie avait peine à tenir à distance, lorsqu'un violent orage vint les forcer à chercher un abri sous la côte.

L'amiral prolongeait la rive du Dekkan et avait permis à quelques matelots de descendre à terre pour cueillir des fruits et récolter de la cannelle, lorsqu'il aperçut huit bâtiments qui semblaient se diriger vers lui. Gama rappela son monde à bord, courut à la rencontre des Hindous, qui n'eurent rien de plus pressé que de s'enfuir, non sans laisser cependant aux mains des Portugais une barque chargée de cocos et de vivres.

Arrivé à l'archipel des Laquedives, Gama fit espalmer le *Berrio* et tirer à terre son propre bâtiment pour le radouber. Les matelots étaient occupés à ce travail, lorsqu'ils furent encore une fois attaqués, mais sans plus de succès. Ils virent arriver le lendemain un individu d'une quarantaine d'années, vêtu à la mode hindoue et qui se mit à leur raconter en un excellent italien que, originaire de Venise, il avait été amené tout jeune dans le pays, qu'il était chrétien mais dans l'impossibilité de pratiquer sa religion. Jouissant d'une haute situation auprès du roi de la contrée, il avait été, par lui, envoyé vers eux pour mettre à leur disposition tout ce qu'ils pourraient trouver à leur convenance dans le pays. Des offres de service, si contraires à l'accueil qui leur avait été fait jusque-là, excitèrent les soupçons des Portugais. Ils ne tardèrent d'ailleurs pas à apprendre que cet aventurier était le chef des barques qui les avaient attaqués la veille. On lui donna alors des étrivières jusqu'à ce qu'il avouât être venu pour examiner s'il était possible d'attaquer la flotte avec avantage, et il finit en déclarant que toutes les populations du littoral s'étaient liguées pour se défaire des Portugais. On le garda donc à bord; les travaux furent hâtés, et, dès qu'on eût complété les approvisionnements d'eau et de vivres, on mit à la voile pour revenir en Europe.

Pour atteindre la côte d'Afrique, il fallut à l'expédition trois mois moins trois jours, à cause des calmes plats et des vents contraires. Pendant cette longue traversée, les équipages furent violemment atteints du scorbut et trente matelots périrent. Sur chaque bâtiment il ne restait plus que sept ou huit hommes en état de manœuvrer, et bien souvent les officiers eux-mêmes furent obligés de leur donner la main. « D'où je puis affirmer, dit Velho, que si le temps où nous voguions à travers ces mers s'était prolongé de quinze jours, personne d'ici n'y eût navigué après nous..... Et les capitaines ayant tenu à ce propos conseil, il avait été résolu, dans le cas où vents pareils nous reprendraient, de retourner vers les terres de l'Inde et de nous y réfugier. »

Ce fut le 2 février 1499 que les Portugais se trouvèrent enfin par le travers d'une grande ville de la côte d'Ajan, appelée Magadoxo, et distante de cent lieues de Mélinde.

Mais Gama, redoutant de voir se renouveler l'accueil qu'il avait reçu à Mozambique, ne voulut pas s'y arrêter et fit faire, en passant à la vue de la ville, une décharge générale de toute son artillerie. Peu de jours après, on découvrit les riches et salubres campagnes de Mélinde, où l'on relâcha. Le roi s'empressa aussitôt d'envoyer des vivres frais et des oranges pour les malades. L'accueil fut, en un mot, des plus sympathiques, et les liens d'amitié contractés au premier séjour de Gama furent encore resserrés. Le cheikh de Mélinde envoya pour le roi de Portugal une trompe d'ivoire et quantité d'autres présents ; en même temps, il pria Gama de recevoir à son bord un jeune Maure, afin que le roi sût, par lui, combien il désirait son amitié.

Les cinq jours de repos que les Portugais passèrent à Mélinde leur apportèrent le plus grand soulagement, puis ils remirent à la voile. Un peu après avoir dépassé Mombaça, ils furent forcés de brûler le *Sam-Raphael*, car les équipages étaient trop réduits pour pouvoir manœuvrer trois bâtiments. Ils découvrirent l'île de Zanzibar, mouillèrent dans la baie Sam-Braz, et le 20 février, grâce à un vent favorable, ils doublèrent le cap de Bonne-Espérance et se trouvèrent de nouveau dans l'océan Atlantique.

Par sa continuité, la brise semblait hâter le retour des voyageurs. En vingt-sept jours, ils avaient atteint les parages de l'île Santiago. Le 25 avril, Nicolas Coelho, qui montait le *Berrio*, jaloux d'apporter le premier à Emmanuel la nouvelle de la découverte des Indes, se sépara de son chef et, sans toucher aux îles du cap Vert, comme il était convenu, il fit directement voile pour le Portugal, qu'il atteignit le 10 juillet.

Pendant ce temps, l'infortuné Gama était plongé dans la plus profonde douleur. Son frère Paul da Gama, qui avait partagé ses fatigues et ses angoisses et qui allait être associé à sa gloire, voyait s'éteindre lentement sa vie. A Santiago, Vasco da Gama, revenu sur des mers connues et fréquentées, remit à Joao de Saa le commandement de son navire et fréta une rapide caravelle afin de hâter le moment où son cher malade reverrait les rives de la patrie.

Cet espoir fut déçu, et la caravelle n'arriva à Terceira que pour y enterrer le brave et sympathique Paul da Gama.

A son retour, qui dut avoir lieu dans les premiers jours de septembre, l'amiral fut accueilli par des fêtes pompeuses. Des cent soixante Portugais qu'il avait emmenés, cinquante-cinq seulement revenaient avec lui. La perte était grande, assurément ; mais qu'était-elle, comparée aux avantages considérables que l'on se promettait ! Le public ne s'y trompa pas, et fit à Gama la réception la plus enthousiaste. Quant au roi Emmanuel Ier, il ajouta à ses titres propres ceux de seigneur de la conquête et de la navigation de l'Éthiopie, de l'Arabie, de la Perse et des Indes ; mais il attendit plus de deux ans avant de récompenser Gama et de lui conférer le titre d'amiral des Indes, qualité qu'il était autorisé à faire précéder de la particule *dom* qu'on accordait si difficilement alors. Puis, sans doute pour faire oublier à Vasco da Gama le retard qui avait été apporté à récompenser ses services, il lui fit don de mille écus, somme considérable pour l'époque, et il lui concéda sur le commerce des Indes, certains priviléges qui ne devaient pas tarder à l'enrichir.

II

Alvarès Cabral.— Découverte du Brésil.— La côte d'Afrique. — Arrivée à
Calicut, Cochin. Cananor. — Joao da Nova.— Seconde expédition de Gama.
— Le roi de Cochin.— Les commencements d'Albuquerque.— Da Cunha.
— Premier siége d'Ormuz.— Almeida, ses victoires, ses démêlés avec Albu-
querque. — Prise de Goa. — Siége et prise de Malacca. — Seconde expé-
dition contre Ormuz. — Ceylan. — Les Moluques. — Mort d'Albuquerque.
— Destinées de l'empire portugais aux Indes.

Le 9 mars 1500, une flotte de treize bâtiments quittait le Rastello sous les ordres de Pedro Alvarès Cabral;
elle comptait comme volontaire Luiz de Camoëns qui
devait illustrer dans son poëme des *Lusiades* la valeur
et l'esprit aventureux de ses compatriotes. On sait bien
peu de chose de Cabral, et l'on ignore complétement
ce qui lui avait valu le commandement de cette importante expédition.

Cabral appartenait à l'une des plus illustres familles
du Portugal, et son père Fernando Cabral, seigneur de
Zurara da Beira, était alcaïde môr de Belmonte. Quant
à Pedr'Alvarès, il avait épousé Isabel de Castro, première dame de l'infante dona Maria, fille de Jean III.
Cabral s'était-il fait un nom par quelque importante découverte maritime? il n'y a pas lieu de le croire, car les
historiens nous en auraient conservé le récit. Il est
cependant assez difficile d'admettre que la faveur seule
lui ait valu le commandement en chef d'une expédition

dans laquelle des hommes, comme Bartholomeu Dias, Nicolas Coelho, le compagnon de Gama, Sancho de Thovar étaient sous ses ordres. Pourquoi cette mission n'avait-elle pas été confiée à Gama, revenu depuis six mois, et qui, par sa connaissance des pays parcourus, aussi bien que des mœurs des habitants, semblait tout naturellement indiqué? N'était-il pas encore remis de ses fatigues? La douleur de la perte de son frère mort presque en vue des côtes de Portugal l'avait-elle si profondément affecté qu'il voulût se tenir à l'écart? Ne serait-ce pas plutôt que le roi Emmanuel, jaloux de la gloire de Gama, ne voulut pas lui fournir l'occasion d'accroître sa renommée? Autant de problèmes que l'histoire sera peut-être toujours impuissante à résoudre.

On croit facilement à la réalisation de ce qu'on désire vivement. Emmanuel s'était figuré que le zamorin de Calicut ne s'opposerait pas à l'établissement dans ses États de comptoirs et de factories portugaises, et Cabral, qui emportait des présents dont la magnificence devait faire oublier la mesquinerie de ceux que Gama lui avait présentés, reçut l'ordre d'obtenir qu'il interdît aux Maures tout commerce dans sa capitale. En outre, le nouveau capitam mór devait relâcher à Mélinde, offrir au roi des cadeaux somptueux et reconduire auprès de lui le Maure qui avait pris passage sur la flotte de Gama. Enfin seize religieux, embarqués sur la flotte, devaient aller répandre dans les lointaines contrées de l'Asie la connaissance de l'Évangile.

Après treize jours de navigation, la flotte avait dépassé

les îles du cap Vert, lorsqu'on s'aperçut que le navire commandé par Vasco d'Attaïde ne marchait plus de conserve. On mit quelque temps en panne pour l'attendre, mais ce fut en vain, et les douze autres bâtiments continuèrent leur navigation en pleine mer et non plus de cap en cap sur les rivages de l'Afrique, comme on l'avait fait jusqu'alors. Cabral espérait éviter ainsi les calmes qui avaient retardé les expéditions précédentes dans le golfe de Guinée. Peut-être même le capitam môr, qui devait être au courant, comme tous ses compatriotes, des découvertes de Christophe Colomb, avait-il le secret espoir d'atteindre en s'enfonçant dans l'ouest quelque région échappée au grand navigateur ?

Qu'il faille attribuer ce fait à la tempête ou à quelque dessein caché, toujours est-il que la flotte était hors de la route à suivre pour doubler le cap de Bonne-Espérance, lorsque, le 22 avril, on découvrit une haute montagne et bientôt après une longue suite de côtes qui reçut le nom de Vera-Cruz, nom changé plus tard en celui de Santa-Cruz. C'était le Brésil et l'endroit même où s'élève aujourd'hui Porto-Seguro.

Dès le 28, après une habile reconnaissance du littoral par Coelho, les marins portugais accostaient la terre américaine et constataient une douceur de température et une exubérance de végétation qui laissaient bien loin derrière elles tout ce qu'ils avaient vu sur les côtes d'Afrique ou de Malabar.

Les indigènes, presque complétement nus, portant sur le poing un perroquet apprivoisé, à la façon dont les seigneurs d'Europe tenaient leur faucon ou leur gerfaut, se groupaient curieusement autour des nouveaux débarqués, sans le moindre signe de frayeur. Le dimanche de Pâques, 26 avril, on célébra la messe à terre devant les Indiens, dont le silence et l'attitude respectueuse firent l'admiration des Portugais. Le 1ᵉʳ mai, une grande croix et un padrão furent plantés sur la plage, et Cabral prit solennellement possession du pays au nom du roi de Portugal. Son premier soin, dès que cette formalité eût été accomplie, fut d'expédier à Lisbonne Gaspard de Lemos pour annoncer la découverte de cette riche et fertile contrée. Lemos emportait en même temps le récit de l'expédition, écrit par Pedro Vaz de Caminha, et un important document astronomique, dû à maître Joao, qui relatait sans doute la position de la nouvelle conquête. Avant de partir pour l'Asie, Cabral débarqua deux malfaiteurs qu'il chargea de s'enquérir des ressources et des richesses du pays, ainsi que des mœurs et des usages des habitants.

Ces mesures si sages, si remplies de prévoyance, témoignent hautement de la prudence et de la sagacité de Cabral.

Ce fut le 2 mai que la flotte perdit de vue les terres du Brésil. Tous, joyeux de cet heureux commencement du voyage, croyaient à un facile et rapide succès, lorsque l'apparition pendant huit jours consécutifs d'une brillante comète vint frapper de terreur ces esprits ignorants et naïfs, qui y virent quelque funeste présage. Les événements devaient pour cette fois donner raison à la superstition.

Une horrible tempête s'éleva, des vagues hautes comme des montagnes fondirent sur les navires, tandis que le vent soufflait avec rage et que la pluie tombait sans discontinuer. Lorsque le soleil parvenait à percer l'épais rideau de nuages qui interceptait presque complétement sa lumière, c'était pour éclairer un horrible tableau. La mer paraissait noire et bourbeuse, de grandes taches d'un blanc livide en marbraient les vagues aux crêtes écumeuses, et, pendant la nuit, des lueurs phosphorescentes zébrant l'immense plaine humide, marquaient d'une traînée de feu le sillage des navires.

Durant vingt-deux jours, sans trève ni merci, les éléments en fureur battirent les navires portugais. Les matelots épouvantés, arrivés au comble de la prostration, après avoir vainement épuisé leurs prières et leurs vœux, n'obéissaient plus que par habitude aux commandements de leurs officiers. Ils avaient fait dès le premier jour le sacrifice de leur vie et s'attendaient à tout moment à être submergés.

Lorsque la lumière revint enfin, lorsque les flots se calmèrent, chaque équipage, croyant être le seul à survivre, jeta les yeux sur la mer et chercha ses compagnons. Trois navires se retrouvèrent avec une joie que vint bien vite abattre la triste réalité. Huit bâtiments manquaient. Quatre avaient été engloutis corps et biens par une trombe gigantesque pendant les derniers jours de la tempête. L'un d'eux était commandé par Bartholomeu Dias. qui, le premier, avait découvert le cap de Bonne-Espérance. Il avait été submergé par ces flots meurtriers, défenseurs, comme dit Camoëns, de l'empire d'Orient, contre les peuples de l'Ouest qui depuis tant de siècles convoitaient ses merveilleuses richesses.

Pendant cette série de tempêtes, le Cap avait été doublé et l'on approchait des côtes d'Afrique. Le 20 juillet, Mozambique fut signalée. Les Maures firent preuve cette fois de dispositions plus bienveillantes qu'à l'époque du voyage de Gama, et ils fournirent aux Portugais des pilotes qui les conduisirent à Quiloa, île fameuse par le commerce de poudre d'or qu'elle faisait avec Sofala. Là, Cabral retrouva deux de ses navires, qu'un coup de vent y avait jetés, et, après avoir déjoué par un prompt départ un complot qui avait pour but le massacre général des Européens, il arriva sans incident fâcheux à Mélinde.

Le séjour de la flotte dans ce port fut l'occasion de fêtes et de réjouissances sans nombre, et, bientôt, ravitaillés, radoubés, munis d'excellents pilotes, les navires portugais partirent pour Calicut, où ils arrivèrent le 13 décembre 1509.

Cette fois, grâce à la puissance de leur armement, ainsi qu'à la richesse des présents offerts au zamorin, l'accueil fut différent, et ce prince versatile consentit à tout ce que réclamait Cabral : privilége exclusif du commerce des aromates et de l'épicerie et droit de saisie sur les navires qui enfreindraient cette prescription. Pendant quelque temps, les Maures dissimulèrent leur mécontentement ; mais, lorsqu'ils eurent bien exaspéré la population contre les étrangers, ils se précipitèrent, à un signal donné, dans la factorie que dirigeait Ayrès Correa et massacrèrent une cinquantaine de Portugais qu'ils y surprirent.

La vengeance ne se fit pas attendre. Dix bâtiments, mouillés dans le port, furent pris, pillés, brûlés sous les yeux des Hindous, impuissants à s'y opposer; et la ville, bombardée, fut à demi ensevelie sous ses ruines.

Puis Cabral, continuant l'exploration de la côte de Malabar, arriva à Cochin, dont le radjah, vassal du zamorin, se hâta de faire alliance avec les Portugais et saisit avec empressement cette occasion de se déclarer indépendant.

Bien que sa flotte fût déjà richement chargée, Cabral visita encore Cananor, où il conclut un traité d'alliance avec le radjah du pays; puis, impatient de revenir en Europe, il mit à la voile.

En côtoyant le rivage de l'Afrique, baigné par la mer des Indes, il découvrit Sofala, qui avait échappé aux recherches de Gama, et rentra, le 13 juillet 1501, à Lisbonne, où il eut le plaisir de retrouver les deux derniers navires qu'il croyait perdus.

On se plaît à croire qu'il reçut l'accueil que méritaient les importants résultats obtenus dans cette mémorable expédition. Si les historiens contemporains sont muets sur les particularités de son existence depuis son retour, des recherches toutes modernes ont fait retrouver son tombeau à Santarem, et d'heureuses trouvailles de M. Ferd. Denis ont prouvé qu'il reçut, comme Vasco da Gama, la qualification de *dom*, en récompense de ses glorieux services.

Tandis qu'il revenait en Europe, Alvarès Cabral aurait pu rencontrer une flotte de quatre caravelles, sous le commandement de Joao da Nova, que le roi Emmanuel envoyait pour donner un nouvel essor aux relations commerciales que Cabral avait dû établir aux Indes. Cette nouvelle expédition doubla sans encombre le cap de Bonne-Espérance, découvrit, entre Mozambique et Quiloa, une île inconnue qui reçut le nom du commandant, et arriva à Mélinde, où elle apprit les événements qui s'étaient passés à Calicut.

Da Nova ne disposait pas de forces assez redoutables pour aller châtier le zamorin. Ne voulant pas risquer de compromettre par un échec le prestige des armes portugaises, il se dirigea vers Cochin et Cananor, dont les rois tributaires du zamorin avaient fait alliance avec Alvarès Cabral. Il avait déjà chargé sur ses bâtiments mille quintaux de poivre, cinquante de gingembre et quatre cent cinquante de cannelle, lorsqu'il fut averti qu'une flotte considérable, paraissant venir de Calicut, s'avançait avec des dispositions hostiles. Si da Nova s'était jusqu'ici plus soucié de commerce que de guerre, il ne se montra pas, dans cette circonstance critique, moins hardi et moins brave que ses prédécesseurs. Il accepta le combat, malgré la supériorité apparente des Hindous, et, grâce aux habiles dispositions qu'il sut prendre, grâce à la puissance de son artillerie, il dispersa, prit ou coula les navires ennemis.

Peut-être aurait-il dû profiter de l'épouvante que sa victoire avait jetée sur toute la côte et de l'épuisement momentané des ressources des Maures pour frapper un grand coup en s'emparant de Calicut?

Mais nous sommes trop loin des événements, nous en connaissons trop peu le détail pour apprécier avec impartialité les raisons qui engagèrent da Nova à revenir immédiatement en Europe.

Ce fut dans cette dernière partie du voyage qu'il découvrit, au milieu de l'Atlantique, la petite île de Sainte-Hélène. Une curieuse légende se rattache à cette découverte. Un certain Fernando Lopès, qui avait suivi Gama aux Indes, avait dû, pour épouser une Hindoue, renoncer au christianisme et se faire mahométan. Au passage de da Nova, soit qu'il eût assez de la femme ou de la religion, il demanda à être rapatrié et reprit son ancien culte. Lorsqu'on visita Sainte-Hélène, Lopès, pour obéir à une idée subite qu'il prit pour une inspiration d'en haut, demanda à y être débarqué afin d'expier, disait-il, sa détestable apostasie et la réparer par son dévouement à l'humanité. Sa volonté parut si bien arrêtée que da Nova dut y consentir, et il lui laissa, comme il le demandait, des semences de fruits et de légumes. Nous devons ajouter que cet étrange ermite, pendant quatre ans, travailla au défrichement et à la plantation de l'île avec un tel succès, que les navires y trouvèrent bientôt à se ravitailler pendant la longue traversée d'Europe au cap de Bonne-Espérance.

Les expéditions successives de Gama, de Cabral et de da Nova avaient prouvé jusqu'à l'évidence qu'il ne

fallait pas compter sur un commerce suivi, ni sur un
échange continu de marchandises avec les populations
de la côte de Malabar, qui s'étaient à chaque fois liguées contre les Portugais, tant qu'on respecterait
leur indépendance et leur liberté. Ce commerce,
qu'elles se refusaient si énergiquement à faire avec les
Européens, il fallait le leur imposer, et, pour cela,
fonder des établissements militaires permanents, capables de tenir en respect les mécontents, et même,
au besoin, s'emparer du pays.

Mais à qui confier une mission si importante? Le choix
ne pouvait être douteux, et Vasco da Gama fut, à l'u-
nanimité, désigné pour prendre le commandement du
formidable armement qu'on préparait.

Sous son commandement immédiat, Vasco avait dix
bâtiments; son second frère ou cousin, Étienne da
Gama, Vincent Sodres en avaient chacun cinq sous
leurs ordres, mais ils devaient reconnaître Vasco da
Gama pour chef suprème.

Les cérémonies qui précédèrent le départ de Lisbonne furent d'un caractère particulièrement grave et
solennel. Le roi Emmanuel, suivi de toute sa cour, se
rendit à la cathédrale au milieu d'une foule immense,
appela les bénédictions du Ciel sur cette expédition à
la fois religieuse et militaire, et l'archevêque bénit lui-
même l'étendard qui fut remis à Gama. Le premier
soin de l'amiral fut de se rendre à Sofala et à Mozambique, villes dont il avait eu à se plaindre lors de son
premier voyage. Désireux de se créer des ports de re-

lâche et de ravitaillement, il y installa des comptoirs et y jeta les premiers fondements de forteresses. Il tira aussi du cheikh de Quiloa un important tribut ; puis, il fit voile pour la côte de l'Hindoustan.

Il était à la hauteur de Cananor, lorsqu'il aperçut, le 3 octobre 1502, un bâtiment d'assez fort tonnage qui lui parut richement chargé. C'était le *Merii*, qui ramenait de la Mecque quantité de pèlerins venus de toutes les contrées de l'Asie. Gama l'attaqua sans provocation, s'en empara et mit à mort plus de trois cents hommes qui le montaient. Vingt enfants seulement furent sauvés et amenés à Lisbonne, où, baptisés, ils prirent du service dans les armées du Portugal. Cet épouvantable massacre, d'ailleurs bien dans les idées de l'époque, devait, suivant Gama, jeter la terreur dans l'esprit des Hindous : il n'en fut rien. Cette odieuse cruauté, parfaitement inutile, a imprimé une tache sanglante sur la renommée jusque-là si pure du grand amiral.

Dès son arrivée à Cananor, Gama obtint du radjah une entrevue, dans laquelle il reçut l'autorisation d'établir un comptoir et de construire un fort. En même temps fut conclu un traité d'alliance offensive et défensive. Après avoir mis à l'œuvre les ouvriers, et installé son facteur, l'amiral mit à la voile pour Calicut, où il entendait demander compte au zamorin de sa déloyauté ainsi que du massacre des Portugais surpris dans la factorie.

Bien qu'il eût appris l'arr vée aux Indes de ses redoutables ennemis, le radjah de Calicut n'avait pris aucune précaution militaire. Aussi, lorsque Gama se présenta devant la ville, put-il s'emparer, sans trouver de résistance, des bâtiments mouillés dans le port et faire une centaine de prisonniers; puis, il accorda au zamorin un délai de quatre jours pour donner satisfaction aux Portugais du meurtre de Correa, et pour payer la valeur des marchandises qui avaient été pillées en cette circonstance.

Le délai accordé venait à peine d'expirer que les corps de cinquante prisonniers se balançaient aux vergues des navires, où ils restèrent exposés à la vue de la ville pendant toute la journée. Le soir venu, les pieds et les mains de ces victimes expiatoires furent coupés et portés à terre avec une lettre de l'amiral annonçant que sa vengeance ne se bornerait pas à cette exécution.

En effet, à la faveur de la nuit, les bâtiments s'embossèrent à courte distance de la ville et la canonnèrent pendant trois jours. On ne saura jamais quel fut le nombre des victimes, mais il dut être considérable. Sans compter ceux qui tombèrent sous les décharges de l'artillerie et de la mousqueterie, un grand nombre d'Hindous furent ensevelis sous les ruines des édifices ou brûlés dans l'incendie qui détruisit une partie de Calicut. Un des premiers, le radjah avait fui sa capitale, et bien lui en prit, car son palais fut au nombre des édifices démolis.

Enfin, satisfait d'avoir transformé en un amas de décombres cette cité naguère si riche et si populeuse, jugeant sa vengeance assouvie et pensant que la leçon serait profitable, après avoir laissé devant le port pour en continuer le blocus Vincent Sodres avec quelques navires, Gama reprit la route de Cochin.

Triumpara, le souverain de cette ville, lui apprit qu'il avait été vivement sollicité par le zamorin de profiter de la confiance que les Portugais avaient en lui pour s'emparer d'eux par surprise, et l'amiral, afin de récompenser cette droiture et cette loyauté qui exposaient son allié à l'inimitié du radjah de Calicut, lui donna, en partant pour Lisbonne avec un riche chargement, quelques bâtiments qui devaient lui permettre d'attendre en sûreté l'arrivée d'une nouvelle escadre.

Le seul incident qui marqua le retour de Gama en Europe, où il arriva le 20 décembre 1503, avait été la défaite d'une nouvelle flotte malabare.

Cette fois encore, les services éminents que ce grand homme venait de rendre à sa patrie furent méconnus, ou plutôt ne furent pas appréciés comme ils le méritaient. Lui, qui venait de jeter les bases de l'empire colonial portugais dans l'Inde, il eut besoin des sollicitations du duc de Bragance pour obtenir le titre de comte de Vidigueyra, et resta vingt et un ans sans être employé. Exemple d'ingratitude trop fréquent, mais qu'il est toujours à propos de stigmatiser.

A peine Vasco da Gama avait-il repris la route d'Europe que le zamorin, toujours poussé par les musulmans, qui voyaient leur puissance commerciale de plus en plus compromise, assembla ses alliés à Pani,

dans le but d'attaquer le roi de Cochin et de le punir
des secours et des avis qu'il avait donnés aux Portugais. Dans cette circonstance, la fidélité du malheureux radjah fut mise à une dure épreuve. Assiégé
dans sa capitale par des forces imposantes, il se vit tout
à coup privé du secours de ceux pour lesquels il venait cependant de se lancer dans cette aventure.

Sodres et quelques-uns de ses capitaines, désertant le
poste où l'honneur et la reconnaissance leur comman-
daient de mourir, si besoin était, abandonnèrent Triumpara pour aller croiser dans les parages d'Ormuz
et à l'entrée de la mer Rouge, où ils comptaient que
le pèlerinage annuel de la Mecque ferait tomber entre
leurs mains quelque riche butin. En vain le facteur
portugais leur reprocha-t-il l'indignité de leur conduite, ils partirent à la hâte pour éviter cette censure
gênante.

Bientôt le roi de Cochin, trahi par certains de ses
naïres qu'avait gagnés le zamorin, vit sa capitale em-
portée d'assaut et dut se réfugier, avec les Portugais
qui lui étaient restés fidèles, sur un rocher inaccessible
de la petite île de Viopia. Lorsqu'il fut réduit aux dernières extrémités, le zamorin lui dépêcha un émissaire,
qui lui promit, au nom de son maître, l'oubli et le
pardon s'il voulait livrer les Portugais. Mais Triumpara, dont on ne saurait assez exalter la fidélité, répondit « que le zamorin pouvait user des droits de sa
victoire; qu'il n'ignorait pas de quels périls il était
menacé, mais qu'il n'était au pouvoir d'aucun homme

de le rendre traître et parjure. » On ne pouvait plus noblement répondre à l'abandon et à la lâcheté de Sodres.

Celui-ci arrivait au détroit de Bab-el-Mandeb, lorsque, dans une épouvantable tempête, il périt avec son frère, dont le navire fut brisé sur des écueils, et les survivants, voyant dans cet événement une punition providentielle de leur conduite, reprirent, à force de voiles, la route de Cochin. Retenus par les vents aux îles Laquedives, ils se virent rejoints par une nouvelle escadre portugaise, sous le commandement de Francisco d'Albuquerque. Celui-ci avait quitté Lisbonne presque en même temps que son cousin Alfonso, le plus grand capitaine de l'époque, qui, sous le titre de capitam mŏr, était parti de Belem au commencement d'avril 1503.

L'arrivée de Francisco d'Albuquerque rétablit les affaires des Portugais, si gravement compromises par la faute criminelle de Sodres, et sauva du même coup leur seul et fidèle allié Triumpara. Les assiégeants s'enfuirent, sans même essayer de résistance, à la vue de l'escadre des Portugais, et ceux-ci, appuyés par les troupes du roi de Cochin, ravagèrent la côte de Malabar. A la suite de ces événements, Triumpara permit à ses alliés de construire une seconde forteresse dans ses États et les autorisa à augmenter le nombre et l'importance de leurs comptoirs. C'est à ce moment qu'arriva Alphonse d'Albuquerque, celui qui devait être le véritable créateur de la puissance portugaise aux

Indes. Dias, Cabral, Gama avaient préparé les voies, mais Albuquerque fut le grand capitaine aux vastes conceptions, qui sut déterminer quelles étaient les villes principales dont il fallait s'emparer pour asseoir sur des basses solides et définitives la domination portugaise, Aussi, tout ce qui a trait à l'histoire de ce grand génie colonisateur est d'un intérêt de premier ordre, et nous dirons quelques mots de sa famille, de son éducation, de ses premiers exploits.

Alfonso d'Alboquerque ou d'Albuquerque naquit en 1453, à six lieues de Lisbonne, à Alhandra. Par son père, Gonçalo de Albuquerque, seigneur de Villaverde, il descendait, d'une façon illégitime, il est vrai, du roi Diniz; par sa mère, des Menezes, les grands explorateurs. Élevé à la cour d'Alphonse V, il y reçut une éducation aussi variée, aussi étendue que l'époque le comportait. Il étudia surtout les grands écrivains de l'antiquité, ce qui se reconnaît à la grandeur et à la précision de son style, et les mathématiques, dont il sut tout ce qu'on savait de son temps. Après un séjour de plusieurs années en Afrique, dans la ville d'Arzila, tombée au pouvoir d'Alphonse V, il revint en Portugal et fut nommé grand écuyer de Jean II, dont toutes les préoccupations étaient d'étendre au delà des mers le nom et la puissance du Portugal. C'est évidemment à la fréquentation assidue du roi, imposée par les devoirs de sa charge, qu'Albuquerque dut de voir son esprit tourné vers les études géographiques et qu'il rêva aux moyens de donner à sa patrie l'empire des

Indes. Il avait pris part à l'expédition envoyée pour secourir le roi de Naples contre une incursion des Turcs, et, en 1489, avait été chargé de ravitailler et de défendre la forteresse de Graciosa, sur les côtes de Larache.

Il ne fallut que peu de jours à Alphonse d'Albuquerque pour se rendre compte de la situation ; il comprit que, pour pouvoir se développer, le commerce portugais devait s'appuyer sur des conquêtes. Mais sa première entreprise fut proportionnée à la faiblesse de ses moyens ; il mit le siége devant Raphelim, dont il voulait faire une place d'armes pour ses compatriotes, puis opéra lui-même avec deux navires une reconnaissance des côtes de l'Hindoustan. Attaqué à l'improviste sur terre et sur mer, il allait succomber, lorsque l'arrivée de son cousin Francisco rétablit le combat et amena la fuite des troupes du zamorin. L'importance de cette victoire fut considérable ; elle procura aux vainqueurs un immense butin et quantité de pierres précieuses, ce qui n'était pas peu fait pour exciter la convoitise portugaise ; en même temps elle affermit Albuquerque dans ses desseins, pour l'exécution desquels il avait besoin de l'assentiment du roi et de ressources plus considérables. Il partit donc pour Lisbonne, où il arriva en juillet 1504.

Cette même année, le roi Emmanuel, voulant constituer aux Indes un gouvernement régulier, avait remis les provisions de vice-roi à Tristan da Cunha, mais celui-ci, devenu momentanément aveugle, ava

dù résigner ses fonctions avant de les avoir exercées.
Le choix du roi était alors tombé sur Francisco d'Almeida, qui partit en 1505 avec son fils. Nous verrons
tout à l'heure quels étaient les moyens qu'il crut
devoir employer pour amener le triomphe de ses compatriotes.

Le 6 mars 1506, seize bâtiments quittaient Lisbonne
sous le commandement de Tristan da Cunha, alors revenu à la santé. Avec lui partait Alphonse d'Albuquerque,
emportant sans le savoir sa patente de vice-roi de
l'Inde. Il ne devait ouvrir le pli cacheté qui lui avait été
remis qu'au bout de trois ans, lorsqu'Almeida serait
arrivé au terme de sa mission.

Cette nombreuse flotte, après avoir relâché aux îles
du cap Vert et reconnu le cap Saint-Augustin, au Brésil,
s'enfonça résolûment dans les régions inexplorées du
sud de l'Atlantique, si profondément, disent les anciennes chroniques, que plusieurs matelots, trop lé-
gèrement vêtus, moururent de froid, tandis que les
autres avaient peine à exécuter les manœuvres. Par
37° 8′ de latitude sud et par 14° 21′ de longitude ouest,
da Cunha découvrit trois petites îles inhabitées, dont la
plus grande porte encore son nom. Une tempête l'empêcha d'y débarquer et dispersa si complétement sa
flotte qu'il ne put réunir ses bâtiments qu'à Mozambique. En remontant cette côte d'Afrique, il reconnut
l'île de Madagascar ou de Sam-Lorenço, qui venait
d'être découverte par Soarès à la tête d'une flotte de
huit vaisseaux que d'Almeida renvoyait én Europe,

mais il ne crut pas devoir y fonder d'établissement.

Après avoir hiverné à Mozambique, il débarqua à Mélinde trois ambassadeurs qui, par l'intérieur du continent, devaient gagner l'Abyssinie; puis, il mouilla à
Brava, dont Coutinho, un de ses lieutenants, ne put
obtenir la soumission. Les Portugais mirent alors le
siége devant cette ville, qui résista héroïquement, mais
qui finit cependant par succomber, grâce au courage
et à l'armement perfectionné de ses adversaires. La
population fut massacrée sans pitié et la ville livrée aux
flammes.

A Magadoxo, toujours sur la côte d'Afrique, da
Cunha essaya, mais en vain, d'imposer son autorité.
La force de la ville, dont la population nombreuse se
montra très-résolue, ainsi que l'approche de l'hiver, le
forcèrent à lever le siége. Il tourna alors ses armes
contre l'île de Socotora, à l'entrée du golfe d'Aden,
dont il emporta la forteresse. Toute la garnison fut
passée au fil de l'épée ; on n'épargna qu'un vieux
soldat aveugle qui avait été découvert caché dans un
puits. A ceux qui lui demandaient comment il y
avait pu descendre, il avait répondu : « Les aveugles
ne voient que le chemin qui conduit à la liberté. »

A Socotora, les deux chefs portugais contruisirent le
fort de Çoco, destiné, dans l'esprit d'Albuquerque, à
commander le golfe d'Aden et la mer Rouge par le pas
de Bab-el-Mandeb ; à couper, par conséquent, une des
lignes de navigation les plus suivies de Venise avec les
Indes.

IL AVAIT PLUS BESOIN DE DÉTERMINATION QUE D'UN BON CONSEIL. »
(PAGE 06.)

C'est là que se séparèrent da Cunha et Albuquerque ; le premier se rendait aux Indes pour y chercher un chargement d'épices ; le second, officiellement revêtu du titre de capitam mõr et tout entier à la réalisation de ses vastes plans, partait le 10 août 1507 pour Ormuz, après avoir laissé dans la nouvelle forteresse son neveu, Alphonse de Noronha. Successivement, et comme pour se faire la main, il prit Calayate, où se trouvaient d'immenses approvisionnements, Curiate et Mascate, qu'il livra au pillage, à l'incendie et à la destruction, afin de se venger d'une série de trahisons bien compréhensibles pour qui connaît la duplicité de ces populations.

Le succès qu'il venait de remporter à Mascate, tout important qu'il fût, ne suffisait pas à Albuquerque. Il rêvait d'autres projets plus grandioses. dont l'exécution fut gravement compromise par la jalousie des capitaines sous ses ordres, et notamment de Joao da Nova, qui voulait abandonner son chef et qu'Albuquerque dut aller arrêter sur son propre navire. Après avoir mis ordre à ces tentatives de désobéissance et de rébellion, le capitam mõr gagna Orfacate, qui fut enlevée après une assez vigoureuse résistance.

Chose curieuse, depuis longtemps Albuquerque entendait parler d'Ormuz mais il en ignorait encore la position. Il savait que cette ville servait d'entrepôt à toutes les marchandises qui passaient d'Asie en Europe. Sa richesse et sa puissance, le nombre de ses habitants, la beauté de ses monuments, étaient alors célèbres dans tout l'Orient, si bien qu'on disait communément : « Si le monde est un anneau, Ormuz en est la pierre précieuse. »

Or, Albuquerque avait résolu de s'en emparer, non-seulement parce qu'elle constituait une proie désirable, mais encore parce qu'elle commandait tout le golfe Persique, la seconde des grandes routes de commerce entre l'Orient et l'Occident. Sans rien révéler aux capitaines de sa flotte, qui se seraient sans doute révoltés à la pensée de s'attaquer à une ville si forte, capitale d'un puissant empire, Albuquerque leur fit doubler le cap Mocendon, et la flotte entra bientôt dans le détroit d'Ormuz, porte du golfe Persique, d'où l'on vit s'étager dans toute sa magnificence une ville animée, bâtie sur une île rocheuse, dont le port renfermait une flotte plus nombreuse qu'on ne pouvait le soupçonner au premier abord, pourvue d'une artillerie formidable, et protégée par une armée qui ne s'élevait pas à moins de quinze à vingt mille hommes.

A cette vue, les capitaines adressèrent au capitam mór de vives représentations sur le danger qu'il y avait à attaquer une ville si bien armée, et firent valoir l'influence fâcheuse que pourrait produire un échec. A ces discours, Albuquerque répondit qu'en effet « c'était une fort grande affaire, mais qu'il était trop tard pour reculer et qu'il avait plus besoin de détermination que d'un bon conseil. »

A peine l'ancre avait-elle mordu le fond qu'Albuquerque posait son ultimatum. Quoiqu'il n'eût sous ses ordres que des forces bien disproportionnées, le capitam mōr exigeait impérieusement qu'Ormuz reconnût la suzeraineté du roi de Portugal et se soumît à son envoyé, si elle ne voulait pas être traitée comme Mascate.

Le roi Seif-Ed-din, qui régnait alors sur Ormuz, était encore un enfant. Son premier ministre Kodja-Atar, diplomate habile et rusé, gouvernait sous son nom.

Sans repousser en principe les prétentions d'Albuquerque, le premier ministre voulut gagner du temps pour permettre à ses contingents d'arriver au secours de la capitale; mais l'amiral, devinant son projet, ne craignit pas, au bout de trois jours d'attente, d'attaquer avec ses cinq vaisseaux et la *Flor de la Mar*, le plus beau et le plus grand navire de l'époque, la flotte formidable réunie sous le canon d'Ormuz.

Le combat fut sanglant et longtemps indécis; mais, lorsqu'ils virent la fortune tourner contre eux, les Maures, abandonnant leurs vaisseaux, essayèrent de gagner la côte à la nage. Les Portugais, sautant alors dans leurs chaloupes, les poursuivirent vigoureusement et en firent un épouvantable carnage.

Albuquerque tourna ensuite ses efforts contre une grande jetée en bois, défendue par une nombreuse artillerie et par des archers, dont les flèches, habilement dirigées, blessèrent nombre de Portugais et le général lui-même, ce qui ne l'empêcha pas de débarquer et d'aller brûler les faubourgs de la ville.

Convaincus que toute résistance allait devenir impossible, et que leur capitale courait risque d'être détruite,

les Maures hissèrent le drapeau parlementaire et signè-
rent un traité par lequel Seif-Ed-din se reconnaissait
vassal du roi Emmanuel, s'engageait à lui payer un
tribut annuel de 15,000 *séraphins* ou *xarafins*, et concé-
dait aux vainqueurs l'emplacement d'une forteresse qui,
malgré la répugnance et les récriminations des capitaines portugais, fut bientôt mise en état de résister.

Malheureusement, des déserteurs portèrent bientôt
ces dissentiments coupables à la connaissance de Kodaj-
Atar, qui en profita pour se dérober sous divers
prétextes à l'exécution des articles du nouveau traité.
Quelques jours après, Joao da Nova et deux autres capitaines, jaloux des succès d'Albuquerque et foulant aux
pieds l'honneur, la discipline et le patriotisme, le quittèrent pour gagner les Indes; lui-même se vit alors
forcé par ce lâche abandon de se retirer sans pouvoir
même garder la forteresse qu'il avait mis tous ses soins
à construire.

Il se rendit alors à Socotora, dont la garnison avait
besoin de secours, revint croiser devant Ormuz, mais,
se jugeant toujours impuissant à rien entreprendre, il se
retira provisoirement à Goa, qu'il atteignit à la fin
de 1508.

Que s'était-il passé à la côte de Malabar pendant cette
longue et aventureuse campagne? Nous allons le résumer en quelques lignes.

On se rappelle qu'Almeida était parti de Belem, en
1505, avec une flotte de vingt-deux voiles portant
quinze cents hommes de troupes. Tout d'abord il s'em-

para de Quiloa, puis de Mombaça, dont « les chevaliers, comme les habitants se plaisaient à le répéter, ne se rendirent pas aussi facilement que les poules de Quiloa. » De l'immense butin qui tomba dans cette ville entre les mains des Portugais, Almeida ne prit qu'une flèche pour sa part de butin, donnant ainsi un rare exemple de désintéressement.

Après avoir relâché à Mélinde, il atteignit Cochin, où il remit au radjah la couronne d'or qu'Emmanuel lui envoyait, tout en prenant lui-même, avec cette présomptueuse vanité dont il donna tant de preuves, le titre de vice-roi.

Puis, étant allé fonder à Sofala une forteresse destinée à tenir en respect tous les musulmans de cette côte, Almeida et son fils coururent les mers de l'Inde, détruisant les flottes malabares, s'emparant des navires de commerce, faisant un mal incalculable à l'ennemi, dont ils interceptaient ainsi les anciennes routes.

Mais, pour pratiquer cette guerre de croisières, il fallait une flotte à la fois considérable et légère, car elle n'avait guère, sur le littoral asiatique, d'autre port de refuge que Cochin. Combien était préférable le système d'Albuquerque, qui, s'établissant dans le pays d'une façon permanente, en créant partout des forteresses, en s'emparant des cités les plus puissantes d'où il était facile de rayonner dans l'intérieur du pays, en se rendant maître des clefs des détroits, s'assurait avec bien moins de risques et bien plus de solidité le monopole du commerce de l'Inde !

Cependant, les victoires d'Almeida, les conquêtes d'Albuquerque, avaient profondément inquiété le soudan d'Égypte. La route d'Alexandrie abandonnée, c'était une diminution considérable dans le rendement des impôts et des droits de douane, d'ancrage et de transit qui frappaient les marchandises asiatiques traversant ses Etats. Aussi, avec le concours des Vénitiens qui lui fournirent les bois de construction nécessaires, ainsi que d'habiles matelots, il arma une escadre de douze navires de haut bord, qui vint chercher jusqu'auprès de Cochin la flotte de Lourenço d'Almeida et la défit dans un sanglant combat où celui-ci fut tué.

Si la douleur du vice-roi fut grande à cette triste nouvelle, du moins il n'en laissa rien paraître et mit tout en œuvre pour tirer une prompte vengeance des *Roumis*, appellation sous laquelle perce la longue terreur causée par le nom des Romains et commune alors sur la côte de Malabar à tous les soldats musulmans venus de Byzance. Avec dix-neuf voiles, Almeida se rendit d'abord devant le port où son fils avait été tué et remporta une grande victoire, souillée, nous devons l'avouer, par de si épouvantables cruautés qu'il fut bientôt à la mode de dire : « Puisse la colère des Franguis tomber sur toi comme elle est tombée sur Daboul ». Non content de ce premier succès, Almeida anéantit quelques semaines plus tard devant Diu les forces combinées du soudan d'Égypte et du radjah de Calicut.

Cette victoire eut un prodigieux retentissement dans

l'Inde, et mit fin à la puissance des *Mahumetistes* d'Égypte.

Joao da Nova et les capitaines qui avaient abandonné Albuquerque devant Ormuz, s'étaient alors décidés à rejoindre Almeida ; ils avaient expliqué leur désobéissance par des calomnies à la suite desquelles des informations judiciaires venaient d'être commencées contre Albuquerque, lorsque le vice-roi reçut la nouvelle de son remplacement par ce dernier. Tout d'abord, Almeida avait déclaré qu'il fallait obéir à cette décision souveraine ; mais, influencé par les traîtres qui craignaient de se voir sévèrement punis lorsque l'autorité serait passée entre les mains d'Albuquerque, il regagna Cochin, au mois de mars 1509, avec la détermination bien arrêtée de ne pas remettre le commandement à son successeur. Il y eut entre ces deux grands hommes de fâcheux et pénibles démêlés, où tous les torts appartinrent à Almeida, et Albuquerque allait être renvoyé à Lisbonne, les fers aux pieds, lorsque entra dans le port une flotte de quinze voiles sous le commandement du grand maréchal de Portugal, Fernan Coutinho. Celui-ci se mit à la disposition du prisonnier, qu'il délivra aussitôt, signifia encore une fois à d'Almeida les pouvoirs qu'Albuquerque tenait du roi, et le menaça de toute la colère d'Emmanuel s'il n'obéissait pas. Almeida n'avait qu'à céder, il le fit noblement. Quant à Joao da Nova, l'auteur de ces tristes malentendus, il mourut quelque temps après abandonné de tous, et n'eut guère, pour le conduire à sa dernière demeure, que le nouveau vice-roi, qui oubliait généreusement ainsi les injures faites à Alphonse d'Albuquerque.

Aussitôt après le départ d'Almeida, le grand maréchal Coutinho déclara que, venu dans l'Inde avec la mission de détruire Calicut, il entendait mettre à profit l'éloignement du zamorin de sa capitale. En vain le nouveau vice-roi voulut-il modérer son ardeur et lui faire prendre quelques sages mesures commandées par l'expérience : Coutinho ne voulut rien entendre, et Albuquerque dut le suivre.

Tout d'abord Calicut, surprise, fut facilement incendiée; mais les Portugais s'étant attardés au pillage du palais du zamorin, furent vivement ramenés en arrière par les naïres, qui avaient rallié leurs troupes. Coutinho, emporté par sa bouillante valeur, fut tué, et il fallut toute l'habileté, tout le sang-froid du vice-roi pour permettre aux troupes de se rembarquer sous le feu de l'ennemi, et empêcher la destruction complète des forces envoyées par Emmanuel.

Revenu à Cintagara, port de mer dépendant du roi de Narsingue, dont les Portugais avaient su se faire un allié, Albuquerque apprit que Goa, capitale d'un puissant royaume, était en proie à l'anarchie politique et religieuse. Plusieurs chefs s'y disputaient le pouvoir. L'un d'eux, Melek Çufergugi, était sur le point de s'emparer du trône, et il fallait profiter des circonstances et attaquer la ville avant qu'il eût pu réunir sous sa main ces forces capables de résister aux Portugais. Le vice-roi comprit toute l'importance de cet avis. La situation de Goa, qui conduisait au royaume de Narsingue et dans le Dekkan, l'avait déjà vivement frappé. Il n'hésita pas, et bientôt les Portugais comptèrent une conquête de plus. Goa-la-Dorée, — ville cosmopolite où se coudoyaient, avec toutes les sectes de l'islam, des Parsis, adorateurs du feu, et même des chrétiens, — subit le joug d'Albuquerque, et devint bientôt, sous sa sage et sévère administration, qui sut se concilier les sympathies des sectes ennemies, la capitale, la forteresse par excellence, le siége de commerce principal de l'empire portugais aux Indes.

Insensiblement et avec les années, la lumière s'était faite sur ces riches contrées. Des informations nombreuses avaient été réunies par tous ceux qui, de leurs hardis vaisseaux, avaient sillonné ces mers ensoleillées, et l'on savait maintenant quel était le centre de production de ces épices, qu'on était venu chercher de si loin et à travers tant de périls. Déjà depuis plusieurs années, Almeida avait fondé les premiers comptoirs portugais à Ceylan, l'antique Taprobane. Les îles de la Sonde et la presqu'île de Malacca excitaient maintenant l'envie de ce roi Emmanuel, déjà surnommé le Fortuné. Il résolut d'envoyer une flotte pour les explorer, car Albuquerque avait assez à faire dans l'Inde pour contenir les radjahs frémissants et les musulmans, — les Maures, comme on disait alors, — toujours prêts à secouer le joug. Cette expédition, sous le commandement de Diego Lopes Sequeira, fut, suivant la politique traditionnelle des Maures, tout d'abord amicalement reçue à Malacca.

Puis, lorsque la méfiance de Lopes Sequeira eut été endormie par des protestations réitérées d'alliance, il vit se soulever contre lui toute la population et fut forcé de se rembarquer, non sans laisser, toutefois, entre les mains des Malais, une trentaine de ses compagnons.

Ces derniers événements s'étaient déjà passés depuis quelque temps lorsque la nouvelle de la prise de Goa parvint à Malacca. Le *bendarra* ou ministre de la justice, qui exerçait pour son neveu encore enfant le pouvoir royal, craignant la vengeance que les Portugais allaient sans doute tirer de sa trahison, résolut de les apaiser. Il alla donc trouver ses prisonniers, s'excusa auprès d'eux en leur jurant que tout s'était fait à son insu et contre sa volonté, car il ne désirait rien tant que de voir les Portugais venir commercer à Malacca; d'ailleurs, il allait donner l'ordre de rechercher et de châtier les auteurs de la trahison.

Les prisonniers n'ajoutèrent naturellement aucune créance à ces déclarations mensongères, mais, profitant de la liberté relative qui leur fut octroyée dès lors, ils surent habilement faire parvenir à Albuquerque des renseignements précieux sur la position et la force de la ville.

Albuquerque réunit à grand'peine une flotte de dix-neuf bâtiments de guerre, qui portait quatorze cents hommes, parmi lesquels il n'y avait que huit cents Portugais. Devait-il alors, comme le lui demandait le roi Emmanuel, se diriger sur Aden, la clef de la mer Rouge, dont il importait de se rendre maître, si l'on voulait s'opposer à la venue d'une nouvelle escadre que le soudan d'Égypte se proposait d'envoyer dans l'Inde? Il hésitait, lorsqu'un renversement de la mousson vint fixer son irrésolution. En effet, il était impossible de gagner Aden avec les vents régnants, tandis qu'ils étaient favorables pour descendre jusqu'à Malacca.

Cette ville, alors dans toute sa splendeur, ne contenait pas moins de cent mille habitants. Si bien des maisons étaient construites en bois et couvertes avec des feuilles de palmiers, il n'y en avait pas moins nombre d'édifices importants, de mosquées et de tours en pierre, dont le panorama se développait sur une lieue de longueur. L'Inde, la Chine, les royaumes malais des îles de la Sonde se donnaient rendez-vous dans son port, où de nombreux vaisseaux, venus de la côte de Malabar, du golfe Persique, de la mer Rouge et de la côte d'Afrique, échangeaient des marchandises de toute provenance et de toute espèce.

Lorsqu'il vit arriver la flotte portugaise dans ses eaux, le radjah de Malacca comprit qu'il fallait donner une apparente satisfaction aux étrangers en sacrifiant le ministre qui avait excité leur colère et déterminé leur venue. Son envoyé vint donc apprendre au vice-roi la mort du bendarra et s'informer des intentions des Portugais.

Albuquerque répondit en réclamant les prisonniers restés entre les mains du radjah ; mais celui-ci, désireux de gagner du temps pour permettre au changement de mousson de se produire, — changement qui forcerait les

Portugais à regagner la côte de Malabar sans avoir rien obtenu ou qui les obligerait à rester à Malacca, où il comptait bien les exterminer, — inventa mille prétextes dilatoires, et, pendant ce temps, mit en batterie huit mille canons, disent les anciennes relations, et réunit vingt mille hommes de troupes.

Albuquerque, perdant patience, fit incendier quelques maisons et plusieurs navires guzarates, commencement d'exécution qui amena aussitôt la reddition des prisonniers ; puis, il réclama trente mille cruzades d'indemnité pour le dommage causé à la flotte de Lopes Sequeira ; enfin, il exigea qu'on lui laissât bâtir, dans la ville même, une forteresse qui devait servir en même temps de comptoir. Cette exigence ne pouvait être acceptée, Albuquerque le savait bien. Il résolut donc de s'emparer de la ville. Le jour de saint Jacques fut fixé pour l'attaque. Malgré une défense très-énergique qui dura neuf jours entiers, malgré l'emploi de moyens extraordinaires, tels qu'éléphants de guerre, pieux et flèches empoisonnés, trappes habilement dissimulées et barricades, la ville fut prise quartier par quartier, maison par maison, après une lutte véritablement héroïque. Un butin immense fut distribué aux soldats. Albuquerque ne se réserva que six lions de bronze disent les uns, de fer disent les autres, qu'il destinait à orner son tombeau et à éterniser le souvenir de sa victoire.

La porte qui donnait sur l'Océanie et la haute Asie était désormais ouverte. Bien des peuples, inconnus jusqu'à ce jour, allaient entrer en relations avec les

Européens. Les mœurs étranges, l'histoire fabuleuse de tant de nations allaient être dévoilées à l'Occident émerveillé. Une ère nouvelle s'ouvrait, et ces résultats immenses étaient dus à l'audace effrénée, au courage indomptable d'une nation dont la patrie était à peine visible sur la carte du monde !

Grâce à la tolérance religieuse dont Albuquerque fit preuve, tolérance qui tranche si étrangement avec le fanatisme cruel des Espagnols, grâce aux mesures habiles qu'il sut prendre, la prospérité de Malacca résista à cette rude secousse. Quelques mois plus tard il n'y avait plus d'autre trace des épreuves qu'elle avait traversées que le pavillon portugais qui flottait fièrement sur cette immense cité, devenue la tête et l'avant-garde de l'empire colonial de ce petit peuple, si grand par la valeur et l'esprit d'entreprise.

Cette nouvelle conquête, pour merveilleuse qu'elle fût, n'avait pas fait oublier à Albuquerque ses anciens projets. S'il semblait y avoir renoncé, c'est que les circonstances ne lui avaient pas jusqu'alors semblé favorables. Avec cette décision et cette ténacité qui formaient le fond de son caractère, de l'extrémité méridionale de l'empire qu'il fondait, ses regards étaient fixés sur le nord. Ormuz, qu'au commencement de sa carrière la jalousie et la trahison de ses subordonnés l'avaient forcé d'abandonner, et au moment même où le succès allait couronner ses efforts et sa constance, Ormuz le tentait toujours.

Le bruit de ses exploits et la terreur de son nom

avaient déterminé Kodja Atar à lui faire des avances, à demander un traité et à envoyer ce qui restait arriéré du tribut anciennement imposé. Tout en n'ajoutant aucune créance à ces déclarations d'amitié répétées, à cette foi maure qui méritait de devenir aussi célèbre que la foi punique, le vice-roi les avait cependant accueillies, en attendant de pouvoir établir sa domination d'une façon permanente dans ces contrées.

En 1513 ou 1514, — on n'est pas fixé sur la date, — alors que la conquête de Malacca et la tranquillité dont jouissaient ses autres possessions rendaient libres sa flotte et ses soldats, Albuquerque cingla vers le golfe Persique.

Dès son arrivée, bien qu'une série de révolutions eût changé le gouvernement d'Ormuz et que le pouvoir fût alors aux mains d'un usurpateur nommé Rais-Nordim ou Noureddin, Albuquerque exigea la remise immédiate entre ses mains de la forteresse autrefois commencée. Après l'avoir fait réparer et terminer, il prit parti contre le prétendant Rais-Named dans la querelle qui divisait la ville d'Ormuz et allait la faire tomber au pouvoir de la Perse, il s'en empara et la remit à celui qui avait d'avance accepté ses conditions et qui lui paraissait présenter les plus sérieuses garanties de soumission et de fidélité. D'ailleurs, il ne serait plus difficile dorénavant de s'en assurer, car Albuquerque laissait dans la nouvelle forteresse une garnison parfaitement en état de faire repentir Rais-Nordim de la moindre tentative de soulèvement ou velléité d'indépendance. A cette expé-

VII

BARQUES INDIENNES.
Fac-simile d'une gravure ancienne.

dition d'Ormuz se rattache une anecdote bien connue, mais qu'on nous reprocherait, par cela même, de ne pas rapporter.

Comme le roi de Perse faisait réclamer à Noureddin le tribut que les souverains d'Ormuz avaient coutume de lui payer, Albuquerque fit apporter de ses navires quantité de boulets, de balles et de bombes, et les montrant aux envoyés, il leur dit que telle était la monnaie avec laquelle le roi de Portugal était accoutumé de payer tribut. Il ne paraît pas que les ambassadeurs de Perse aient réitéré leur demande.

Avec sa sagacité ordinaire, Albuquerque sut ne pas blesser les habitants, qui revinrent bien vite dans la ville. Loin de les pressurer comme devaient bientôt le faire ses successeurs, il établit une administration intègre, qui sut faire aimer et respecter le nom portugais.

En même temps qu'il accomplissait lui-même ces merveilleux travaux, Albuquerque avait confié à quelques lieutenants la mission d'explorer les régions mystérieuses dont il leur avait ouvert l'accès en s'emparant de Malacca. C'est ainsi qu'il remit à Antonio et à Francisco d'Abreu le commandement d'une petite escadre portant deux cent vingt hommes, avec laquelle ils explorèrent tout l'archipel de la Sonde, Sumatra, Java, Anjoam, Simbala, Jolor, Galam, etc.; puis, arrivés non loin de la côte d'Australie, ils remontèrent au nord, après avoir fait un voyage de plus de cinq cents lieues à travers des archipels dangereux, semés d'écueils et de récifs de corail, au milieu de populations souvent hostiles, jusqu'aux îles Buro et Amboine, qui font partie des Moluques. Après y avoir chargé leurs bâtiments de girofle, de muscade, de bois de sandal, de macis et de perles, ils mirent à la voile en 1512 pour regagner Malacca. Cette fois, le véritable pays des épices était atteint; il ne restait plus qu'à y fonder des établissements, à en prendre définitivement possession, ce qui ne devait pas se faire beaucoup attendre.

La roche Tarpéienne est près du Capitole, a-t-on dit souvent. Alphonse d'Albuquerque devait en faire l'expérience, et ses derniers jours allaient être attristés par une disgrâce imméritée, résultat de calomnies et de mensonges, trame artistement ourdie qui, si elle porta momentanément atteinte à sa réputation auprès du roi Emmanuel, n'est pas parvenue à obscurcir aux yeux de la postérité la gloire de cette grande figure. Autrefois déjà, on avait voulu faire croire au roi de Portugal que la prise de possession de Goa était une lourde faute; son climat malsain devait, disait-on, décimer en peu de temps la population européenne. Confiant dans l'expérience et la prud'homie de son lieutenant, le roi n'avait pas voulu écouter ses ennemis, ce dont Albuquerque l'avait publiquement remercié en disant : « Je dois savoir bien plus de gré au roi Emmanuel d'avoir défendu Goa contre les Portugais, qu'à moi-même de l'avoir conquis deux fois. » Mais, en 1514, Albuquerque avait demandé au roi de lui accorder en récompense de ses services le titre de duc de Goa, et c'était cette démarche imprudente que devaient exploiter ses adversaires.

Soarez d'Albergavia et Diogo Mendes, qu'Albuquerque avait envoyés prisonniers en Portugal, après qu'ils s'étaient publiquement déclarés ses ennemis, parvinrent non-seulement à se laver de l'accusation qu'il avait portée contre eux, mais ils persuadèrent à Emmanuel que le vice-roi voulait se constituer un duché indépendant dont la capitale serait Goa, et ils finirent par obtenir sa disgrâce.

La nouvelle de la nomination d'Albergavia à la charge de capitaine général de Cochin parvint à Albuquerque lorsqu'il sortait du détroit d'Ormuz pour rallier la côte de Malabar. Déjà profondément atteint par la maladie, « il leva les mains au ciel, dit M. F. Denis dans son excellente histoire de Portugal, et prononça ce peu de mots : « Voici, je suis mal avec le roi pour l'amour des hommes, mal avec les hommes pour l'amour du roi. Vieillard, tourne-toi vers l'Église, achève de mourir, car il importe à ton honneur que tu meures, et jamais tu n'as négligé de faire ce qui importait à ton honneur. »

Puis, arrivé en rade de Goa, Alphonse d'Albuquerque régla les affaires de sa conscience avec l'Église, se fit revêtir de l'habit de Saint-Jacques, dont il était commandeur, et, « le dimanche 16 décembre 1515, une heure avant l'aurore, il rendit son âme à Dieu. Là finirent tous ses travaux, sans qu'ils lui eussent jamais apporté aucune satisfaction. »

Albuquerque fut enterré en grande pompe. Les soldats qui avaient été les fidèles compagnons de ses merveilleuses aventures et les témoins de ses douloureuses tribulations se disputèrent, en pleurant, l'honneur de porter ses dépouilles jusqu'à la dernière demeure qu'il s'était choisie. Dans leur douleur, les Hindous eux-mêmes se refusaient à croire qu'il fût mort et prétendaient qu'il était allé commander les armées du ciel.

La découverte relativement récente d'une lettre d'Emmanuel prouve que, si ce roi fut momentanément trompé par les faux rapports des ennemis d'Albuquerque, il ne tarda cependant pas à lui rendre pleine et entière justice. Malheureusement, cette lettre réparatrice n'est jamais parvenue au second vice-roi de l'Inde ; elle aurait adouci l'amertume de ses derniers moments, tandis qu'il mourut avec la douleur de trouver ingrat envers lui un souverain, à la gloire et à la puissance duquel il avait consacré son existence.

Avec lui, dit Michelet, disparut chez les vainqueurs toute justice, toute humanité. Longtemps après, les Indiens allaient au tombeau du grand Albuquerque lui demander justice des vexations de ses successeurs.

Parmi les nombreuses causes qui amenèrent assez rapidement la décadence et le morcellement de cet immense empire colonial, dont Albuquerque avait doté sa patrie et qui, même après sa ruine, a laissé dans l'Inde des souvenirs ineffaçables, il faut citer, avec Michelet, l'éloignement et l'éparpillement des comptoirs, la faiblesse de la population du Portugal, peu proportionnée à l'étendue de ses établissements, l'amour du brigandage et les exactions d'une administration en désordre, mais par-dessus tout cet indomptable orgueil national qui empêcha le mélange des vainqueurs et des vaincus.

Cette décadence fut toutefois arrêtée par deux héros, Juan de Castro, si pauvre, après avoir manié tant de richesses, qu'il n'avait même pas de quoi s'acheter une poule pendant sa dernière maladie, et Ataïde, qui donnèrent encore une fois à ces populations corrompues l'exemple des plus mâles vertus et de l'administration la plus intègre. Mais, après eux, l'effondrement se produisit; cet immense empire tomba entre les mains des Espagnols et des Hollandais, qui ne surent pas eux-mêmes le garder intact. Tout passe, tout se transforme. N'est-ce pas le cas de répéter, avec le dicton espagnol, mais en l'appliquant aux empires : la vie n'est qu'un songe ?

TABLE DES MATIÈRES

DE LA PREMIÈRE PARTIE

CHAPITRE I

VOYAGEURS CÉLÈBRES AVANT L'ERE CHRÉTIENNE

CHAPITRE II

VOYAGEURS CÉLÈBRES DU PREMIER AU NEUVIÈME SIÈCLE

CHAPITRE III

VOYAGEURS CÉLÈBRES DU DIXIÈME AU TREIZIÈME SIÈCLE

Benjamin de Tudele (1159-1173). — Plan de Carpin (1245-1247). — Rubruquis (1253-1254).

CHAPITRE IV

Marco Polo (1253-1324).

I

CHAPITRE V

Ibn Batuta (1828-1853).

CHAPITRE VI

Jean de Béthencourt (1339-1345).

I

II

CHAPITRE VII

Christophe Colomb (1436-1506).

I

II

CHAPITRE VIII

LA CONQUÊTE DE L'INDE ET DU PAYS DES ÉPICES

I

II

FIN DE LA TABLE DE LA PREMIÈRE PARTIE

L'ŒUVRE DE JULES VERNE

Ce qui frappe, par-dessus tout, en Jules Verne, avec ses admirables qualités de conteur, c'est l'unité de son œuvre.

Il en est peu d'aussi considérables dans la littérature contemporaine ; il n'en est pas qui, dans son ensemble, soit plus cohérente, plus logique et plus une.

A mesure qu'on avance avec lui dans ce colossal itinéraire, il apparaît nettement que l'écrivain s'est tracé, dès ses premiers volumes, un programme général, et ce programme qu'il a poursuivi avec une fidélité inébranlable, qu'il a eu le rare bonheur de réaliser jusqu'au bout, sans hâter sa production, ce n'est rien moins que la description de l'univers, description exempte de toute sécheresse, douée de tout ce qui lui donne la vie : les passions humaines, le drame, l'aventure.

Jules Verne est maître d'un genre où nul ne l'a précédé, où nul, peut-être, ne le suivra, car il faudrait avoir sa manière, et surtout son savoir, cette façon à la fois claire et simple d'encadrer dans les actions romanesques les plus attachantes ces données scientifiques si arides et qu'il a le don de rendre si attrayantes.

Quiconque prendra un à un ses romans verra que chacun est un chapitre détaché d'une conception générale, tout en gardant sa valeur particulière et son autonomie. Chacun montre Jules Verne sous une face nouvelle et apporte un enseignement et une surprise. Chacun pourrait venir se ranger à son ordre dans une sorte d'encyclopédie familière des connaissances humaines, encyclopédie d'autant plus utile et féconde qu'elle est exempte de pédantisme et qu'en la feuilletant on est certain de s'instruire et de s'amuser.

Il nous a paru logique et intéressant de classer l'œuvre de Jules Verne par séries géographiques ou scientifiques, comme on va le voir :

CLASSIFICATION DES ŒUVRES DE J. VERNE

EN AFRIQUE

Cinq semaines en ballon
Trois Russes et trois Anglais
L'Étoile du Sud
Un Capitaine de 15 ans
Le Village aérien
Clovis Dardentor
L'Invasion de la mer

LES DEUX AMÉRIQUES

César Cascabel
Le Chancellor
Famille sans nom
Nord contre Sud
Le Testament d'un Excentrique
Les 500 millions de la Bégum
La Jangada

9 782329 605401